Freund Anton in Gedenken
an Kairos und als Präsidiales (?)
für den nächsten Neusiedler.
2. 11. 74.   Kurt   Wien

Empfohlen vom

WORLD WILDLIFE FUND

VERLAG
FRITZ
MOLDEN

Heinz Löffler

DER
NEUSIEDLERSEE

Naturgeschichte eines Steppensees

Vorwort von Konrad Lorenz

MIT 57 FARBBILDERN UND
34 GRAFIKEN IM TEXT

VERLAG FRITZ MOLDEN · WIEN–MÜNCHEN–ZÜRICH

MITARBEITER
DIESES BANDES SIND:

Dr. Fritz Böck
1. Zoologisches Institut der Universität Wien;
Tiergarten Schönbrunn
Kapitel: 16, 17

Univ. Doz. Dr. Karl Burian
Pflanzenphysiologisches Institut der Universität
Wien
Kapitel: 11

Dr. Martin Dokulil
Institut für Limnologie und Gewässerschutz der
Österreichischen
Akademie der Wissenschaften
Kapitel: 8, 9, 10

Dr. Traugott Gattinger
Vizedirektor der Geologischen Bundesanstalt
Wien
Kapitel: 1, 5

cand. phil. Rainer Hacker
2. Zoologisches Institut der Universität Wien,
Lehrkanzel für Limnologie
Kapitel: 15

Dr. Alois Herzig
Institut für Limnologie und Gewässerschutz der
Österreichischen
Akademie der Wissenschaften
Kapitel: 13

Dr. Gerhard Imhof
2. Zoologisches Institut der Universität Wien
Kapitel: 12, 18

Univ. Prof. Dr. Heinz Löffler
2. Zoologisches Institut der Universität Wien,
Lehrkanzel für Limnologie
Vorstand des Instituts für Limnologie und
Gewässerschutz der Österreichischen

Akademie der Wissenschaften
Kapitel: 2, 7, 19

Dr. Rudolf Maier
Pflanzenphysiologisches Institut der Universität
Wien
Kapitel: 11

cand. phil. Peter Meisriemler
2. Zoologisches Institut der Universität Wien,
Lehrkanzel für Limnologie
Kapitel: 15

Dr. Otto Motschka
Zentralanstalt für Meteorologie und Geodynamik, Bioklimatische Abteilung
Kapitel: 4, 5

Dr. Hubert Nagl
Geographisches Institut der Universität Wien
Kapitel: 3, 19

Dr. Friederike Neuhuber
Institut für Limnologie und Gewässerschutz der
Österreichischen
Akademie der Wissenschaften
Kapitel: 6

Dr. Fritz Schiemer
2. Zoologisches Institut der Universität Wien,
Lehrkanzel für Limnologie
Kapitel: 14, 18

Univ. Prof. Dr. Erich Schroll
Bundes-Versuchs- und Forschungsanstalt Arsenal, Geotechnisches Institut
Kapitel: 6

Dr. Wolfgang Waitzbauer
2. Zoologisches Institut der Universität Wien
Kapitel: 12

1. Auflage

Copyright © 1974 by Verlag Fritz Molden, Wien–München–Zürich
Alle Rechte vorbehalten
Schutzumschlag und Ausstattung: Hans Schaumberger, Wien
Lektor: Helga Zoglmann
Technischer Betreuer: Wilfried Ertl
Schrift: Garmond Garamond-Antiqua
Satz: Filmsatzzentrum Deutsch-Wagram
Reproduktionen: C. Angerer & Göschl, Wien
Druck des Bildteiles: C. & E. Grosser, Linz
Druck des Textteiles und Bindearbeit: Welsermühl, Wels
ISBN: 3-217-00626-7

Inhalt

Vorwort
von Konrad Lorenz

Limnologie nennt man die Wissenschaft, die von den Seen, das heißt von den Binnengewässern unserer Erde handelt. Die Begriffsbestimmung dessen, was man unter einem See zu verstehen pflegt, hat ziemlich weite Grenzen. „See" heißen herkömmlichermaßen oft Wasseransammlungen, wie der Ess-See bei Seewiesen oder der Schwarzsee bei Kitzbühel, die man geradesogut als Teich bezeichnen könnte; See heißt aber auch der Kaspisee, der bekanntlich das Kaspische Meer genannt wird.

Jedes Binnengewässer ist eine individuelle Einheit, so gut wie das Weltmeer als Ganzes. Jedes besitzt seine eigene Lebensgemeinschaft von Pflanzen, Tieren und Pilzen, die man bei keinem anderen in genau identischer Zusammensetzung wiederfindet. Diese Lebensgemeinschaft bildet ein selbstregulierendes S y s t e m von Wechselwirkungen, in dem buchstäblich alles mit allem zusammenhängt. Wir nennen es ein Ö k o s y s t e m, und das griechische Wort Oikos bedeutet hier dasselbe wie im Worte Ökonomie, Haushaltskunde. Ein Ökosystem ist ein in lebensfähigem Gleichgewicht sich selbst erhaltender Haushalt, und es gibt keinen Lebensraum, auf den der Begriff eines „autarken", das heißt auf sich selbst angewiesenen Ökosystems so klar anwendbar ist wie auf Binnengewässer, auf Seen und Teiche, ja selbst auf „ausgewogene" Aquarien.

Mit einigem Geschick kann man in einem großen Süßwasseraquarium ein Ökosystem herstellen, das längere Zeit ohne weitere, vom Pfleger zu leistende Hilfe sich selbst erhält. Ein „geschlossenes" System ist solch eine kleinste Lebensgemeinschaft natürlich nicht, sie bedarf der Energiequelle der Sonnenbestrahlung und der Zufuhr von Luftsauerstoff von der Oberfläche des Wassers her. Immerhin lebten bei mir in einem solchen Becken Stichlinge durch mehrere Generationen, wobei sie allerdings immer winziger wurden. Aquarien dieser Art sind sehr lehrreiche Modelle von Seen. Kleinste Verschiedenheiten in der Einrichtung, die Art des mineralischen Bodengrundes, minimale „klimatische" Verschiedenheiten, die von der Aufstellung im Zimmer abhängen, und viele andere unwägbare Faktoren bringen es mit sich, daß zwei nebeneinander und am gleichen Fenster aufgestellte Aquarien sich zu zwei Lebensgemeinschaften entwickeln können, die voneinander so verschieden sind wie die zweier benachbarter Seen. Wenn man, wie es der Aquarienfreund ganz selbstverständlich zu tun pflegt, vom Ideal des völlig autarken Aquariums abgeht, indem man etwa eine größere Zahl von Tieren einsetzt, als das winzige Gewässer, auf sich gestellt, ernähren könnte, muß man den im buchstäblichen Sinne bedrängten Tieren zu Hilfe kommen, indem man sie füttert. Damit ist das ökologische Gleichgewicht des Beckens selbstverständlich gestört, und bei den Versuchen, die Störung durch Gegenmaßnahmen auszugleichen, hat der Pfleger Gelegenheit, eine Menge Ökologie aus erster Hand, nämlich unmittelbar von der wissenden Wirklichkeit der Natur zu lernen.

Was ich von der „Individualität" der Binnengewässer gesagt habe, gilt grundsätzlich für jedes Aquarium so gut wie für den Schloßteich in Pottenbrunn oder den Viktoriasee, für den Almsee so gut wie für den großen Salzsee in Utah, für das tief unter dem Meeresspiegel gelegene Tote Meer wie für den mehr als 3000 m darüber gelegenen Titicacasee. Jede dieser Wasseransammlungen hat ihr eigenes Gesicht.

Einer der individuellsten und merkwürdigsten Seen, ein See mit einer ganz besonders charakteristischen Physiognomie, liegt in der unmittelbaren Nähe Wiens, und über ihn hat jetzt Prof. Heinz Löffler, ein berufener Limnologe, ein Buch geschrieben, in dem alle der Forschung zugänglichen Faktoren untersucht werden, deren Zusammenwirken das Gesicht dieses Sees geprägt hat.

Als Vorwort zu diesem Buch darf ich ein paar Worte über die unvergeßlichen Eindrücke sagen, die ich selbst bei meinem ersten Besuch des Neusiedlersees empfangen habe. Schon wenn man bei Sankt Margarethen über den kleinen Kalksteinriegel kommt, dessen landschaftliche Schönheit leider jüngst durch ein abgrundhäßliches Gebäude verschandelt wurde, und auf der „Paßhöhe" des kleinen Einschnittes, durch den die Straße führt, haltmacht, wird einem bewußt, daß das Seegebiet ein relativ junges Kind des Weltmeeres ist. An den Böschungen tritt Muschelkalk aus dem späteren Tertiär zutage, an dessen Bruchfläche schon ein oberflächlicher Blick die Tatsache erkennen läßt, daß hier ein tropisches Meer gebrandet hat; man findet versteinerte Austernschalen, Seeigelgehäuse und andere Reste von Meerestieren.

Merkwürdig wie die Welt der Pflanzen und der niederen Tiere ist auch die Vogelwelt des Neusiedlersees. Unter den kleinen Singvögeln sind die Mariskensänger, die Bartmeise und das weißsternige Blaukehlchen bemerkenswert, unter den größeren Vögeln der Edelreiher, der Purpurreiher und der Löffler. Die letztgenannten bedürfen dringend des Schutzes, sonst werden diese einzigartigen – sicher auch für den Fremdenverkehr bedeutsamen – Wahrzeichen des Sees bald verschwunden sein.

Am merkwürdigsten aber ist die Landschaft dieses westlichsten aller asiatischen Steppenseen; nur ein alles Naturverständnis Entbehrender kann sie als eintönig oder gar als traurig empfinden. Blickt man an einem schönen Frühsommertag vom Boot aus nach Osten über den See, so sieht man nur drei Farben in einfachster großflächiger Verteilung: Das weiße Wasser, den parallelrandigen grünen Streifen des Schilfs und den blauen Himmel; eine grelle und doch ungemein befriedigende Zusammenstellung von Farben, zu der das Flugbild von ein paar weißen Reihern oder Löfflern unvergeßlich schön paßt.

Um den See herum aber liegt eine Landschaft, deren alte Kultur für Westeuropäer ebenso merkwürdig und interessant sein muß wie die Naturschätze des Sees. Durch diese Landschaft zieht sich seit grauer Vorzeit die Grenze zwischen Ost und West. Die Kämpferscharen vieler Völker sind ungezählte Male hinüber- und herübergeflutet, und dennoch blieb sie so ziemlich an derselben Linie unweit des Alpenostrandes bestehen. Mahnmale aus der Zeit der Türkenkriege stehen in Sichtweite von den Wachtürmen und Stacheldrahtzäunen der heutigen ungarischen Grenze.
Der Neusiedlersee ist in der Tat ein würdiger Gegenstand für eine umfassende Darstellung, und Heinz Löffler ist ein Mann, dessen breite Basis von Kenntnissen auf vielen Wissensgebieten ihn geeignet erscheinen läßt, diese anspruchsvolle Aufgabe in Angriff zu nehmen.

Altenberg, im September 1974.

Einleitung

Im Jahre 1865 unternahm der k. k. Professor Dr. Ignaz Moser an der „hohen landwirtschaftlichen Lehranstalt" in Ungarisch-Altenburg gemeinsam mit seinem „Amtscollegen" Professor W. Hecke Exkursionen im Gebiet des „abgetrockneten" Neusiedlersees und berichtete darüber u. a.:

„Im Sommer des vorigen Jahres machte dieses Abtrocknen (des Sees) sehr rasche Fortschritte; man sah am Uferrande von Neusiedl selten mehr und nur in großer Entfernung das Wasser. Ungefähr Mitte Juli erschien bei starkem Südwinde gegen Abend das Wasser zum letzten Male im nördlichen Theile des Beckens, am folgenden Morgen war es verschwunden, ohne wiederzukehren. Der zurückgelassene Schlamm blieb aber längere Zeit, besonders an einzelnen Strecken, derart mit Wasser durchtränkt, daß ein Fortkommen auf demselben überhaupt schwierig, und mitunter höchst gefährlich war. Es erschien daher immer als ein Wagstück, von deren mehreren die Tagesblätter im Sommer verflossenen Jahres zu erzählen wußten, wenn Einzelne es unternahmen, das Seegebiet querüber zu durchwandern. Zu den Verderben drohenden weichen Stellen im Schlamme, die man, da sie häufig mit Flugsand oder einer dünnen Kruste überdeckt waren, nicht immer leicht gewahr wurde, konnte sich noch eine andere Gefahr gesellen, der Wind, der möglicherweise das noch vorhandene Wasser hertreiben konnte, gewiß aber mußte er jenen Staub bringen, der in dicken Säulen aufgewirbelt, über das Seegebiet hingetragen wurde, und der bei seiner bösen Wirkung auf die Schleimhäute des Auges und der Respirationsorgane (der Atmungsorgane, *Anm. d. Verf.*), in der ganzen Umgebung, selbst über dem Leithagebirge, gefürchtet war. Dieser Staub, den man bei windigem Wetter meilenweit in dicken Wolken wahrnehmen konnte, bestand zumeist aus den auf der Oberfläche des Schlammes fatiscirten Salzen; die Anwohner nannten ihn „Zickstaub", weil sie meinten, daß die auf dem Seeboden vorkommenden Salze identisch seien mit dem „Zick", jenen sodareicheren Auswitterungen, die sich an den Rändern und am Boden der kleinen östlich vom eigentlichen See gelegenen, im Sommer häufig austrocknenden Wasserbehälter („Zicklacken") vorfinden, welche Auswitterungen man schon seit langer Zeit durch Zusammenkehren einsammelt und an die Seifensieder verwerthet." Und weiter:

„Das Verdunsten der letzten Antheile des Seewassers erfolgte in den südlichen Regionen, und ist es wahrscheinlichst, daß sich das von Norden zurückgetriebene Wasser in mehrere Partien theilte, wovon eine in die südliche Region zwischen Pamaggen (Pamhagen, *d. Verf.*) und Apethlon, die andere mehr westlich gegen Kroisbach und Wolfs gelangte.

Bei der mit jedem Tage gesteigerten Wahrscheinlichkeit von der gänzlichen und möglicherweise bleibenden Abtrocknung des See's sah sich die politische Behörde des hiesigen Comitats veranlaßt, Untersuchungen über den Thatbestand im Allgemeinen, und dann darüber anstellen zu lassen, welchen Werth der rückverbliebene Schlamm für die Pflanzencultur habe, und wie er derselben zugänglich gemacht werden solle."

Ignaz Moser publizierte seinen vorwiegend mineralogisch-bodenkundlichen Untersuchungsbericht im Hinblick auf eine mögliche landwirtschaftliche Nutzung des Seebodens (MOSER 1866) in den Verhandlungen der k. k. geologischen Reichsanstalt, nunmehr geolog. Bundesanstalt (heute wie damals im Rasumofsky-Palais untergebracht), und setzte damit die seit 1830 durch SIGMUND und WÜRZLER begonnene naturwissenschaftliche Erforschung eines Sees fort, der zu den problematischsten Binnengewässern Europas gehört, außerdem aber zu einer kleinen Gruppe von Seen zählt, die von zuständigen und nicht zuständigen Behörden in zahlreiche glücklicherweise nicht ausgeführte Projekte einbezogen wurde. Diese Vorhaben an dem nur 43 km vom Stadtzentrum Wiens entfernten, derzeit rund 300 km² großen Flachsee sind durch seine merkwürdigen Eigenschaften bedingt. So gehört bei den meisten Binnenseen die Beschreibung ihres Wasserhaushaltes, die Abgrenzung ihres Einzugsgebietes und das Herstellen einer Tiefenkarte, ja sogar die Analyse ihrer Herkunft und ihres Alters zur Routine. Nicht so beim Neusiedlersee. Trotz intensiver Bemühungen zahlreicher Gruppen von Wissenschaftlern ist es noch nicht gelungen, derartige Daten mit einer anderen Seen vergleichbaren Genauigkeit zu erfassen. Immerhin hat die Neusiedlerseeforschung innerhalb des letzten Jahrzehntes sowohl von österreichischer als auch von ungarischer Seite her große Fortschritte gemacht; nicht zuletzt wurde sie durch Projekte internationaler Programme – wie der Internationalen Hydrologischen Dekade und des Internationalen Biologischen Programms – stimuliert und intensiviert. So glauben wir, einem breiten Leserkreis den derzeitigen Stand der naturwissenschaftlichen Neusiedlerseeforschung vorführen zu dürfen, ohne Gefahr zu laufen, längstbekannte und vielzitierte Vorgänge und Eigenschaften des Sees zu wiederholen. Wir wagen dies auch deshalb, weil der See – einstmals einsamer Landschaft zwischen den Komitaten Ödenburg und Wieselburg zugehörend – nunmehr über Europa hinaus an Rang und Bedeutung gewonnen hat.

Hier ist auch der Ort, allen Freunden und Mitarbeitern zu danken. Viele der Ergebnisse sind nur durch erheblichen persönlichen Einsatz möglich gewesen: Gekenterte oder von aufkommendem Sturm abgetriebene Boote, Einbrüche bei Eiswanderungen und stundenlange Fußmärsche in durchnäßter, eisiger Kleidung gehörten und gehören zum Alltag der Arbeit auf dem See. Unsere ungarischen Freunde haben das Befahren des Grenz- und Südteiles des Neusiedlersees möglich gemacht. Der Burgenländischen Landesregierung sowie allen zuständigen Behörden kommt das Verdienst zu, die Forschungsarbeiten mit Wohlwollen und großem Verständnis verfolgt zu haben. Ohne Hilfeleistungen seitens des Bundesheeres und der Gendarmerie hätte sich manches Unternehmen nicht verwirklichen lassen. Dem Verlag schließlich gehört der Dank, daß er es einer Gruppe von Wissenschaftlern ermöglicht hat, den jüngsten Stand der Neusiedlerseeforschung einer breiten Öffentlichkeit zugänglich zu machen.

1. Das Werden des Seeraumes

Die entscheidenden Ereignisse, die zur Anlage des heutigen Neusiedlerseeraumes und schließlich zur Entstehung des Sees selbst führten, fallen in die Zeit des Jungtertiärs, liegen also rund 20 Millionen Jahre zurück. In der Zeitstufe des Helvet (nach Helvetia = Schweiz) vollzieht sich der Niederbruch des Verbindungsstückes zwischen Alpen und Karpaten, und die versinkenden Berge werden zunächst bis zu 150 m tief unter Schottern begraben, die von Flüssen aus den Alpen herantransportiert werden. Es ist dies die Zeitstufe, in welcher unter anderem Rüsseltiere wie Mastodonten (*Mastodon angustidens* und *M. turicensis*) und Dinotherien (*Dinotherium bavaricum*) im Gebiet leben, neben ihnen duckerartige Antilopen (*Eotragus*), dreizehige Waldpferde (*Anchitherium aurelianense*), Tapire, bärenartige Hunde, Wildkatzen und Gibbons. Schon zur Zeit des Helvet beginnt das Vordringen des Meeres in den Alpen-Karpatenbogen, erreicht aber noch nicht den Raum des Neusiedlersees und des heutigen inneralpinen Wiener Beckens südlich der Donau.

Erst mit dem weiteren Absinken des Gebietes überflutet das Meer im Torton (nach Tortona in Oberitalien) auch diese Räume und bildet ein seichtes Meeresbecken, aus dem die Höhenzüge des Leithagebirges und des Ruster Höhenzuges, aber auch die Parndorfer Platte als Inseln herausragen. An den Küsten dieser Inseln, so am Leithagebirge und am Ruster Höhenzug, werden dabei Leithakalk und Kalksandstein, reich an Lebensresten wie Korallenstöcken, Austern- und Seeigelschalen, abgelagert. Es war ein von einer unglaublichen Formenfülle besiedeltes tropisches Meer, das gegen die erwähnten Inseln, aber auch gegen den Alpenostrand brandete und in dem Zahn- und Bartenwale sowie Mönchsrobben lebten.

Auch während der folgenden Zeitstufen des Sarmat und Pannon hält die Meeresbedeckung an, doch führt der bereits im oberen (jüngeren) Torton einsetzende Rückzug des Meeres schließlich zu einem von den Weltmeeren abgeschlossenen Binnenmeer und gleichzeitig zu einer allmählichen Senkung des Salzgehaltes (Salinität), also zur „Verbrackung" dieses großen Binnengewässers. Ähnliches spielte sich übrigens im Kaspischen Meer ab, selbst einstmals Teil des großen Binnenmeeres. Schon während des allgemein trockenen Sarmats verschwinden Stachelhäuter, Korallen, Käferschnecken und Armfüßer, um nur einige zu nennen, als Folge der Salzgehaltsabnahme völlig aus diesem Binnensee. Die trockene, durch Savannen gekennzeichnete Landschaft weicht im unteren Pliozän (= Pannon, nach dem pannonischen Becken benannt) neuerlich Wäldern, und diese feuchtere (und kühlere) Klimasituation führt auch zur deutlichen Vergrößerung des Pannonsees gegenüber dem Sarmatmeer, dessen Ufer östlich vom heutigen Neusiedlersee lag.

Die Aussüßung dieses Pannonsees schreitet weiter fort und führt schließlich zu reinen Süßwasserbildungen. Dies drückt sich auch in der Faunenzusammensetzung aus, die unter anderem durch die Congerien, Vorläufer der sogenannten Dreikantmuschel, gekennzeichnet ist. Erst jüngst wurde diese Dreikantmuschel (*Dreissena polymorpha*) in den Neusiedlersee – wahrscheinlich durch Boote – eingeschleppt. Lange Zeit hielt man diesen Pannonsee für den Vorläufer des heutigen Neusiedlersees (vgl. Kap. 2, S. 14).

Durch das stete Absinken des Meeresbodens wird die Schicht der Ablagerungen

Tab. 1: Vereinfachte Übersicht über die geologische Entwicklung des Neusiedlerseegebietes

Mill. Jahre	Formation		Zeitstufe	Ereignisse
2,5	Quartär	Pleistozän	Jung-pleistozän	Füllung der Neusiedlersee-Senke durch Oberflächen- und Grundwässer entsprechend den jungeiszeitlich neu entstandenen Gefälleverhältnissen.
			Alt-pleistozän	Einschüttung alteiszeitlicher Schotter. Trennung des Wulkabeckens vom südlichen Wiener Becken. Beginn der Entstehung der Neusiedlersee-Senke.
11	Jungtertiär	Pliozän	Levantin	Durch Hebungsbewegungen wird das Gebiet landfest. Beginn der Überschotterung durch das Stromsystem der Donau.
			Pannon	Entstehung von Bruchzone, Beginn von Hebungsbewegungen, Beendigung der Meeresablagerungen. Die Meeresbedeckung weicht nach Osten zurück.
		Miozän	Sarmat	Weiteres Absinken des Meeresbodens, Ablagerung von Tonen, Sanden und Schottern.
20			Torton	Entstehung eines seichten Meeresbeckens, aus dem Leithagebirge und Ruster Höhenzug als Inselgruppen aufragen. Ablagerung von Leithakalk.
			Helvet	Niederbruch der Verbindung zwischen Alpen und Karpaten. Erste Schotterüberschüttung des Gebietes.

Die Unterlage der Jungteritär- und Quartärschichtfolge wird von „Grundgebirge", bestehend aus Gneisen, Glimmerschiefern und Graniten paläozoischen Alters gebildet. Das Grundgebirge baut den „Kern" des Leithagebirges und des Ruster Höhenzuges auf.

zunehmend stärker: so gibt es heute unter dem Neusiedlersee Sediment-(Absatz-)Gesteine des Pannons von über einem halben Kilometer Mächtigkeit.

Unter diesem gewaltigen Sedimentmantel befindet sich die versunkene Landschaft. Ihre Gesteine kennen wir nicht nur aus Bohrungen, sondern auch aus den stehengebliebenen, nicht abgesunkenen Gebirgsteilen wie dem Leithagebirge. Es handelt sich dabei vor allem um alte Glimmerschiefer, in denen jüngere, in der Karbonzeit – also vor etwa 300 Millionen Jahren – aufgedrungene Granitkörper stecken.

Noch ist übrigens zu dieser Zeit mit ständig kühler werdendem Klima die gesamte Fülle der Tertiärwälder vorhanden, wie sie heute in ähnlicher Zusammensetzung in Nordamerika und Ostasien bekannt sind; während dort aber die Pflanzen nach Süden ausweichen konnten, verhinderte dies der ost-westorientierte Riegel der Alpen (THENIUS 1955). Die pannone Landtierfauna erinnert zum Teil wieder an jene des Torton, jedenfalls mehr als die Steppenfauna des Sarmat mit ihren Steppennashörnern, Antilopen und Gazellen. Noch leben im Gebiet *Mastodon longirostris*, *Dinotherium giganteum*, neben Tapiren, Zwerghirschen, bärenartigen Hunden, Hyänen und Säbelzahnkatzen.

Zu Ende der Tertiärzeit reißen Bruchzonen im Neusiedlerseegebiet auf, neuerliche Hebungsbewegungen im Alpenraum bewirken auch hier eine Hebung. Die Wasserbedeckung weicht nach Osten zurück, das Gebiet wird landfest. Dies muß im Raum des Neusiedlersees wohl im oberen Pliozän der Fall gewesen sein (vgl. Tab. 1).

Jedenfalls ist diese Entwicklung im wesentlichen abgeschlossen, als die eiszeitliche Donau – während der älteren Eiszeit (Pleistozän) durch die Brucker Pforte fließend – und ihre Zuflüsse das Gebiet zum Teil mit Schottern überschütten, die gegenwärtig die Parndorfer Platte bedecken. Erst jungeiszeitlich folgt eine neuerliche Einschotterung, bei der die Seewinkelschotter – möglicherweise im Zusammenhang mit vorangegangenen tektonischen Senkungen, vor allem der Parndorfer Platte gegenüber – mit einer Mächtigkeit von 10 bis 15 m abgelagert werden. Gerade die Verteilung dieser Schotter – sie fehlen nördlich von Weiden und Neusiedl – schließt die Bildung des Abbruchs der Parndorfer Platte durch einen Donauseitenarm aus.

Im Verlauf der jungeiszeitlichen Periode werden die Gefälleverhältnisse neu formiert und zwingen den Grund- und Oberflächenwässern eine Fließrichtung auf, die sie zur nunmehr entstehenden Senke des Seebeckens hinführen, so daß dieses mit den vom Westen, vom Ruster Höhenzug und vom Wulkabecken, vom Norden, vom Leithagebirge, und vom Osten aus dem Seewinkel zuströmenden Wässern her versorgt wird. Es ist nicht ausgeschlossen, daß schon vor 150.000 Jahren Vorläufer des Sees existierten; durch fossile bzw. subfossile (nicht versteinerte) Organismen ist freilich nur ein Seealter von bestenfalls 20.000 Jahren gesichert. Auf Lage und Umfang dieses jüngeren, kaltzeitlichen Sees wird der Abschnitt über die Entstehung des Sees noch ausführlicher eingehen. Es darf aber schon jetzt hervorgehoben werden, daß man noch lange nicht soweit ist, die genaue Geschichte der ersten Seephasen zu beschreiben. Sicher ist wohl nur, daß zwischen pannonem See und Entstehung des gegenwärtigen Neusiedlersees mehr als eine Million Jahre liegt.

2. Die Entstehung des Sees

Im einleitenden Abschnitt wurde bereits die verdienstvolle Leistung von Professor Moser hervorgehoben. Im Zusammenhang mit der neueren Auffassung der Entstehung des Neusiedlersees wird nun wieder darauf Bezug genommen, doch müssen vorerst zum besseren Verständnis einige allgemeine Bemerkungen vorangeschickt werden. Mehr als hundert verschiedene Arten der Entstehung von Seen sind heute bekannt; sie umfassen die sehr häufige Art der Seebildung durch Gletscher bis zur technischen Stauseebildung oder sogar Seebildung durch Biber. Keine dieser Ursachen trifft im übrigen auf den Neusiedlersee zu. Seine Entstehung, sehr lange umstritten, zeigt die eingangs erwähnten Schwierigkeiten der Analyse des Sees. Hier darf nochmals auf den geologischen Abriß verwiesen und an das große Binnenmeer erinnert werden, das das gesamte Wiener Becken und die östlich davon gelegenen Räume bedeckte. So war es eben zunächst naheliegend, den Neusiedlersee als einen Rest dieses in seiner spätesten Zeit – im Pannon – weitgehend ausgesüßten Wasserkörpers anzusehen, als sogenannten Reliktsee. Schon 1905 allerdings ließ man diese Theorie fallen, die mehrere Jahrzehnte hindurch übrigens auch auf andere Binnenseen, so den Titicacasee, fälschlich angewandt wurde.

Der Wiener Geograph HASSINGER entwickelte 1905 eine neue Entstehungstheorie des Neusiedlersees, zu der man sich mehr als fünf Jahrzehnte hindurch bekannte. Demnach sollte der Neusiedlersee nichts anderes als einen Donauarm darstellen, eine Bildung vergleichbar etwa der Alten Donau im Wiener Gebiet. Der Zeitraum dieses Geschehens wurde von HASSINGER in die frühe Eiszeit verlegt.

Aber auch diese Vorstellung einer Ausräumung der Neusiedlerseewanne durch einen Donauarm mußte fallengelassen werden. Vor allem der Geologe KÜPPER (1957) konnte nachweisen, daß es vielmehr eine tektonische Einmuldung dieser Wanne war, die in der späten Eiszeit zur Bildung eines Sees führte. Dafür sprechen unter anderem die Bruchsysteme entlang dem Westufer des Sees, aber auch die Schotterverteilung entlang der Parndorfer Platte, die keinerlei Hinweise für die Existenz eines Flußarmes liefert. Damit ergab sich freilich zugleich die neuerliche Frage nach der Ursache des Abbruches der Parndorfer Platte, die derzeit auch tektonisch erklärt wird.

In den Jahren 1970 und 1971 führte die Österreichische Mineralölverwaltung eine genaue Untersuchung des gesamten Seewinkels durch, um eventuelle Mineralöllagerstätten zu erfassen. Und obwohl sich alle diesbezüglichen Hoffnungen zerschlugen, ergab sich doch zweierlei: einmal eine genaue Aufnahme des kristallinen Untergrundes, der im Leithagebirge oberirdisch bis 369 m über den Seespiegel aufragt; im Südosten aber lieferten die im Zuge dieser Untersuchung gewonnenen Proben eine relativ genaue Vorstellung vom räumlichen Umfang des späteiszeitlichen Neusiedlersees. Vor allem die aus 2 bis 3 m Tiefe entnommenen Proben gaben einen Einblick in die Verbreitung von ehemals dort vorkommenden Kaltwasser bevorzugenden Arten von Muschelkrebsen oder Ostrakoden, einer mehrere hundert Millionen Jahre alten Krebsgruppe. Danach allerdings okkupierte der späteiszeitliche Neusiedlersee hauptsächlich den Raum des Hanság sowie den nördlichen Teil des heutigen Neusiedlersees, während der erst nachträglich eingesenkte Südteil nicht nur zur Ausgestaltung der gegenwärtigen Seewanne, sondern auch zur Verlandung des östlichen Seeteiles beitrug.

Die erste historische Bestätigung des Sees liefert Plinius d. Ä. in seiner *Historia Naturalis* im ersten nachchristlichen Jahrhundert: „*Noricis jugontur lacus Peiso, deserta Boiorum, jam tamen colonia Divi Claudii Sabaria et oppida Scarabantia Julia habitantur.*" – „An Noricum grenzen der See Peiso und die *Wüsten* (!) der Bojer, die jedoch jetzt durch die Kolonie des erhabenen Claudius Sabaria und durch die Stadt Scarabantia Julia bevölkert sind." Mit Wüste *(deserta)* dürften wohl die teils zufolge ihrer Bodenbeschaffenheit (unter anderem Salzböden), teils wegen schon steinzeitlicher Rodung auch heute noch steppenhaften Gebiete im Osten des Sees gemeint sein.

Das nächste uns erhaltene Schriftstück stammt aus der Zeit der Völkerwanderung, und zwar ebenfalls von den Römern. Dort wird der See als Lacus Pelsois in Verbindung mit der Geburt Theoderichs d. Gr. zitiert.

Erst wieder im Mittelalter tauchen Urkunden auf, die den See und seinen Zustand erwähnen, so in einer Urkunde aus dem Jahr 1074, die erkennen läßt, daß die gegenwärtige ungarische Bezeichnung für den See damals Ferteu lautete. Im August 1096 überschreitet das Kreuzheer Gottfrieds von Bouillon den See, in der fraglichen Urkunde als „palus" (Sumpf), der bereits erwähnte Hanság im Osten des Sees dagegen als Fluß bezeichnet. Es ist freilich damit noch lange nicht gesichert, daß mit „palus" ein ausgetrockneter oder zumindest halbtrockener See gemeint war: ist doch der Abschnitt nicht bekannt, wo das Kreuzheer querte. Auch die Bedeutung des Flusses Hantax ist relativ unsicher: Vielleicht mag eine stark wasserführende Rabnitz, die erst 1568 (?) durch die Gräfin Nádasdy vom Südende des Sees wegverlegt worden sein soll, den Hanság mit einem Seitenarm durchflossen haben. Gesichert scheint erst wieder eine Nachricht aus dem Jahr 1270, da 300 Soldaten der Armee König Ottokars auf dem Eis des Sees einbrachen und mehrere ertranken. Demnach mußte der See damals zumindest so tief gewesen sein wie heute.

Von da an ist die Geschichte des Sees bestens belegt: man weiß um die Hochwässer sowie um die weitgehende Austrocknung zu den verschiedensten Zeiten. So liegt nach WINKLER (1923) Illmeuch (Illmitz) am Ufer des Sees, der dort auch nach der josephinischen Karte, also im 18. Jahrhundert, eine große Bucht erkennen läßt. Interessanterweise wird im 14. Jahrhundert der See mehrmals als *fluvius* bezeichnet: wieder mag hier im Zusammenhang mit der Rabnitz der südliche Teil des Sees gemeint sein. 1520 liefert dann Aventinus erstmalig Größenangaben vom Neusiedlersee und schreibt in den „*Annales ducum Boiariae*" (Lib. I, cap. 12): „*Ei lacui Peisoni nomen fecit, qui in longitudinem quinque et quadriginta milia passuum, quindecim in latitudinem patet, ambitu compraehendens mille passus plus centies, effundit Arrabonem fluvium.*" – „Die Länge des Sees, der Peiso genannt wird und in die Raab (sic!) mündet, beträgt 45.000, die Breite 15.000, sein Umfang aber 100.000 Schritte (passus = 1,5 m).“

1568 kam es dann zu der schon erwähnten Regulierung der Rabnitz, und von diesem Zeitpunkt an bis zu Beginn des 17. Jahrhunderts dürfte der See einen niedrigen Wasserspiegel aufgewiesen haben. Erst nach 1619 sind wieder hohe Pegelstände zu verzeichnen (WENDELBERGER 1951), die offenkundig bis zur Zeit der zweiten Türkenbelagerung im Jahr 1683 anhielten. So ist in Rust auf einem

Bauwerk der Vermerk angebracht: „Der See ist brait 3830 Klafter (1 Wiener Klafter = 1,8963 m) anno 1674." Wie 1683 und später 1693 beginnt auch 1728 wieder der Rückgang des Wassers, der bei Regierungsantritt Maria Theresias im Jahr 1740 seinen Höhepunkt erreicht: Damals soll der See fast ohne Wasser gewesen sein (WINKLER 1923). Niedrige Wasserstände traten erst wieder 1773 und 1811 bis 1813 auf. Der in der Öffentlichkeit weitaus bekannteste Wasserrückgang, der bis zur völligen Austrocknung des Sees führte, begann freilich erst um 1860 und erreichte seinen Höhepunkt im Jahr 1865. Hier kann nun wieder auf Dr. Ignaz Moser verwiesen werden, ganz besonders aber auf folgenden Abschnitt seines Berichtes:

„Die tieferen Schichten, soweit wir sie mit dem Erdbohrer erreichen konnten (4 Fuß), zeigen sich im ganzen wenig verschieden von den obersten; die Hauptgemeng-theile sind dieselben. Gröberer Sand ist häufiger, aber auch der feinste nie fehlend, der Gehalt an den kohlensauren Salzen von Kalk und Magnesia schwankt zwischen 10 und 50 Procent, steht aber in der Mehrzahl der Fälle dem letzteren Werthe näher. Die frischen Proben, meist bläulich von Farbe, sind durchgehends zäh, mitunter sogar in hohem Grade, dabei ist aber der Thongehalt nicht bedeutend; die fettest aussehende zeigte einen Thongehalt von 15 Procent. Mitunter wurden auch gröbere Mineraltrümmer in den Bohrproben gefunden, zumeist waren es ganz wenig abgerundete, dem Grauwackenquarze des Leithagebirges entsprechende Geschiebe."

Mit diesen wenigen Sätzen – sowie weiteren, hier nicht erörterten mineralogischen Beschreibungen – gibt uns Ignaz Moser wichtige Hinweise auf die Beschaffenheit des damals teilweise trockenen Seebodens. Hier ist vor allem von Bedeutung, daß Moser offensichtlich an keiner der untersuchten Lokalitäten eine mineralmäßige oder auch nur farbmäßige Schichtung des Sediments erkennen konnte. Der von ihm festge-stellte Schlamm läßt sich, wie Bohrungen aus jüngster Zeit ergeben haben, bis in größte Tiefen verfolgen und ist nichts anderes als ein pannones Sediment, das mit oft mehr als 400 m Mächtigkeit den Raum zwischen kristallinem Untergrund und Seebodenfläche ausfüllt. Wie nun aber schon Bohrungen in den fünfziger Jahren ergeben haben, ist gegenwärtig eine stark ausgeprägte, nach Farbe und mineralischer Zusammensetzung erkennbare Schichtung mit einem oberen dunklen Abschnitt und einem darunterliegenden Abschnitt, der Beschreibung Mosers entsprechend, vorhan-den. Der dunkle obere Abschnitt ist auf der Höhe von Illmitz bis gegen 70 cm mächtig und nimmt nach Norden bis auf 0 bis 10 cm ab. Er ist zudem reich an Resten von Organismen, die auch heute im See vorkommen: vor allem Muschelkrebse (Ostrakoden), Wasserflöhe (Cladoceren) und Kieselalgen (Diatomeen). Im darunter-liegenden Sediment ist nichts davon zu finden, wie das pannone Sediment überhaupt für seine große Armut an Fossilien bekannt ist; lediglich in etwa 9 m Tiefe fand sich in einem Bohrprofil bei Mörbisch ein ungefähr 8 bis 10 Millionen Jahre alter Muschelkrebshorizont. All dies ließ auf eine Entstehung der dunklen oberen Sedimentschicht nach der letzten Austrocknung schließen: Der See, der zur Zeit der Austrocknung keinen Schilfgürtel besaß – ein solcher ist übrigens auch schon vorher nur in bescheidenem Ausmaß vorhanden gewesen –, wurde ohne Zweifel bei neuerlicher Auffüllung der Seewanne mit Wasser (von 1870 bis zu einem abermaligen Höchststand im Jahr 1883) auch mit einer Schlammschicht überzogen: wurde doch eben durch den fehlenden Schilfgürtel das Einschwemmen von Bodenmaterial aus den angrenzenden Uferzonen außerordentlich gefördert. Wir wissen zwar heute auf Grund einer Reihe von Befunden, daß es sich so verhalten haben muß, freilich aber noch nicht, wie lange dieser Sedimentationsprozeß anhielt.

Durch neuerliche Niedrigwasserperioden von 1884 bis 1926 und 1929 bis 1934 breitete sich das Schilf rasch aus (vgl. Kap. 11, S. 69) und bildete einen Riegel gegen jede weitere Zufuhr von Ufermaterial – zumindest im Westen und Süden. Vom Osten her aber konnte die Erosion in den See hinein wegen des Seedammes niemals bedeutend gewesen sein. Wahrscheinlich begann schon um die Jahrhundertwende der gegenläufige Prozeß der Ausfuhr von Seeschlamm in den Schilfgürtel, der heute noch anhält und damit auch für den Abtransport von Nährstoffen eine wichtige Rolle spielt (vgl. Kap. 6, S. 48). Damit unterscheidet sich der Neusiedlersee grundsätzlich von anderen Seen, in denen fortlaufend Sedimentation stattfindet. Von häufigen Winden und Stürmen bis zum Grund aufgewühlt, reichert sich das Seewasser immer wieder mit feinen Partikeln des Bodenschlammes an und driftet teils durch Strömungen, teils durch pendelnde Bewegung der gesamten Wassermasse des Sees – den sogenannten Seiches – bedingt (vgl. Kap. 7, S. 51), in den breiten Schilfgürtel. Dort wird dann ein Großteil der Trübefracht mit den adsorbierten Nährstoffen sedimentiert, und weitgehend trübefreies Wasser strömt in den See zurück: ein Selbstreinigungsprinzip, das unter den europäischen Seen einzigartig ist. Nur beim flachen und ebenfalls durch Schilfgürtel ausgezeichneten Hamunsee Ostpersiens findet man ähnliches. Auf diese Weise wird gleichzeitig die schilflose Seewanne eingetieft, ein Vorgang, der selbstverständlich langsam abläuft. Vorsichtige erste Schätzungen ergeben eine jährliche Eintiefung von 0,1–1,0 mm. Das freilich bedeutet, daß spätestens in einigen Jahrzehnten der von Ignaz Moser erstmals beschriebene pannone Schlamm wieder die Bodenfläche bilden wird.

Es ist nicht mit Sicherheit anzunehmen, daß der Neusiedlersee auch vor dieser letzten Austrocknung mehrmals völlig ohne Wasser war, also zum Beispiel in den Jahren 1738 bis 1740, doch ist es eher wahrscheinlich. Zu solchen Zeiten der Austrocknung konnte auch der Wind zur Erosion der Seebodenfläche beitragen, wie dies von Ignaz Moser anschaulich beschrieben wurde (vgl. Einleitung, S. 9).

Wind, Eis, Austrocknung und wiederholte Pegelhochstände sowie windbedingte Wasserbewegung haben zweifellos zur Verfrachtung und Umschichtung des Seebodenmaterials geführt: Wäre heute zugleich mit den Seeumrißzeichnungen älterer Zeit auch die Tiefenverteilung des Sees bekannt, würde sie sich sehr wahrscheinlich überraschend stark von der gegenwärtigen unterscheiden. Auf unserer Abb. 1 ist diese mit Hilfe eines Echographen besonderer Konstruktion für seichte Gewässer gewonnene Tiefenkarte (1969) dargestellt. Eine zweitägige Befahrung bei völliger Windstille war dazu erforderlich, und sämtliche Profilstrecken wurden ein- bis zweimal kontrolliert. Zur genauen Kenntnis der Tiefenverteilung im See wäre freilich ein weitaus dichteres Profilnetz wünschenswert; ständige, über Jahre ausgedehnte Messungen würden außerdem Einblick in Verfrachtungen und den Abbau von Bodenmaterial gewähren. Immerhin: die rings um den See vielfach verbreitete Vorstellung von bedeutenden Eintiefungen im offenen See konnte wohl für immer widerlegt werden.

Auch die sich in manchen Jahren als Eisschub (vgl. Farbbildteil S. 43) entfaltende

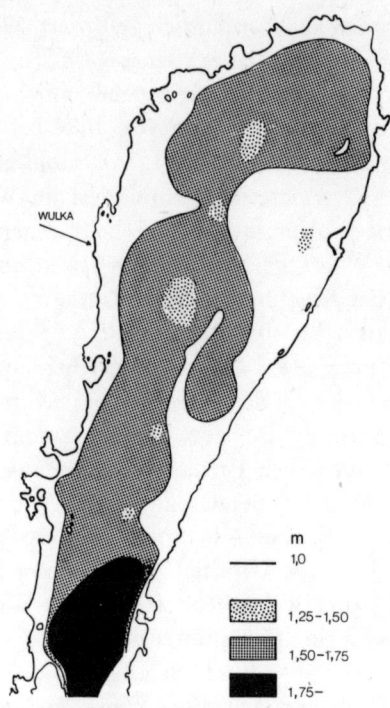

WULKA

	m
——	1,0
▓▓▓	1,25–1,50
▓▓▓	1,50–1,75
■■■	1,75–

Abb. 1: TIEFENKARTE DES NEUSIEDLERSEES
aufgenommen mit einem Atlas-Vermessungslot (AN 6014) am 12. und 13. Mai 1969.

gewaltige, hauptsächlich gegen das Ostufer gerichtete Kraft trug sowohl zur Materialverfrachtung als auch zur Ausformung der Seewanne bei. Mit großer Sicherheit kann nämlich behauptet werden, daß der den See östlich begrenzende sogenannte Seedamm, hauptsächlich aus Sand und Schotter zusammengesetzt, ein Produkt vieler Eisschubereignisse ist. Da ja Nordwestwind die vorherrschende Windrichtung ist und das Eis nur in dem leicht ansteigenden Ostufer Widerstand findet, muß dort durch Eisschübe Material aufgelandet werden. Bei gleichfalls häufigem Südostwind hingegen richtet sich diese Kraft lediglich gegen den flachen, widerstandslosen Schilfgürtel. Bis in jüngste Zeit (1959) war man der Meinung, daß dieser für den Weinbau günstige Seedamm eine Nehrung sei. Dazu hätte es eines Sees viel gewaltigeren Ausmaßes bedurft, dessen Strömungssystem einen solchen Nehrungswall bilden könnte. So gibt es im fünfmal so großen Nirizsee in Südpersien eine Nehrung, die sich trotz der Größe dieses ebenfalls seichten Sees im Vergleich zum Seedamm nur bescheiden ausnimmt. Insgesamt muß also die Seewanne – auch bloß innerhalb historischer Zeit – als ein sehr veränderliches Gebilde betrachtet werden, das teils tektonisch, teils durch Austrocknungen, Wind, Wasser und Eis sein gegenwärtiges Aussehen erhielt. Der Zeitraum seiner ersten Entstehung wird freilich noch zu bestimmen sein.

3. Das Gebiet des Neusiedlersees heute:
Ein geographischer Abriß

Mit nur rund 113 m über dem Meeresspiegel ist der Boden des Neusiedlersees Österreichs tiefste Mulde. Zugleich stellt er die größte Wasserfläche des Landes dar, auch wenn nur der schilffreie Anteil mit insgesamt (Österreich und Ungarn) 174 km² in Rechnung gestellt wird. Die Angaben für die Gesamtfläche des Sees unter Berücksichtigung des landwärts nicht immer klar abgegrenzten Schilfgürtels schwanken und dürften bei 250–300 km² liegen, der Seeinhalt zwischen 200 und 250 Millionen m³, wobei diesen Daten ein mittlerer Wasserspiegel zugrunde liegt (PICHLER 1969). Der Schilfgürtel selbst dürfte gegenwärtig eine Ausdehnung von etwa 110–120 km² haben (vgl. auch Kap. 11, S. 69). Über die Tiefenverteilung informiert am besten Abb. 1, die gut erkennen läßt, daß die maximalen Werte im Raum zwischen Illmitz und Mörbisch liegen dürften, gegenwärtig bei ca. 2 m. Auch in bezug auf die Länge und die Breite des Sees liegt der Neusiedlersee an der Spitze österreichischer Binnengewässer. Die Gesamtlänge (inkl. Ungarn) beträgt 35 km, ohne Schilfgürtel ca. 30 km, seine Breite mit Schilfgürtel 12 km, ohne diesen etwa 7,5 km (Abb. 2).

Den Rahmen dieses Sees bilden im wesentlichen Leithagebirge (bis 441 m) und Ruster Hügelzug (bis 262 m, in Österreich bis 252 m) im Westen, über deren Bau und Entstehung ausführlich in den Kapiteln 1 und 5 berichtet wird. Letzterer, zur Gänze aus marinen Kalken aufgebaut, lieferte das Baumaterial für Stephansdom, Burgtheater, Votivkirche und zahlreiche bekannte Wiener Gebäude sowie für Bildhauer (Sankt Margarethen). Die nördlichen (Parndorfer Platte) und südlichen Höhenzüge, im Quartär gestaltet, sind ebenso wie der im Osten anschließende Seewinkel hinsichtlich der Ausdehnung des Einzugsgebietes des Sees noch nicht geklärt (Kap. 5, S. 29).

Eines der Charakteristika des Neusiedlerseeraumes ist die Vielfältigkeit der Erscheinungen; sie gilt sowohl für die Bevölkerung als auch für die Art der Nutzung des Sees. Und sie trifft in hohem Maß für die Art landwirtschaftlich vielfach wertvoller Böden rings um den See zu: Da breiten sich im Südosten des Seewinkels die Torfe des (leider) größtenteils entwässerten Niedermoores (Hanság oder Waasen) aus. In letzter Minute ist es hier übrigens dem Burgenland gelungen, einen kleinen Teil zum Vollnaturschutzgebiet zu erklären, nicht zuletzt deshalb, weil es sich um einen wichtigen Standort der Großtrappe handelt. Der Seewinkel ist aber vor allem durch Salzböden, die sogenannten Zickböden (Czik = ungar. Salz) ausgezeichnet, die an asiatische Trockenräume erinnern und reich an Natriumcarbonat (Soda) sind. Dort wachsen salzliebende Pflanzen (vgl. Farbbildteil S. 68), sogenannte Halophyten ("Salzbewohner"), die hier ebenso wie salzliebende Tiere, hauptsächlich Insekten, ihre westliche Verbreitungsgrenze finden (FINK 1958, FRANZ und HUSZ 1961). Im Herbst fallen diese Salztone (Solontschak) durch die weißen Ausblühungen von hauptsächlich Soda und Glaubersalz (Natriumsulfat) auf. Neben unstrukturierten Salztonen kommen, freilich seltener, Salzböden mit eigentümlicher Mehrkantsäulenstruktur vor, die als Solonez (wie viele der Bodenbezeichnungen russischer Herkunft) bekannt sind. An Rußland anknüpfend, müssen auch die Steppenschwarz-

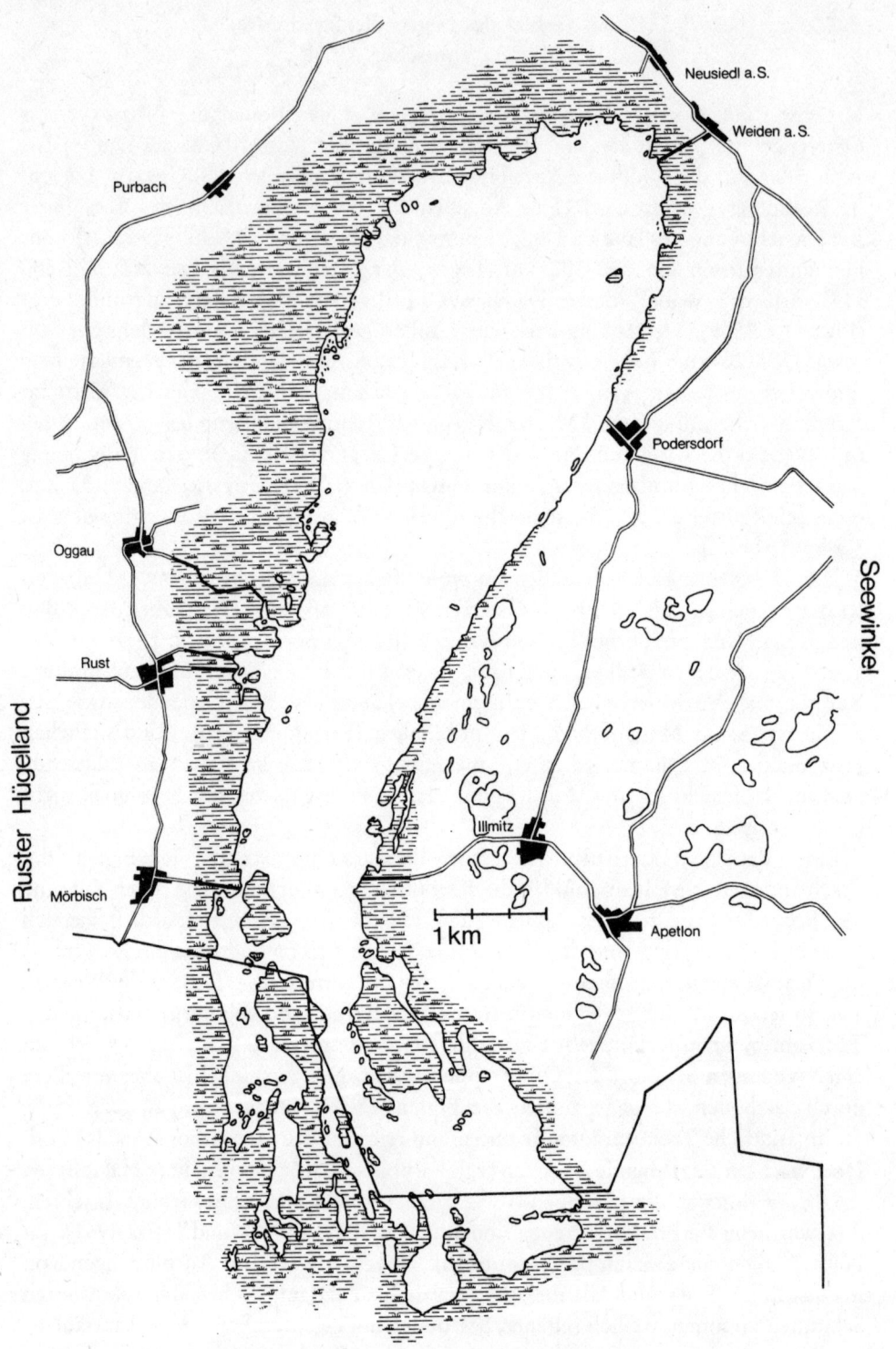

Abb. 2: DER NEUSIEDLERSEE UND SEINE UFERGEMEINDEN

erden (Tschernosem) erwähnt werden, die kalkfrei (Parndorfer Platte) oder kalkhältig (Seewinkel), landwirtschaftlich hochwertig, in Österreich sonst nur noch im Marchfeld vorkommen. Sie leiten sich teils aus Au-Lehmen („Alluvionen") der Niederterrassenschotter des würmeiszeitlichen Donaufächers her, teils aus Löß und Tegel wie am Rand des Leithagebirges und auf dem Ruster Höhenzug. Aber auch die Feuchtschwarzerden am Rand des Hanság und in der Wulkaniederung (aus sogenannten Anmooren hervorgegangen) sind sehr fruchtbar.

4. Der See und sein Klima

Im geographischen Abschnitt war die Rede von der Klimagunst des Neusiedlerseegebietes. Nun sollen die Fragen dieses für Österreich einzigartigen Klimas und seine Auswirkungen auf den See eingehender untersucht werden. Durch seine Lage in Zentraleuropa und am östlichen Rand der Alpenkette ist unser Raum bereits stark kontinental getönt. Diese Kontinentalität wird noch zusätzlich durch die Alpen verstärkt: Als Hindernis für die allgemein in unseren Breiten vorherrschenden Westwinde bewirken sie nämlich für den Alpenostrand einen Lee-Effekt, der zum kontinentalen Klima beiträgt.

Kontinentale Klimate sind vor allem durch extreme Temperaturen gekennzeichnet; die Sommer haben bei geringen Niederschlägen höhere Temperaturwerte, während die Winter im allgemeinen durch tiefere Temperaturen gekennzeichnet sind. Freilich werden extrem tiefe Temperaturen im Neusiedlerseeraum wegen häufiger und langandauernder Nebeldecken und somit verhinderter Ausstrahlung des Bodens nicht erreicht. Nur Kälteeinbrüche aus dem Osten führen bisweilen zu extrem tiefen kontinentalen Temperaturen, wie sie etwa im Jahr 1929 gegeben waren: eine Folge davon war mächtige Eisbildung bei gleichzeitig tiefem Pegelstand, die zu einem katastrophalen Fischsterben führte.

Die Meteorologie bedient sich zur Beschreibung dieser klimatischen Gegebenheiten des durchschnittlichen Jahresganges der Temperatur, der in Abb. 3 zum Vergleich mit jenen von Bregenz und Klagenfurt dargestellt ist. Beide Orte liegen ebenfalls im Einflußbereich großer Seen – des Bodensees und des Wörthersees.

Im Winter ist das Klagenfurter Becken wesentlich kälter als das Neusiedlerseegebiet, nämlich um 3 Grad im Januar, Bregenz hingegen um 0,8 Grad wärmer. Die Sommermonate im Raum des Neusiedlersees sind gegenüber Bregenz um mehr als 2 Grad und gegenüber Klagenfurt um rund 1 Grad wärmer. Der große Unterschied zwischen unserem Gebiet und Bregenz beruht auf der höheren Ozeanität des Bodenseegebietes. Diese wird übrigens durch die tropisch aspektierten Gartenanlagen der Insel Mainau stark überbewertet, da außer acht bleibt, daß alle frostempfindlichen Pflanzen während des Winters in Glashäusern untergebracht sind.

Für das benachbarte Eisenstadt ist der Neusiedlersee, solange er winterliche Eisbedeckung trägt, gleichsam als „Kältequelle" anzusehen. Hier liegen demzufolge die Temperaturen niedriger.

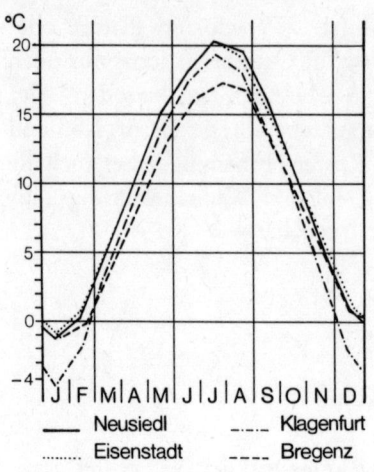
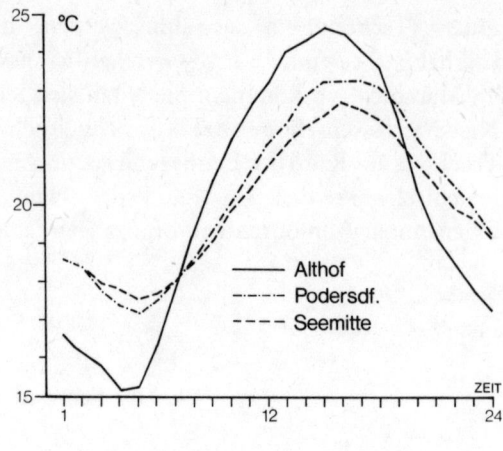

Abb. 3: *(Links)* Mittlerer Jahresgang der Lufttemperaturen von Neusiedl, Eisenstadt, Klagenfurt und Bregenz

Abb. 4: *(Rechts)* Mittlerer Tagesgang der Lufttemperaturen für den Monat Juli in Althof, Podersdorf und in der Seemitte

Alles in allem zählt das Neusiedlerseegebiet mit einem Jahresmittel von nahezu 10° C (in manchen Teilen bis zu 11° C) zu den wärmsten Regionen Österreichs, woran besonders auch die hohe Beständigkeit der sommerlichen Temperaturwerte teilhat. Die Ursache dieser Beständigkeit ist in der großen Wassermasse des Sees zu suchen, die rasche Temperaturänderungen in ihrer Wirkung dämpft. Dies zeigen vor allem die unterschiedlichen Tagesgänge der Lufttemperatur über dem freien See, am Seeufer (Podersdorf) und einer Station etwa 7 km vom See landeinwärts (Althof), für den Monat Juli (Abb. 4). Über dem Land ist der Tagesgang wesentlich stärker ausgeprägt: Höhere Tagestemperaturen werden nächtlich von viel tieferen Temperaturwerten abgelöst, als sie am Seeufer oder gar über dem freien See zu beobachten sind. Diese Tagesschwankung der Lufttemperatur ist über dem freien See um annähernd die Hälfte geringer: Die wärmeren Wassermassen in der Nacht unterbinden ein starkes Absinken der Temperatur, verhindern aber auch tagsüber einen Anstieg der Lufttemperatur, weil sie dann kühler als die Luft sind.

Dieser ausgleichende Effekt des Wassers ist das ganze Jahr über bemerkbar. Er muß jedoch nicht unbedingt positiv sein, denn im Winter verhindert die bestehende Eisdecke in Verbindung mit einer beständigen Kaltluftschicht über dem See höhere Temperaturen, wie sie etwa in Eisenstadt während der Wintermonate auftreten können. Zusätzlich verzögert der See eine allgemeine Erwärmung im Frühjahr, da er viel Energie zur Schneeschmelze und zu seiner Aufheizung braucht. Ist diese jedoch erreicht, so sinkt die Aussicht auf Spätfröste im Seebereich ganz beträchtlich: einer der Faktoren, die den zeitigen Anbau von Gemüse dort zweifellos begünstigen. Im Herbst wiederum wird – bei noch hohen Wassertemperaturen, jedoch schon niedrigen Lufttemperaturen – der Spätsommer gleichsam verlängert.

Auch auf die über den See hinwegstreichende Luft wirkt der See modifizierend ein; dies ist besonders durch die 1974 auslaufenden Studien der Internationalen Hydrologischen Dekade eingehend untersucht worden: So kommt bei Nordwestwind die nächtlich über den warmen See streichende Luft am Ostufer um einen Grad erwärmt an; tagsüber erreicht sie es um ein bis sogar zwei Grad abgekühlt, eine Folge der Temperatur des Seewassers, die niedriger als die des Landes ist.

Die Ursache für die beschriebenen günstigen Temperaturverhältnisse vor allem während des Sommers ist im Sonnenscheinreichtum des Neusiedlerseegebietes zu suchen. So werden im Verlauf des Sommers in Neusiedl am See weitaus höhere Werte als etwa in Gmunden, Klagenfurt und selbst auf der Kanzelhöhe in Kärnten erreicht, nämlich über 2000 Sonnenschein-Stunden pro Jahr.

Selbst gegenüber Eisenstadt ist das Seegebiet im Sommer bevorzugt, denn der See wird weniger stark als das umgebende Land aufgeheizt; das bedeutet jedoch, daß sich über dem See eine Thermik entwickelt, die zu geringerer Wolkenbildung führt als über Land. Anderseits wird im Herbst bei wärmerem Wasser und kühlerer Luft der Sonnenschein im Seegebiet durch Nebelbildung verringert, an rund 30 Tagen im Jahr ist im Seegebiet mit Nebel zu rechnen. Sie verteilen sich vorwiegend auf die Monate Dezember bis März und September bis Oktober. Den Hauptanteil tragen Dezember und Januar mit durchschnittlich sechs bis sieben Nebeltagen. In den Sommermonaten fehlt Nebel fast völlig. Vielleicht muß hier noch hinzugefügt werden, daß als Nebeltage auch Tage mit nur kurzzeitigem Auftreten von Nebel gelten.

Viele lokalklimatische Eigenheiten sind also zweifellos auf die Verhältnisse der Wassertemperatur des Sees zurückzuführen. In vielen Fällen ist der unterschiedliche Temperaturverlauf im Erdboden einerseits und im Wasser anderseits entscheidend: Der mittlere tägliche Temperaturverlauf im Juli – einem Monat mit den größten Temperaturgegensätzen – ist in unserer Abb. 5 wiedergegeben: die tägliche Erwärmung der Wasseroberfläche erreicht nicht die hohen Temperaturen wie der Erdboden, greift aber dafür auf größere Tiefen über. So kühlt nachts die Erdoberfläche stark ab, die Wassermasse hingegen beharrt auf einem wesentlich höheren Temperaturniveau. Temperatursprungschichten – Tiefenzonen stärksten Temperaturabfalls und scharf definierte Grenze zwischen warmem oberen Wasserkörper (Epilimnium) und unterer kalter Wassermasse (Hypolimnium) – treten im Neusiedlersee nicht oder nur sehr kurzfristig auf. Sie gehören ganz allgemein zum sommerlichen Erscheinungsbild tiefer Seen in gemäßigten Zonen.

Im Jahresgang erreicht der Neusiedlersee nicht die langfristig hohen Wassertemperaturen wie der Wörthersee, paßt er sich doch wegen seiner geringen Tiefe schnell an die jeweilige Witterung an: einerseits wird er rasch aufgeheizt, kühlt aber anderseits wiederum rasch ab. Seen mit größerer Tiefe besitzen dagegen in ihrer großen Wassermasse einen entsprechenden Wärmevorrat, erwärmen sich daher im Frühjahr nicht so schnell wie der Neusiedlersee: unsere Abb. 6 zeigt diese erstere Erscheinung. Verglichen mit dem Attersee ist der Neusiedlersee in den Frühjahrs- und Sommermonaten wesentlich wärmer – im Hochsommer können im freien See Oberflächentemperaturen von 28 bis mehr als 30 Grad gemessen werden –, im Herbst und Winter kälter.

Die winterlichen tiefen Seetemperaturen des Neusiedlersees hängen eng mit der Eisbildung zusammen. Im Durchschnitt (langjährigen Mittel) bildet sich die Eisdecke

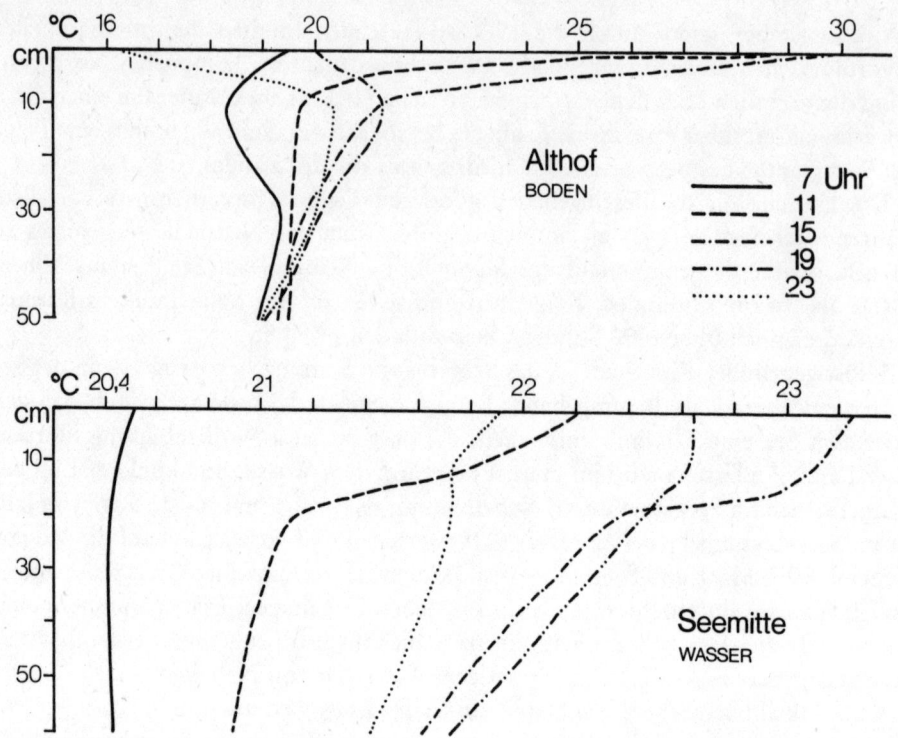

Abb. 5: Die mittleren Boden- und Wassertemperaturen in verschiedenen Tiefen im Monat Juli 1969 (nach HAHN) zu verschiedenen Tageszeiten

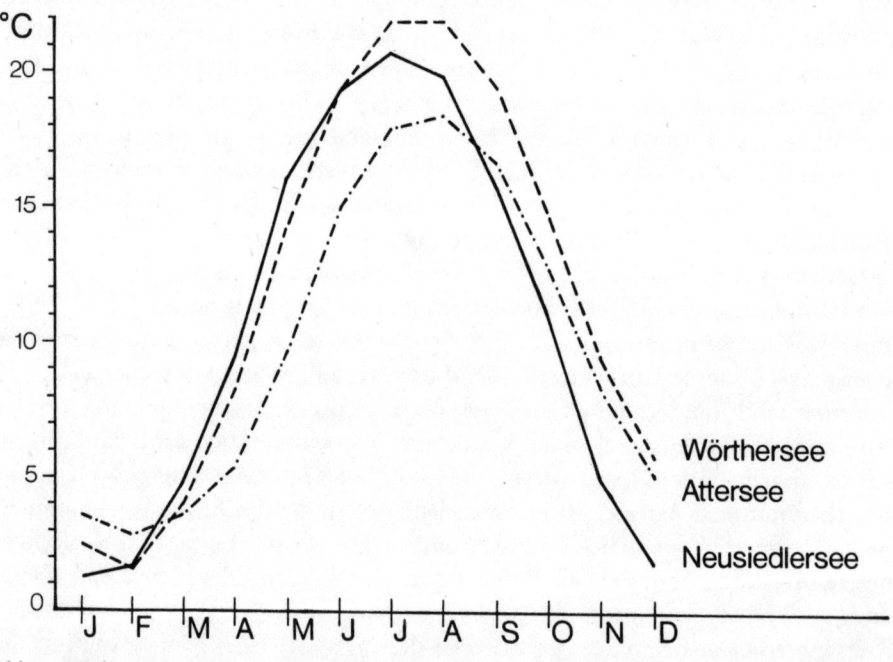

Abb. 6: Mittlerer Jahresgang der Oberflächentemperaturen von Wörthersee, Attersee und Neusiedlersee

Mitte Dezember und hält bis Ende Februar. Extremfälle bis zu 100 Tagen sind bekannt. Keiner der großen Seen Österreichs in mittleren Höhenlagen weist ähnlich lang dauernde Eisdecken auf.

Durch Wind und Eispressungen wird die Eisdecke des Neusiedlersees stark verformt: Bruchlinien entlang dem Ost- und Westufer sowie eisfreie Flächen können häufig beobachtet werden. In extremen Fällen werden Eisbarrieren mit Höhen bis zu 7 m aufgeworfen, die dem See nicht nur ein polares Aussehen geben, sondern auch für die Bildung des Strandwalls entlang dem Ostufer verantwortlich sind (Kap. 2, S. 18). Überdies droht beim Auftauen des Eises bei gleichzeitig starkem Wind den Uferanlagen große Gefahr, ebenso unterbinden diese Eisstöße, hauptsächlich am Ostufer, den Schilfvorwuchs.

Zur Illustration solch polarer Prägung des Sees wurde ein Foto von 1931 vom Bootsbauer Hans Katona (vgl. Farbbildteil S. 43) aus Podersdorf ausgewählt, auf dessen Rückseite folgende gut beobachtete Situation notiert ist: „Aufgenommen am 18. 3. 1931 (!) von der Bootswerft Podersdorf am See. Wie auf der Donau durch die Strömung, so werden auf dem Neusiedlersee durch den Druck der Stürme, die auf der weiten Fläche mit besonderer Heftigkeit wehen (siehe Abschnitt über Wind!), Eisschollen übereinander getürmt, mitunter mehr als haushoch! Die viele km langen Schollenfelder bilden gleichsam eine riesige Segelfläche und müssen sich, von der Gewalt des Windes getrieben, sobald sie an ein Hindernis stoßen – Sandbänke am Ufer oder Rohrinseln – dann übereinanderschieben. Der Podersdorfer Steg z. B. fällt dem Eisstoß alljährlich (!) zum Opfer, da auch die stärksten Piloten unter der Wucht der herandrängenden Eismassen wie Siegellackstangen brechen oder aus dem Boden gerissen werden."

Für die Landwirtschaft und den See selbst ist der Niederschlag eine elementare Größe: Das langjährige Niederschlagsmittel von rund 600 mm pro Jahr weist das Neusiedlerseegebiet als eines der trockensten in Österreich aus, haben doch Bregenz mit rund 1500 mm und Klagenfurt mit 990 mm wesentlich höhere Werte. Die Extremwerte liegen zwischen 350 und 890 mm und zeigen, daß der Wasserhaushalt des Sees starker Beeinflussung unterliegt.

Die niederschlagsreichsten Monate sind Mai, Juli und August mit Durchschnittswerten von etwa 60 mm. Es sind dies hauptsächlich Gewitterniederschläge, die im größeren nördlichen Seebereich wegen der geringen Thermik seltener, über dem ungarischen Seeteil sowie Mörbisch, Rust, Wulkasenke und Donnerskirchen hingegen häufiger sind. Für letztere übt zweifellos die Stauwirkung am Leithagebirge – auch im Lee noch wirksam – einen Einfluß aus, der sich in einem niederschlagsreicheren Westufer des Sees auswirkt. Somit ist das Ostufer des Sees das niederschlagsärmste Gebiet des Sees.

Für den sonnenhungrigen Urlauber mag es ein zusätzlicher Trost sein, daß die Regentage durchaus nicht alle als ausgesprochene Schlechtwettertage anzusehen sind: von 100 Niederschlagstagen im Zeitraum Mai bis August weisen nur 20 überhaupt keinen Sonnenschein auf.

Und die winterlichen Niederschlagsverhältnisse? Bei einem Anteil von 9% des festen Niederschlages am Gesamtniederschlag, einer geschlossenen Schneedecke von 27 Tagen im Jahr und einer mittleren Schneehöhe von nur 3 cm kann von „Winter" im herkömmlichen Sinn keine Rede sein. Ausnahmsweise kann es aber in der weiten Ebene des Seewinkels zu beträchtlichen Schneeverwehungen kommen, Schneewächten bis zu 6 m Höhe sind dann keine Seltenheit.

Im Rahmen der Internationalen Hydrologischen Dekade wurde auch ein dichtes Windbeobachtungsnetz errichtet. Bedeutende Unterschiede sind hinsichtlich der Windrichtung in dem meist flachen Gebiet nicht gegeben: die Winde wehen vorwiegend aus NW und SO.

Große Seen wie der Neusiedlersee bilden häufig ein Land-See-Windsystem: tagsüber bläst der Wind landwärts, während der Nacht jedoch vom Land her seewärts. Die jeweils kühlere Luft – sie ist tagsüber im offenen Seebereich, nachts über dem Land vorhanden – muß aufsteigende wärmere Luftmassen ersetzen. Vor allem in den warmen Jahreszeiten ist dieses lokale Windsystem am Neusiedlersee deutlich ausgeprägt: mit dem Eintritt des nachmittäglichen Temperaturmaximums der Luft fällt auch die größte Häufigkeit der landeinwärts wehenden Winde zusammen. Ebenso werden die seewärts wehenden Winde mit Erreichen der größten Temperaturgegensätze während der zweiten Nachthälfte häufiger.

Am Westufer wird dieses Land-See-Windsystem durch ein Hangauf- und Hangab-Windsystem zusätzlich verstärkt. Auch dieses System hat seine Ursache in Temperaturgegebenheiten. Da während des Winters die Temperaturgegensätze zumeist nur schwach ausgebildet sind, treten die genannten lokalen Windsysteme nur undeutlich in Erscheinung.

Viel größere Unterschiede als die Windrichtung zeigt die Windstärke. Bei hoher Windhäufigkeit des Gebietes nimmt die Windstärke von West nach Ost zu, erreicht aber wegen der geringeren Bodenreibung mitten auf dem See die höchsten Werte. Die windstärksten Monate sind die Frühjahrsmonate mit mehr als 20 km/h, während die Geschwindigkeiten im Oktober nur zwischen 8 und 10 km/h liegen. Der mittlere Tagesgang der Windstärke ist auf der Seemitte schwach, an den Uferstationen dagegen deutlich ausgeprägt. Das Maximum der Windstärke fällt das ganze Jahr über in die ersten Nachmittagsstunden, das Minimum in die zweite Nachthälfte.

Große Bedeutung kommt, besonders im Zusammenhang mit Segel- und Bootssport, den Sturmverhältnissen zu. Vor allem das plötzliche Einsetzen eines Sturmes mit einer ersten Bö, meist nach vorangegangener längerer Flaute, bringt Gefahr mit sich. Aus meteorologischer Sicht wird als Sturm eine Windstärke von mindestens 50 km/h (meist 50–60 km/h, selten über 80 km/h) definiert. Sie wird am häufigsten in den Monaten Mai und Juni erreicht und überschritten. Dagegen hat der Monat Juli die längsten Sturmperioden aufzuweisen, doch dauern 50% der Stürme nicht länger als drei Stunden.

5. Das Kernproblem des Sees: Sein Wasserhaushalt

Wie im Abschnitt über die historische Entwicklung des Sees hervorgehoben wurde, schwankt der Wasserspiegel des Sees zwischen null – er trocknet wie 1868 aus – und mehreren Metern. Dieses Verhalten hängt von dem noch immer nicht völlig geklärten Wasserhaushalt des Sees ab, das heißt dem Gewinn und Verlust an Wasser innerhalb einer bestimmten Zeitspanne. Ergäbe sich aus solch einer Bilanzrechnung, daß weder Gewinn noch Verlust eingetreten wäre, so müßte der Inhalt des Sees gleichgeblieben sein. Dies ist hier nicht der Fall. Unsere Bilanzrechnung setzt sich in den meisten Seen (den sogenannten Drainage-Seen, mit Zu- und Abfluß) aus Zuflüssen und Niederschlag als Gewinn und aus Abfluß (meist nur ein einziger) und Verdunstung als Verlust zusammen. Solche Seen sind relativ leicht zu erfassen, wenngleich die Verdunstung bisweilen schwer über die ganze Seefläche hinweg bestimmbar sein mag. Beim Neusiedlersee treten zur Gewinnseite jedoch noch unterirdischer Wasserzugang als zusätzlicher (und außerordentlich wichtiger) Gewinn und unterirdischer Wasserabgang (eine noch kaum erfaßte Größe) als Verlust hinzu. Der See gehört damit auch zur Gruppe der sogenannten Seepage-Seen, die eben durch unterirdischen Wasserzutritt ausgezeichnet sind.

Der einzige bedeutende Zufluß des Neusiedlersees ist die Wulka, die auf einer nur kurzen Laufstrecke von 30 km eine Gefälledifferenz von rund 600 m hat und dem See durchschnittlich zwischen 30 und 60 Millionen m^3 Wasser im Jahr einbringt. In ungefähr gleicher Größenordnung liegen die unterirdischen Zuflüsse, die noch genauer aufgeschlüsselt und in Zusammenhang mit der geologischen Situation betrachtet werden sollen.

So strömen aus dem Seewinkel jährlich ca. 25 Millionen m^3 an unterirdischem Wasser zu, von der Parndorfer Platte her und der Senke des Wulkatales aber ca. 34 Millionen m^3. Daß diesen Werten nur grobe Abschätzungen zugrunde liegen, ist wegen der außerordentlich schwierigen Bestimmung des Grundwasserstromes nur zu verständlich. Oberirdischer (60–80 Millionen m^3) und unterirdischer Zufluß zusammen gleichen ungefähr dem Niederschlagsanteil mit durchschnittlich 140 Millionen m^3/Jahr. In extrem trockenen Jahren sind es allerdings bloß 50 Millionen m^3, in feuchten Jahren bis zu 200 Millionen m^3.

Der maßgebliche Faktor auf der Seite des Verlustes ist zweifellos die Verdunstung, also eine meteorologische Größe: Sie allein entzieht dem See schon mehr als 200 Millionen m^3 Wasser jährlich! Dies ist die Wassermenge, die alle Zuflüsse einschließlich Niederschlag normalerweise dem See im Verlauf eines Jahres zubringen. Ist also ein Jahr niederschlagsarm, so wird dieser Verlust auf Kosten des Seeinhaltes gedeckt, für ein Wasservolumen von rund 200 Millionen m^3 bei rund 280 bis 300 km^2 Fläche eine schwere Belastung. Verluste aus unterirdischen Abflüssen – vor allem im südöstlichen Teil des Sees – dürften nach derzeitigen Vorstellungen nicht stark ins Gewicht fallen. Der einzige oberirdische Abfluß ist der sogenannte „Einser-Kanal" auf ungarischem Staatsgebiet; bis zu 60 Millionen m^3 können dort jährlich ausfließen. Nach Abschluß eines Schleusenabkommens im Jahre 1965 – dem Jahr des vorläufig letzten Hochwasserstandes – muß entsprechend bestimmter Pegelstände im Seegebiet und gemäß des Jahresniederschlages die Schleuse geöffnet oder geschlossen werden. Durch diese Regelung ist es möglich, den See wenigstens einigermaßen zu stabilisieren.

Die genaue Beschreibung des Wasserhaushaltes wird beim Neusiedlersee, abgesehen von der problematischen Bestimmung der unterirdischen Komponenten, durch weitere Schwierigkeiten in Frage gestellt. So ist zunächst eine genaue Seevermessung erforderlich, entspricht doch 1 cm Seespiegeländerung 3 km² Seefläche. Je nach Wasserstand liegen die Seeflächen demzufolge zwischen 350 und 220 km², denen Seeinhalte zwischen 870 und 130 Millionen m³ entsprechen dürften. Die derzeitige mittlere Tiefe liegt bei etwas über 100 cm, die Maximaltiefen im Südabschnitt des Sees (vgl. Abb. 1) bei etwas mehr als 200 cm.

Der Seepegel ist also starken Schwankungen unterworfen; dies hängt mit der Abhängigkeit des Sees von der sehr variablen Größe des Niederschlags zusammen, der gleichzeitig auch das Grundwasser beeinflußt; strenger Einklang zwischen Niederschlag und Pegelstand herrscht jedoch nicht: Der Grundwasserzustrom zum See hinkt nämlich mit großer Verzögerung (drei bis sieben Jahre!) dem Niederschlag nach. Zu katastrophalem Wasserschwund wird es also nur dann kommen, wenn in eine Periode geringen Grundwasserzutrittes gleichzeitig niederschlagsarme Jahre fallen.

Auch der Grad der Verdunstung in unserer Wasserhaushaltsgleichung ist schwer erfaßbar und wurde erst im Rahmen der Internationalen Hydrologischen Dekade von der Zentralanstalt für Meteorologie und Geodynamik, Wien, im Verlauf intensiver Untersuchungen von 1966 bis 1974 ermittelt.

Unter Verdunstung oder Evaporation ist allgemein der Wasserverlust an die Atmosphäre zu verstehen. Das Verdampfen des Wassers kann vom natürlichen Boden her über die Vegetation oder von einer Wasserfläche aus erfolgen. Wind, Temperatur und Feuchte sind die ausschlaggebenden Faktoren für die Verdunstung. Die komplexe Wirkung dieser einzelnen Größen kann nach ihrer genauen Messung berechnet werden. Diese Methode der „Bestimmung des Wasserdampftransportes" erfordert die Analyse des vertikalen Wind-, Feuchte- und Temperaturprofils.

Der Verdunstungsvorgang ist mit einem Energieverlust verbunden – um ein Gramm Wasser verdunsten zu können, bedarf es 600 Kalorien an Wärme –, daher kann bei Berücksichtigung sämtlicher Wärmequellen und Wärmesenken im Rahmen einer Bilanz auf die Verdunstung geschlossen werden. Diese Wärmehaushaltsgleichung beinhaltet den reinen strahlungsenergetischen Umsatz (Strahlungsenergie, hauptsächlich von der Sonne geliefert), den Wärmeumsatz im Wasser und im Seegrund, den Wärmeaustausch zwischen der betrachteten Seeoberfläche und der Luft und das erwähnte Energieäquivalent der Verdunstung, das als Restglied bestimmt werden kann.

Wenn man die Verdunstung einer Wasserfläche berechnen will, ist das Problem insofern einfacher, als in jedem Fall genügend Wassernachschub für die Verdunstung gewährleistet ist, was etwa bei Bodenflächen nur selten der Fall ist. Deshalb kann man auch mit sogenannten Verdunstungswannen versuchen, Zugang zur Verdunstungsgröße zu gewinnen, indem die Wasserstandsänderung in einer solchen Wanne gemessen wird. Allerdings gelten die erhaltenen Ergebnisse nur für die freie Seefläche.

Nun ist aber der Neusiedlersee fast zur Hälfte seiner Fläche mit Schilf bewachsen, das über die sogenannte Transpiration Wasser verbraucht. Dieser Transpirationsanteil muß der Verdunstung zugerechnet werden. Die gesamte Verdunstung – von der Seefläche über die Pflanze – wird Evapotranspiration genannt. Alle hier erwähnten Methoden zur Verdunstungsbestimmung können auch in geeigneter Höhe über dem Schilfbestand angewendet werden, selbst die Verdunstungswannen, die dann freilich mit Schilf bepflanzt werden müssen. Die genaue Größe der Evapotranspiration ist gegenwärtig noch nicht bekannt.

Die Resultate dieser verschiedenen Methoden ergeben Maximalwerte der Verdunstung von der freien Seefläche weg in den Monaten Juni und Juli. Ganz allgemein verdunstet in den Frühjahrsmonaten wesentlich mehr Wasser als in den Herbstmonaten. Tagesspitzenwerte von 10 mm Verdunstung können ohne weiteres erreicht werden, doch liegt die Jahressumme der Verdunstung von der freien Seefläche weg etwas unter 900 mm. Dagegen dürfte die Evapotranspiration jährlich ca. 1000 mm erreichen und hat zur Zeit der Hauptvegetationsperiode im Juli ihren Höchstwert.

Das gesamte hydrogeologische Einzugsgebiet des Neusiedlersees ist auf Grund der entstehungsgeschichtlichen Voraussetzungen in Teilgebiete gegliedert (Abb. 7): 1. Ruster Höhenzug (33 km²), 2. Wulkabecken (163 km²), 3. Leithagebirge bis zur Wasserscheide (64 km²), 4. Parndorfer Platte und anschließender Seewinkel (Flächenausmaß ungewiß).

Den Kern des Ruster Höhenzuges bilden sogenannte kristalline Grundgebirgsserien, staffelförmig angehobenes Schiefergestein, das an drei Stellen unter jungtertiärer Bedeckung auftaucht: südwestlich von Mörbisch, südlich des Silberberges bei Oslip sowie im Gold- und Seeberg bei Schützen. Diese Gesteine sind von großer Bedeutung für die Grundwasserverhältnisse, da sie die Unterlage zumeist durchlässiger tertiärer Gesteine darstellen. Zu diesen gehören die zum Teil über 100 m mächtigen „Ruster Schotter", die dem kristallinen Grundgebirge auflagern und in der Hauptmasse aus groben und feinen Sanden zusammengesetzt sind. Erst in jüngster Zeit ist es gelungen, das Alter der „Ruster Schotter" zu bestimmen. Sorgfältige geologische Analysen ergaben, daß es sich um Flußablagerungen des obersten Helvet handelt, also der Zeitstufe, von der die geologische Darstellung des Neusiedlerseeraumes ihren Ausgang nahm. Die Einschüttungsrichtung dieser „Ruster Schotter" ist von Südwest nach Nordost orientiert.

Grundwässer, die im Ruster Höhenzug eingespeist werden, erreichen über diese Ruster Schotter, weniger auch die umgelagerten Leithakalkmassen, den Untergrund des Sees und haben besonders entlang vorhandener Bruchspalten Gelegenheit zum Aufstieg in Oberflächenwässer. Die entlang dieser parallel zum Mörbischer Ufer verlaufenden Bruchzone – sie steht offenbar mit einer weiteren Zone des sogenannten Neusiedler Bruches in Verbindung – aufwallenden unterseeischen Wasseraustritte sind als „Kochbrunnen" im Gebiet bekannt. Solche sichtbaren Zeugen des Grundwasseraustrittes sind übrigens auch entlang dem Ostufer zwischen Podersdorf und Illmitz bekannt geworden. Diesem Mechanismus der Grundwassereinspeisung auf dem Weg über Bruchzonen in den Neusiedlersee kommt erhebliche Bedeutung zu, vor allem in Zusammenhang mit der chemischen Eigenart des Sees.

Auch im Wulkabecken liegen ober-helvetische Flußablagerungen über dem

ROSALIENGEBIRGE
LEITHAGEBIRGE
RUSTER HOEHENZUG
WULKABECKEN
PARNDORFER PLATTE
NEUSIEDLER SEE
SEEWINKEL
UNDURCHLAESSIGE GESTEINE
DURCHLAESSIGE GESTEINE
BRUCHZONE

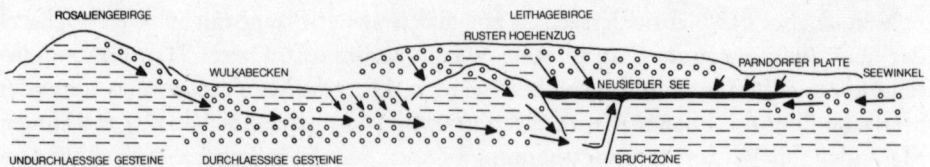

Abb. 7: SCHEMATISCHE DARSTELLUNG DES GRUNDWASSEREINZUGES ZUM NEUSIEDLERSEE IM QUERSCHNITT
Die Grundwässer aus den Teileinzugsgebieten versickern in durchlässigen Gesteinen und fließen, dem Gefälle der grundwasserleitenden Schichten folgend, zum Seebecken, wo sie, teilweise entlang von Bruchzonen aufsteigend, den Neusiedlersee speisen.

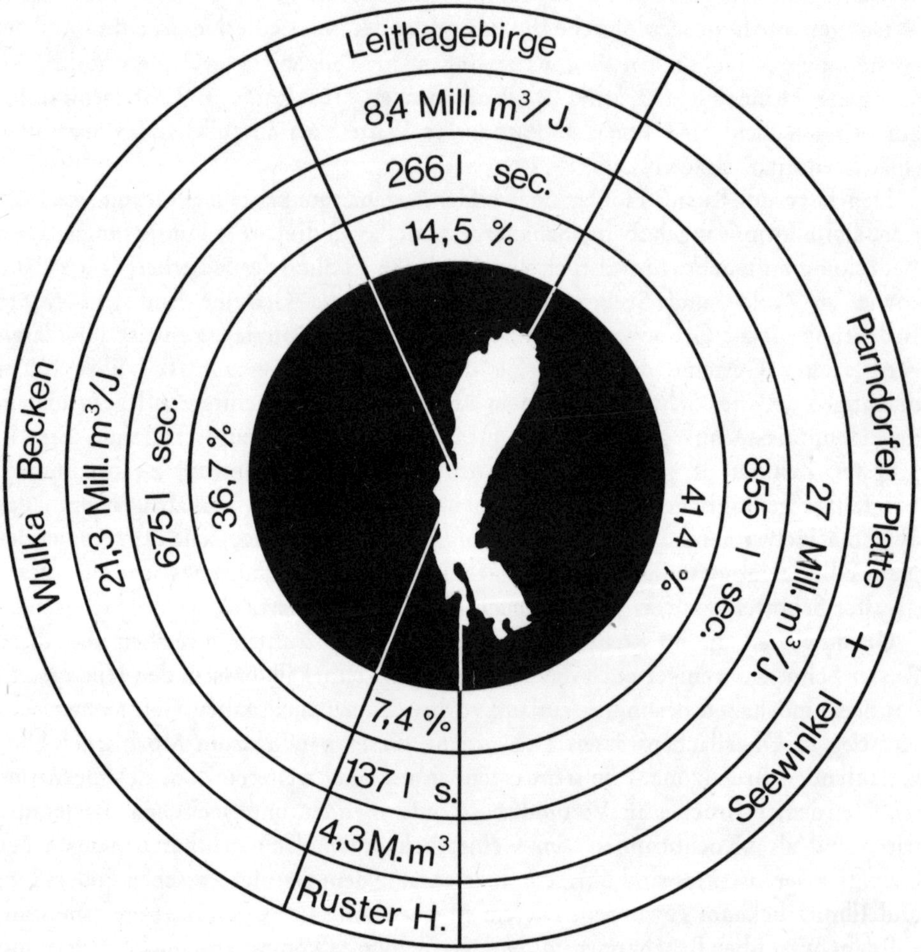

Leithagebirge
8,4 Mill. m³/J.
266 l sec.
14,5 %
Wulka Becken
21,3 Mill. m³/J.
675 l sec.
36,7 %
Parndorfer Platte + Seewinkel
27 Mill. m³/J.
855 l sec.
41,4 %
7,4 %
137 l s.
4,3 M. m³
Ruster H.

Abb. 8: Durchschnittliche absolute und prozentuelle Grundwassereinzugsmengen zum Neusiedlersee aus den vier Teileinzugsgebieten

kristallinen Grundgebirge und spielen auch hier die wichtigste Rolle als grundwasserleitende Schichtkomplexe. Diese wasserleitenden Gesteine liegen an den Beckenrändern (Brennberg, Rosalien- und Leithagebirge) an der Oberfläche, befinden sich aber im Beckeninneren in einer Tiefe von 150 m und mehr unter der heutigen Geländeoberfläche.

Entscheidend für den Zugang der Grundwässer zum Neusiedlersee ist die während des älteren Obersarmat angelegte und heute bestehende Muldenzone (Depression) im Gebiet der gegenwärtigen Wulkamündung. Außerdem dürfte eine Bruchzone, die im Rosaliengebirge beginnt und in das Mattersburger Becken zieht, sich im Untergrund des Wulkatales bis ins Seegebiet fortsetzen, dort auf die südliche Verlängerung des Neusiedler Bruches auftreffen und für zusätzliche Durchgängigkeit des Grundwassers sorgen.

Bis in jüngere Zeit vertretene Ansichten, Grundwasser könne vom südlichen Wiener Becken durch die Wiener Neustädter Pforte ins Wulkabecken gelangen, sind nunmehr endgültig widerlegt: Die pannonen Tegel bilden eine undurchlässige Barriere. Ebenso ist eine Grundwasserbewegung durch den Schiefergesteinskern des Ruster Höhenzuges unmöglich.

Die Schiefergesteinskuppel des Leithagebirges bildet bis in den Raum von Donnerskirchen den nördlichen Einzugsrand des Wulkabeckens. Nordost- und ostwärts liegt ihre Bedeutung hauptsächlich in dem Umstand, daß sie die einziehenden Wässer im wesentlichen in den Bereich der Leithakalkformation abführt. Diese Formation, die bei den herrschenden Gefälleverhältnissen große Durchlässigkeit besitzt, überlagert von Purbach bis etwa Breitenbrunn die südlichen und tieferen Teile des Schiefergesteingewölbes und nimmt im Osten stark an flächenhafter Ausdehnung zu. Dort greift sie über den Scheitelbereich des Leithagebirges hinweg und umhüllt den nach Osten untertauchenden Gebirgszug. Hier wie im Süden tauchen die Leithakalke ihrerseits unter die Tone und Mergel des höheren Jungtertiärs ab.

Ähnlich wie die Bruchzone im Mörbisch-Ruster Seebereich ist die bereits erwähnte Wulka-Bruchzone auch im nördlichen Seebereich als bevorzugte Aufstiegsbahn für jene Grundwässer anzusehen, die an der Südabdachung des Gebirges zum Einzug gelangen. Zusätzliche Bruchzonen parallel zum Gebirge (von Donnerskirchen nach Nordost und von Purbach über Breitenbrunn und Jois) beeinflussen die Grundwasserbewegung nachhaltig.

Noch vor kurzer Zeit wurde vielfach der Zuzug von Grundwässern des Leithaflusses in den Neusiedlersee angenommen. Auch dies konnte – ähnlich wie der Zuzug von Grundwässern aus dem südlichen Wiener Becken – endgültig widerlegt werden. Die unser Gebiet im Norden vom Leithafluß trennende Landschaft, die Parndorfer Platte, besteht aus einem in östlicher Richtung fortschreitend jüngeren Tegelsockel des Oberpannon über älteren Jungtertiärbildungen. Sie ummantelt das nach Osten abtauchende Leithagebirge und ist selbst von Donauschottern der Alteiszeit überlagert.

Außer den Grundwässern, die in den altquartären Schottern der Parndorfer Platte einziehen, kommen Grundwässer am Westende der Parndorfer Platte in allerdings begrenztem Umfang in den körnigen Anteilen der Oberpannonschichten zum

Einzug und gelangen durch die in diesem Teilgebiet herrschende Südostneigung nach ca. 4 bis 12 km Laufstrecke in den Untergrund des Bereiches Neusiedl – Weiden – Gols. Dort sind sie in Bohrungen als artesische Wässer in Tiefen von ca. 15 bis 100 m anzutreffen.

Schließlich gelangt ein wesentlicher Anteil des Grundwassers vom Seewinkel her in den Neusiedlersee. Eine Grundwasserscheide, die hier das Einzugsgebiet zum Neusiedlersee vom einstigen Liefergebiet trennt, ist durch spät- bis nacheiszeitliche Hebungsbewegungen verursacht. Grundwässer ziehen hier vielfach in den jungeiszeitlichen Schotter des Seewinkels ein, und zwar sowohl vom Niederschlag direkt als auch vielfach von durchlässigen Pannonschichten her gespeist. Über diesen quartären Grundwasserleiter gelangen sie in den See.

Berechnungen aus jüngster Zeit haben einen Zustrom an Grundwasser aus der Parndorfer Platte und dem Seewinkel (zusammen 184 km^2 dieses Anteils des Einzugsgebietes) von jährlich mindestens 24, maximal 30 Millionen m^3 ergeben. Bei einem durchschnittlichen Niederschlag von 650 mm/Jahr bedeutet dies, daß rund 20, maximal 25% der Niederschläge zur Versickerung gelangen. Anders ausgedrückt bedeutet dies eine Grundwasserspende von rund 4–5 l/sec/km^2 oder einen Gesamteinzug von 760–950 l/sec (bezogen auf die Gesamtfläche von 184 km^2). Diese Werte sind auch auf der „Hydrogeologischen Karte von Österreich 1 : 1 Million" der Geologischen Bundesanstalt Wien, 1969, für dieses Gebiet angeführt. Für die übrigen Gebiete wurden die auf Abb. 8 angegebenen Werte geschätzt.

Auch hier wurde wieder von der Annahme eines Jahresniederschlagsdurchschnitts von 650 mm und einem Versickerungsanteil von 20% ausgegangen.

Ein Vergleich der einzelnen Abschnitte des österreichischen Einzugsgebietes – einem ungarischen Abschnitt mag in Zusammenhang mit Hochwässern der Rabnitz Bedeutung zukommen – zeigt, daß Parndorfer Platte und Seewinkel mit 41,4% vom Gesamteinzug den größten Anteil stellen, doch liegt das Wulkabecken mit 36,7% in einer durchaus vergleichbaren Größenordnung. Dagegen kommt den das Seebecken flankierenden Höhenzügen mit 14,5% (Leithagebirge) und 7,4% (Ruster Höhenzug) vergleichsweise geringe Bedeutung zu.

Diese erste Abschätzung der Grundwassereinzugsmengen wird sicher noch Korrekturen zu unterwerfen sein. Auch steht derzeit die Frage offen, ob alle im Tertiärbereich einziehenden Grundwässer die Aufstiegswege zum See nehmen oder ob ein Teil davon den See unterfließt und tieferen Beckenteilen im ungarischen Raum zustrebt.

Sehr aussichtsreich für simultane Erfassung aller Grundwasseraustritte zu einem gegebenen Zeitpunkt werden verschiedene Techniken des sogenannten Remote sensing (Fernerkundungsverfahren vom Flugzeug oder Satelliten aus, Falschfarbaufnahmen, Infrarotaufnahmen usw.) sein. Insgesamt ist man noch weit entfernt von einem endgültigen Verständnis des Wasserhaushaltes dieses hydrogeologisch so vielfältig aspektierten Sees.

Rechts: Hohe Luftfeuchtigkeit, also Dunst, aber zu regenarmen Zeiten auch Staub, führen zu den typischen, spektakulären Sonnenuntergängen.

Am Ostufer des Neusiedlersees sind größere geschlossene Schilfbestände eher selten. Ein reiches Mosaik verschiedener Pflanzenassoziationen ist hier und gegen den Seedamm anzutreffen.

Schilflachen am landseitigen Rand des Rohrwaldes können bisweilen stark mit Fadenalgen
(Cladophora sp.) verwachsen sein: Bei Austrocknen eines solchen Gewässers bleibt die
verfilzte Algenauflage als sogenanntes „Meteorpapier" zurück.

Der Verlauf der Wulka läßt sich nur im landseitigen Teil des Schilfgürtels deutlich verfolgen, gegen den See zu löst sich der Fluß in zahlreiche kaum erkennbare Gerinne auf.

Oben: Vom Flugzeug nimmt sich der Schilfgürtel wie ein Gobelin aus: die braune Färbung der Schilflachen und die hellgrüne Algenfärbung im Vordergrund ist gut zu erkennen.
Unten: Die weiterhin zunehmende Verhüttelung des Schilfrandufers gehört mit zu den größten Gefahren für Sauberkeit und natürlichen Bestand des Sees.

Oben: Potamogeton pectinatus, eine der hauptsächlichen untergetauchten (submersen) Pflanzen, neigt aus noch nicht geklärten Gründen zu ringförmigem Wachstum. In den letzten beiden Jahren ist die Zahl dieser Vegetationsringe stark zurückgegangen.

Unten: In zunehmendem Maß wird der Schilfgürtel, wichtiger ökologischer Bestandteil des Sees, durch den Menschen umgestaltet: Die neue Anlage des Yachtklubs in Neusiedl, rechts im Vordergrund die alte, 1965 abgebrannte Biologische Station, von der aus ein Großteil der Untersuchungsarbeiten im Rahmen des IBP erfolgte.

Der Segelsport gehört schon seit der Jahrhundertwende zum Neusiedlersee und wird von mehreren Yachtklubs aus betreut.

Auch Eissegeln gehört zu den traditionellen Sportarten. Wegen der oft sehr unterschiedlich starken Eisdecke besonders in milden Wintern ist dieser Sport nicht ungefährlich.

Reusenfang wird praktisch das ganze Jahr hindurch betrieben, nur während der relativ kurzen Eisbedeckung muß er eingestellt werden.

Oben: Seit einigen Jahren gehört auch der Höckerschwan *(Cygnus olor),* ein Pflanzenfresser der submersen Vegetation, zum gewohnten Bild des Neusiedlersees. Infolge seiner ausgeprägten Territorialität hat die Anwesenheit des vom Menschen hierhergebrachten Neuankömmlings ihre Auswirkungen auf den Lebensraum der anderen größeren Wasservögel.
Unten: Schilfmandln, Teil des Landschaftsbildes um den Neusiedlersee, bieten zahllosen Tieren winterlichen Unterschlupf.

Oben: In den letzten Jahren gab es keinen so großen Eisstoß wie etwa im Jahr 1931. Lediglich Trümmer, welche die Eisdicke noch erkennen lassen, werden von der Brandung ans Ufer getrieben.
Unten: Der Eisstoß im März 1931. Hunderte und Tausende Tonnen Eis schieben sich in manchen Wintern mit zerstörender Kraft gegen das Ufer. Ganz sicher verdankt auch der „Seedamm" seine Existenz solchen Ereignissen.

6. Chemie, Salz- und Nährstoffhaushalt des Sees

Mit zu den auffälligen Eigenschaften des Neusiedlersees gehört wohl sein erhöhter Salzgehalt (vgl. Abb. 9): So beträgt die Salinität – also die Gesamtheit der gelösten Salze pro Volumseinheit – derzeit weniger als ein Dreißigstel der durchschnittlichen Meereskonzentration (35‰). Freilich ist die Salinität langfristigen zeitlichen Schwankungen unterworfen; im großen ganzen steht sie in umgekehrtem Verhältnis zum jeweils vorhandenen Wasservolumen und damit zum Pegelstand. Die Frage nach der Herkunft der Salze wird übrigens noch durch den Umstand erschwert, daß für gewöhnlich nicht nur deutliche Konzentrationsunterschiede zwischen verschiedenen Seeteilen bestehen (vgl. Abb. 10), sondern auch die Zusammensetzung der Ionen (das sind die gelösten Bestandteile der Salze) variiert (NEUHUBER 1971).

Die drei wichtigsten Theorien, die den erhöhten Salzgehalt erklären sollen, hängen zum Teil mit den Ansichten über die Entstehung des Sees zusammen. Noch um die Jahrhundertwende führte man als Erklärung für die – damals übrigens deutlich erhöhte – Salinität unter anderem die Auffassung an, daß der Neusiedlersee ein Reliktsee, also ein Meeresrest sei (vgl. Kap. 2, S. 14). Eine zweite, jüngere Deutung stützt sich auf die übliche Anreicherung von Salzen in Verdunstungswannen: freilich müßte dann der See auch bei langfristig höherem Pegel einen zunehmenden Salzgehalt erkennen lassen; dies ist aber nur zum Teil der Fall. Schließlich werden als weitere Erklärung unterirdische Wasserzutritte verschiedener Zusammensetzung angeboten, die ja tatsächlich in beträchtlichem Umfang existieren (vgl. Kap. 5).

Wie aus Abb. 10 hervorgeht, ist die Ionenkonzentration im Südteil des Sees im Bereich der Bruchlinie bedeutend höher und das Verhältnis der Kationen (Metallbestandteile gelöster Salze) deutlich zugunsten des Natriums verschoben, während im Norden offenbar weniger salzreiches und von Erdalkalien (Calcium und Magnesium) dominiertes Wasser in den See gelangt. Die Grenze dieser Bereiche bzw. das Gefälle zwischen ihnen ist im Winter unter Eis deutlich erkennbar und zu anderen Zeiten weitgehend von windbedingten Wasserbewegungen abhängig. Bohrungen bei Mörbisch haben schon in wenigen Metern Tiefe außerordentlich salzreiche Schichten erkennen lassen, die auch in tieferen Stockwerken des pannonen Sediments gefunden wurden (TAUBER 1959). Der Ursprung dieser freilich nicht mehr der Meersalzzusammensetzung entsprechenden stark salzhaltige Horizonte muß und kann mit dem tertiären Meer in Zusammenhang gebracht werden. Ist zwar der See keineswegs ein Reliktsee, so sind doch seine Salze ziemlich sicher mariner Herkunft.

Weite Teile des Zicklackengebietes und des Sees sind von stärker mineralhaltigen Wässern unterlagert, die durch Bohrungen bis in Tiefen von 250 m und durch geoelektrische Untersuchungen in den Jahren 1956 bis 1958 nachgewiesen sind: Sie zeigen einen deutlichen Stockwerksbau und lokale Unterschiede, die im obersten Stockwerk besonders ausgeprägt sind. Es muß freilich hervorgehoben werden, daß Entstehung und Dynamik dieser Mineralwässer noch sehr problematisch sind.

Links: Zufolge der hohen Windhäufigkeit kommt der See fast nie zur Ruhe. Himmels- und Sonnenlicht täuschen aber bisweilen über die windbedingte Wassertrübe hinweg.

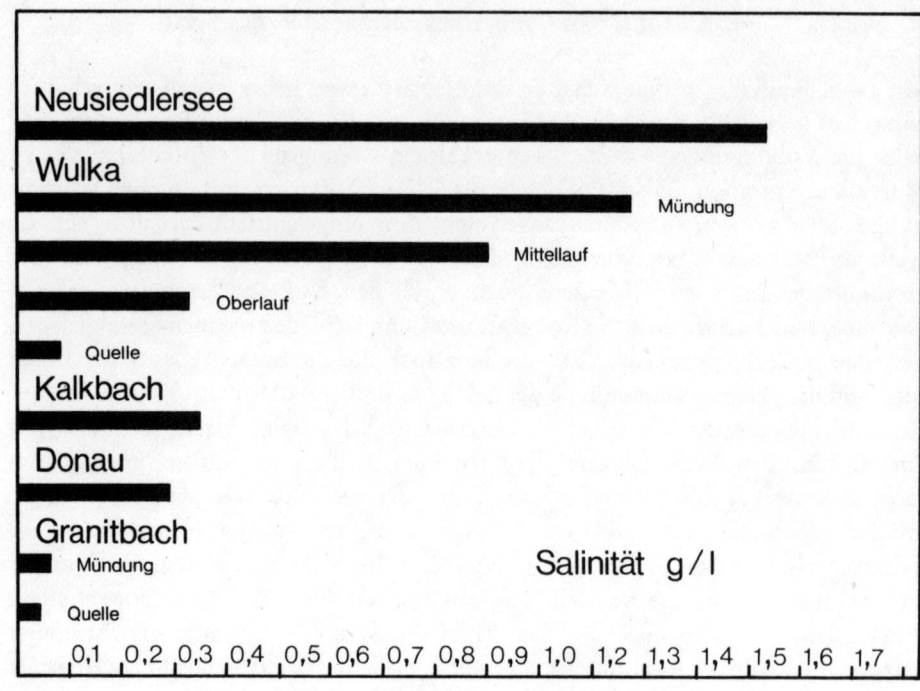

Abb. 9: DER SALZGEHALT EINIGER GEWÄSSER ÖSTERREICHS

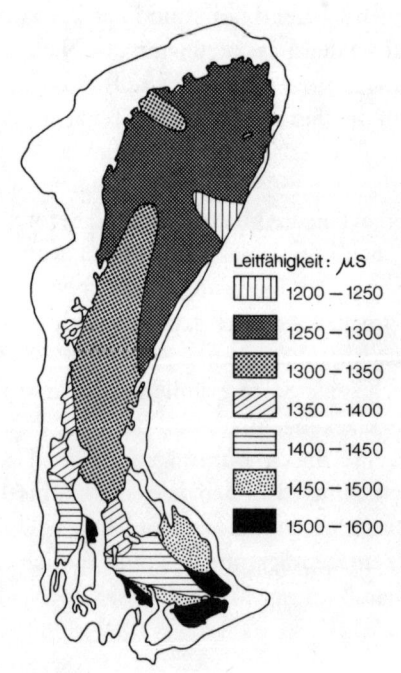

Abb. 10: VERTEILUNG DER IONENKONZENTRATION
ausgedrückt in elektrischer Leitfähigkeit des Wassers.

Es hat den Anschein, daß zu Zeiten hoher Pegelstände – wie seit den letzten 15 Jahren – die salzärmere Schüttung von Norden ober- wie auch unterirdisch stark überwiegt, während die salzreichen Wasserzutritte im Süden nicht über ein bestimmtes Ausmaß zunehmen. Bei niedrigen Pegelständen und ausbleibender Wasserzufuhr wird die Verdunstung für die Salinitätsverhältnisse maßgeblich.

In den meisten Süßwasserseen wiegen die Erdalkalien – Calcium und Magnesium – vor, gefolgt von den Alkaliionen Natrium und Kalium, während in Salzseen arider oder semiarider Zonen, aber auch gemäßigter Gebiete, sofern entsprechende geologische oder auch künstliche Einflüsse vorliegen, zumeist Natrium dominiert. Im Neusiedlersee ist also gegenwärtig gewissermaßen sowohl der Süßwasserzustand (Nordteil) als auch jener eines Salzsees – freilich eines sehr wenig konzentrierten – im Süden gegeben; dieser „salzige" Abschnitt ist noch durch die Besonderheit ausgezeichnet, daß dort unter den Anionen (Säureanteile der Salze) nicht wie in verdünnten Meerwasserlösungen Chlorid an erster Stelle steht, sondern Hydrocarbonat und Carbonat, womit sich dieser Seeteil als verdünnter Sodasee ausweist. Zu Zeiten niedriger Pegelstände wird dann der gesamte Neusiedlersee zum Sodasee und gehört damit einer relativ seltenen Gruppe von Binnengewässern an, wie sie sonst vorwiegend in Ungarn, Ostafrika und Nordamerika sowie Vorderasien existieren; darin sind auch viele floristische und faunistische Eigentümlichkeiten des Sees begründet. Allerdings hat sich im Nordteil das Mengenverhältnis der für den Sodagehalt maßgeblichen Ionen innerhalb der letzten 15 Jahre in gegenläufiger Richtung verschoben.

Weitaus konzentriertere Sodagewässer als derzeit der Neusiedlersee stellen übrigens die nördlichen und westlichen „Lacken" des Seewinkels dar, deren Salzgehalt nach einer freilich noch nicht völlig gesicherten Anschauung auf einen Anreicherungshorizont zurückzuführen ist, der während einer ariden Periode in der Eiszeit entstanden sein soll. Für den Neusiedlersee trifft dies ganz sicher nicht zu.

So wie das Sediment des Sees indirekt über die Trübe und direkt durch Abgabe von Elementen und Verbindungen an das Wasser auf den Stoffhaushalt des Sees einwirkt, sind auch verschiedene Reaktionen im freien Wasser auf das Sediment von Einfluß: so wird unter anderem als Folge einer Ausfällung von Calcium durch die Assimilation der Algen oder durch rein physikalische Faktoren das Magnesium-Calcium-Verhältnis im Wasser so weit zugunsten des Magnesiums verschoben, daß zuerst ein magnesiumhältiger Calcit („Magnesiumcalcit") und auch ein noch magnesiumreicheres Calciumcarbonat bzw. „Calciumdolomit" gebildet wird, der sich in den oberen Schichten des Seeschlammes findet.

Inwiefern die Schadstoffe Arsen, Blei, Cadmium und Quecksilber durch zivilisatorische Einflüsse im Sediment angereichert worden sind, bleibt noch genau zu untersuchen: Wegen der mehrfachen Austrocknungs- und damit Anreicherungsphasen ist es nicht ausgeschlossen, daß schon die natürlichen Gehalte ähnlich wie jene des Fluor, Brom, Jod und Bor im Seewasser leicht erhöht sind. Nicht unbedenklich erscheint ein jüngster Befund (PESENDORFER und STEHLIK 1974), wonach unter den Organochlorpestiziden das Hexachlorcyclohexan (Lindan) in allen Seeproben in der Größenordnung von 10–15 ng/l nachgewiesen werden kann (Probeentnahme Februar 1974). Dagegen ließen sich Rückstände von DDT und seinen Umwandlungs- bzw. Abbauprodukten nicht nachweisen. Vereinzelt waren auch Spuren polychlorierter Biphenyle (PCBs) nachweisbar. In diesem Zusammenhang muß eine rigorose Überwachung des Sees hinsichtlich derartiger biologisch schädlicher Stoffe dringend gefordert werden.

Unter den in Spuren auftretenden Elementen nehmen Stickstoff und Phosphor als unentbehrliche Nährstoffe eine zentrale Stellung für das Algen- und Pflanzenwachstum ein. Sie bestimmen durch ihre Knappheit die Intensität des Pflanzenwachstums, während andere notwendige Stoffe, wie zum Beispiel Kalium und Calcium, in relativem Überschuß verfügbar sind. Phosphor gelangt ursprünglich durch Verwitterungsprozesse schwerlöslicher Salze im Gestein ins Wasser und kann dann als wasserlösliches Orthophosphat von den Pflanzen aufgenommen werden. Aus bereits vorhandenen organischen Verbindungen wird Phosphor durch Enzyme vor allem der Bakterien ebenfalls zu solchem Orthophosphat abgebaut. Die Stickstoffverbindungen, die im Boden als leichtlösliche Salze, in der Atmosphäre als Ammoniak oder im Regenwasser als Nitrat und Ammonium vorkommen, wie auch die organischen Stickstoffverbindungen werden ebenfalls durch bestimmte Bakterien umgesetzt.

Nun sind die obersten Sedimentschichten des Seebodens äußerst arm an Phosphor- und Stickstoffverbindungen. Beträgt die totale Stickstoffmenge ungefähr 0,2% des Trockengewichtes des Sediments, so ist gar nur 0,05% an totaler Phosphormenge enthalten. Dementsprechend sind die Konzentrationen im Wasser äußerst niedrig: etwa 0,2 mg Nitrat und 0,004 bis 0,002 mg Phosphorat. Dies sind Werte, wie sie auch in reinen Voralpenseen angetroffen werden können. Im Schilfgürtel erhöhen sich die Konzentrationen sprunghaft, einerseits wegen des umfangreichen Abbaus pflanzlichen Materials, anderseits trägt die Verhüttelung des Schilfgürtels vor allem in Buchten dazu bei. Einen weiteren Einfluß auf die Nährstoffversorgung des Sees haben Zuflüsse und Kanäle, welche die Ortschaften entwässern. So besitzt die Wulka vor ihrer Einmündung in den Schilfgürtel eine äußerst hohe Nährstoffbelastung mit rund 15 mg Nitrat und 1,5 mg Phosphat, also tausendmal soviel wie der offene See. Der dichte Pflanzenbestand des Schilfgürtels wirkt nun als Filter und nimmt den Großteil der Nährstoffe auf. Auch aus dem offenen See werden durch die Eindrift von Trübstoffen mit adsorbierten Nährstoffen nach vorsichtigen Schätzungen im Jahr etwa 50 bis 100 Tonnen Phosphor in den Schilfgürtel eingebracht (1969, 1970), der damit für die Reinhaltung des offenen Sees von Nährstoffen eine außerordentlich wichtige Funktion hat. Allerdings zeigen Phosphoruntersuchungen in den letzten beiden Jahren (1972, 1973), daß der See vor allem während des Sommers erhebliche Phosphorgaben erhält, die zwar nur relativ kurze Zeit, aber 1973 bereits im ganzen See nachzuweisen waren: vorher konnten solch erhöhte Konzentrationen nur lokal gefunden werden.

Der Neusiedlersee ist somit in jüngster Zeit hinsichtlich seiner chemischen Eigenschaften einem gewissen Wandel unterlegen. Einerseits hat sich das Ionenverhältnis entsprechend dem höheren Wasserstand geändert, anderseits ist das Nährstoffangebot durch zunehmende Siedlungstätigkeit erhöht. Gerade dieser letztere Umstand ist äußerst bedenklich, und es sollte alles unternommen werden, um diese Entwicklung zu stoppen, ja nach Möglichkeit rückgängig zu machen.

Von entscheidender Bedeutung für die Fischerei des Neusiedlersees ist der Sauerstoffgehalt. Während im offenen Seeteil in dieser Hinsicht zumeist sehr günstige Bedingungen zu beobachten sind, ist der Schilfgürtel mit seinen großen Pflanzenabfällen und sauerstoffzehrenden Fäulnisprozessen, anderseits aber auch beträchtlichen sauerstoffliefernden Assimilationsvorgängen der Wasserpflanzen und Algen – vor allem an offenen Stellen – einem sehr wechselhaften Schicksal unterworfen. So wird beim völlig zugefrorenen See die Winddurchmischung und Wasserbewegung gänzlich unterbunden, außerdem aber die Assimilation stark gesenkt. Das führt im Schilfgürtel innerhalb kurzer Zeit zu weitgehendem Sauerstoffschwund, der nicht nur die Fische zwingt, den offenen See aufzusuchen, sondern auch die Kleintierfauna stark dezimieren kann. Im schilffreien Seeteil hingegen liegen auch dann noch zumeist günstige Atmungsbedingungen vor; die Sauerstoffzehrung ist weder vom Seeboden noch von der Trübe her so bedeutend (wie Abb. 11 erkennen läßt), um für Zooplankton oder Fische zu einer kritischen Lage zu führen; diese entsteht vielmehr erst dann, wenn gleichzeitig extrem niedriger Pegelstand die Wassermassen so reduziert, daß die an sich geringen Zehrprozesse wirksam werden: Fischsterben wie jenes im Winter 1928/1929 sind ein anschauliches Beispiel dafür.

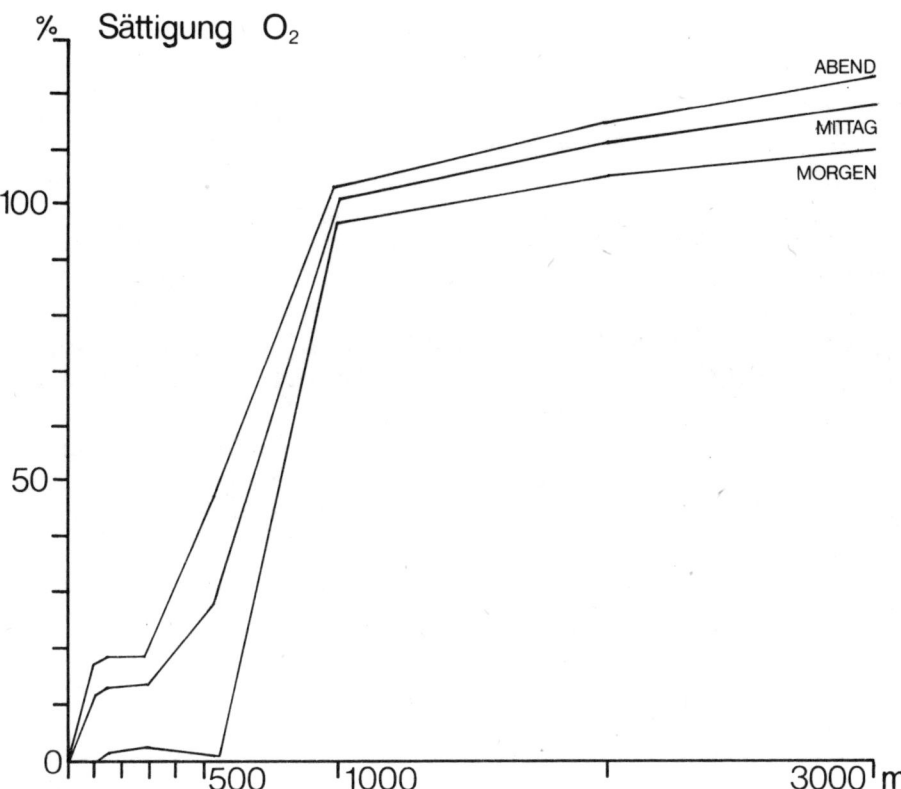

Abb. 11: Änderung der Sauerstoffsättigung mit zunehmendem Abstand vom Schilfgürtel zu verschiedenen Tageszeiten unter Eisbedeckung

Auch der Tagesgang des Sauerstoffgehalts zu eisfreier Zeit unterscheidet sich im offenen See und im Schilfgürtel ganz wesentlich voneinander: Ist er im freien See kaum merklichen Schwankungen unterworfen, so können im Schilfgürtel Übersättigung mit Sauerstoff während des Tages und nächtliche Zehrprozesse einander ablösen. Obwohl hierüber noch wenige Untersuchungen angestellt wurden, darf doch angenommen werden, daß sich der Schilfgürtel hinsichtlich dieser Schwankungen durchaus nicht als Einheit darstellt, sondern ein Mosaik verschieden starker Prozesse bildet. Abbauprozesse führen des Nachts oder unter Eis verstärkt zur Bildung von Schwefelwasserstoff, Kohlendioxyd und Methan, die nachhaltigen negativen Einfluß auf das Atmungsklima der sauerstoffbedürftigen Organismen haben.

Der Neusiedlersee ist schließlich als einziger ursprünglich abflußloser See Österreichs dadurch interessant, daß in seinem Wasser und Sediment die „Verseuchung" der Erdatmosphäre mit radioaktiven Produkten der Kernwaffenversuche deutlich registriert wird. So wurde im Seewasser bei Podersdorf der Gehalt an Tritium, einem radioaktiven Isotop des Wasserstoffs, gemessen. Er zeigte seit den sowjetischen Wasserstoffbombenexperimenten 1962 und 1963, durch die er offenbar erhöht wurde, eine abnehmende Tendenz, durch die französischen und chinesischen Tests aber wieder einen zeitweiligen Anstieg.

7. Wellen, Seiches und Strömungen

Wind, Erdbeben und sogar barometrische Schwankungen bringen natürliche stehende Wasserkörper in Bewegung, wenn nicht außerdem ein oder mehrere Zuflüsse zusätzlich Strömungssysteme in Gang setzen oder wenigstens beeinflussen. Da die Wulka in dieser Hinsicht kaum ins Gewicht fällt, ist es fast allein der Wind, der im Neusiedlersee verschiedene Wasserbewegungen verursacht. Die bekanntesten aller derartigen Wasserbewegungen sind die fortschreitenden Oberflächenwellen, in tiefen Seen auf die obersten Wasserschichten beschränkt, im Neusiedlersee aber zufolge seiner Seichtheit zumeist bis auf den Grund wirksam. Die einzelnen Wasserteilchen führen bei derartiger Wellenbewegung eine annähernd kreisförmige Bewegung – Orbitalbewegung – aus, deren Durchmesser ungefähr der Wellenhöhe entspricht und die mit zunehmender Tiefe rasch abnimmt, und zwar bei einer Tiefenzunahme um ein Neuntel der Wellenlänge (Abstand zweier Wellenberge) auf annähernd die Hälfte. Die Höhe der Wellen beträgt etwa ein Zwanzigstel der Wellenlänge: alle diese Beziehungen gelten freilich nur unter der Voraussetzung, daß die Wellenbewegung nicht durch den Seeboden und damit von Reibung beeinflußt wird, die nachhaltigen Einfluß auf die Wellenform ausübt.

Mit zunehmender Grundnähe treten an der Wasserbewegung mehrere bedeutende Veränderungen auf: Die Kreisbahnen gehen in Ellipsen und schließlich, sich immer mehr abflachend, in eine dem Boden parallele Pendelbewegung über, die Ursache der „Rippelmarken" ist, die jedem in einem sandigen Uferbereich Badenden auffällt.

Unterschreitet ferner die Wassertiefe die halbe Wellenlänge, so beginnen die Wellen den Grund zu „fühlen", sie werden steiler (höher und kürzer). Wenn die Wassertiefe weniger als die 2,5fache Wellenhöhe beträgt, so wird die Welle an der Vorderseite so steil, daß sie als Brecher zusammenstürzt.

Ist schon in tiefen Seen die Beziehung zwischen Wind und Wellen äußerst kompliziert, so treten in flachen Wannen mit Bremswirkung des Bodens zusätzliche Faktoren auf, die die Analyse der windbedingten Wasserbewegung schwer zugänglich machen. In tiefen Seen gilt im allgemeinen die Regel, daß die Höhe der Wellen proportional der Quadratwurzel jener Strecke ist, die der Wind bis dorthin über den See zurückgelegt hat: Wellenhöhe = $0,105 \sqrt{x}$, wobei x die Entfernung zwischen Beobachtungspunkt und Küste in Windrichtung ist. Mit dieser Formel ist in großen Seen wie etwa dem Oberen See in Amerika zufriedenstellende Übereinstimmung zwischen erwarteten und beobachteten Werten gefunden worden; im Neusiedlersee wird sie freilich wegen der Seichtheit kaum anzuwenden sein.

Gerät eine Wassermasse durch Wind, barometrische Druckverschiebungen etc. in Schwingung, so wird diese im einfachsten Fall einknotig (uninodal) sein, das heißt, der Wasserspiegel ist um eine in der Mitte liegende Horizontale, die Knotenlinie, in Schwingung geraten (HUTCHINSON 1957). Entlang dieser Knotenlinie pendeln Wasserpartikel im Rhythmus hin und her, während gegen die Schwingungsbäuche zu immer mehr die vertikale Wasserbewegung überwiegt. Derartige „stehende Wellen", auch Seiches genannt (vielleicht vom franz. sèche, da beim Zurückweichen des Wassers besonders flache Uferpartien trockengelegt werden), können beachtliche Amplituden bis zu fast zwei Metern haben. Das Ausmaß dieser Seiches hängt wieder von der Größe des Sees ab und von einer für den jeweiligen See konstanten Dauer der Periode; sie beträgt etwa beim Bodensee 56, beim Attersee 22 und beim Grundlsee 9,5 Minuten.

Schon beim Plattensee in Ungarn mit einer mittleren Tiefe von nur drei Metern ist diese Periode nicht nur durch die Reibung am Seeboden außerordentlich lang, nämlich zehn bis zwölf Stunden, sondern überdies noch unregelmäßig. Weit mehr trifft dies für den Neusiedlersee mit noch geringerer mittlerer Tiefe zu: Perioden von mehr als 20 Stunden sind hier keine Seltenheit, wobei nicht nur Bodenreibung, sondern auch Reibung der Wassermasse im Schilfgürtel eine große Rolle spielt. Die Seiches des Neusiedlersees, eben wegen der Seichtheit dieses Sees dort besonders auffällig und mit Amplituden bis zu mehr als 80 cm, können besonders für die Fischerei nachhaltige Folgen haben, vor allem zu Zeiten niedriger Pegelstände, wo schon kurzfristige Winde zur Trockenlegung weiter Seeteile führen.

Sind Oberflächenwellen und Seiches rhythmische Phänomene, so weist jeder See, besonders aber das Meer, nichtrhythmische Strömungssysteme auf, deren Antrieb in Seen durch den Zufluß oder den Wind erfolgt. Diese Winddrift – Antrieb seitens eines Zuflusses fehlt ja im Neusiedlersee – kann im Neusiedlersee beträchtliche Geschwindigkeiten erreichen. Sie sind vor allem dort hoch, wo enge Schilfkanäle Seeteile miteinander verbinden, wie dies im Südteil des Sees der Fall ist. Werte von mehreren km/h sind dort keine Seltenheit. Das Strömungssystem des Neusiedlersees ist derzeit nur wenig bekannt. Bisherige Untersuchungen erfolgten mit unzulänglichen Methoden und waren auf engere Seeabschnitte beschränkt. Auch eigene

51

Versuche, die Strömung unter Eis zu messen, lieferten ein sehr unklares Bild, da sowohl Wind- als auch barometrischer Druck auf das elastische Eis einwirken und Strömungssysteme erzeugen, die aber kaum der Situation des offenen Sees entsprechen. Simultanmessungen mit Driftkörpern von 15 bis 25 verankerten Booten oder vom Flugzeug aus werden am ehesten zu Resultaten führen.

Es hat den Anschein, als ob zwei gegenläufige, kreisförmige Strömungssysteme im Nordteil des Sees existierten, wovon das nördliche wahrscheinlich dem Uhrzeigersinn entgegen orientiert ist. Nur langfristige Meßprojekte werden aber schließlich ein befriedigendes Bild vermitteln können und zusätzliche Probleme, wie das Ausmaß des Einflusses der Erdrotation (Corioliskräfte) auf die Strömungssysteme des Neusiedlersees einer Lösung zuführen.

8. Die Seetrübe und ihre Bedeutung

Zu den besonders auffälligen Eigenheiten des Neusiedlersees gehört seine starke Trübung, die durch im Wasser suspendierte, vorwiegend anorganische Teilchen hervorgerufen wird; sie erklärt sich unmittelbar aus der geringen Seetiefe, der Windhäufigkeit und dem Seeboden. Ganz allgemein neigen Seen geringer Tiefe und in Gebieten hoher Windhäufigkeit zu starker Trübe, wie etwa der Hamunsee in Ostpersien, der große Salzsee Corangamite in Victoria (Australien) oder manche der ostafrikanischen seichten Seen. Ausnahmen sind vor allem dort zu erwarten, wo das Bodenmaterial aus gröberen Sanden oder gar Schottern besteht. Die Neusiedlersee-Trübe kann nicht als „Verschmutzung" bezeichnet werden: Besonders in uferfernen Seeteilen ist das Wasser gegenwärtig durchaus trinkbar, wie dies auf Exkursionen – oft zum Schrecken seekundlich unerfahrener Studenten – demonstriert wird. Die Analyse der trüben Partikel zeigt, daß Quarz, Feldspat und Dolomit sehr geringer Korngröße (weniger als 0,01 mm Durchmesser) neben einem geringeren organischen Anteil vorherrschen. In der Hauptsache stammt dieses Material vom Seegrund her und wird durch die windbedingte turbulente Wasserbewegung aufgewirbelt. Mit Stärke, Richtung und Dauer des Windes nimmt der Gehalt an Schwebstoffen in vorhersagbarem Ausmaß zu; gleichzeitig verändert sich die subjektiv wahrnehmbare Färbung des Sees von grünlichgelb über weißlichbraun bis dunkelgraubraun: Es sind dann Konzentrationen von einem halben Gramm Trockensubstanz pro Liter durchaus keine Seltenheit. Die durchschnittlichen Werte liegen zwischen 0,1 und 0,01 Gramm, sinken aber unter winterlicher Eisbedeckung weiter ab. Eine geringe Resttrübe, verursacht durch feinste kolloidale Teilchen, bleibt freilich immer bestehen.

Infolge der Wasserbewegungen im See ist die Trübe durchaus nicht gleichmäßig verteilt. Windrichtung, Windgeschwindigkeit und Weglänge des Windes sind für eine charakteristische Verteilung der Schwebstoffe verantwortlich. Wie Abb. 12 zeigt, lassen sich die höchsten Trübewerte an der Ostküste bei NW-Wind, an der Westküste jedoch bei SO-Wind registrieren. Beide Windrichtungen sind vorherrschend.

Die Trübe des offenen Sees beeinflußt die Strahlungs- und Lichtverhältnisse unter Wasser entscheidend (DOKULIL 1973). Die auf die Wasseroberfläche auftreffende Sonnenstrahlung wird, verglichen mit anderen österreichischen Seen, in ungewöhnlich hohem Maß bereits an der Oberfläche reflektiert, sodann im Wasser absorbiert und zerstreut. Nur 0,05% der gesamten einfallenden Strahlung, der sogenannten Globalstrahlung, werden von den im Wasser freischwebenden Algen photosynthetisch verwertet.

Durch die starke Absorption des Lichtes im Seewasser herrscht am Grund des Sees an einem bloß leicht windigen Tag zur Mittagszeit ungefähr die Helligkeit bei Vollmond im Freien. Entsprechend geringe Lichtmengen finden sich in Alpenseen, zum Beispiel dem Lunzer Untersee, erst in etwa 30 Meter Tiefe.

Diese schlechten Lichtbedingungen beeinflussen Tier und Pflanze in verschiedener Weise. Den Algen stehen für die Photosynthese oft nur eine wenige Zentimeter starke Wasserschichte zur Verfügung; diese räumliche Einschränkung wird allerdings durch die oben erwähnte turbulente Wasserbewegung gemildert, die zu häufiger Exposition der Algen in diese lichtmäßig begünstigte Oberflächenschicht führt. Die Produktion organischer Substanz durch die Algen ist daher auch nicht so gering, wie man auf Grund der Lichtverhältnisse im Seewasser zunächst vermuten würde.

Umgekehrt besteht ein nachhaltiger und negativer Einfluß der Trübe in der Agglutination – besonders mit bestimmten Arten von Algen, die dadurch sedimentiert und damit von ihrer Existenz im freien Wasser ausgeschaltet werden. Diese Art der Sedimentation von Algen kann bisweilen in großem Maßstab auch in alpinen Seen beobachtet werden, wenn durch Hochwässer hauptsächlich anorganische Trübe in diese Seen gelangt: Im Fall des Salzburger Zellersees hat ein solcher Trübeschub nicht nur zur Minderung der Algenmasse, sondern dadurch auch zur Verbesserung seiner Sauerstoffverhältnisse beigetragen.

Schließlich hat die Adsorption von Nährstoffen wie der besonders für Algenwachstum bedeutsame Phosphor mit seinen verschiedenen Bindungsformen an die Neusiedlersee-Trübe große Bedeutung für Reinhaltung und Stoffhaushalt des Sees: wird doch durch die Ausfuhr an Trübe aus dem offenen See in den Schilfgürtel hinein dem See Phosphor (vgl. Kap. 6) entzogen und im Rohrwald deponiert, dessen Funktion als „Vorfluter" des offenen Sees gar nicht hoch genug eingeschätzt werden kann. Die äußerst glückliche Kombination eines zur Nährstoffaufnahme bereiten Schilfgürtels und des ständig dort hineinfließenden Trübestroms ist es, die den See bis in die Gegenwart und trotz beträchtlicher Abwasser- und Nährstoffbelastung in relativ sauberem Zustand erhalten hat.

Völlig andere Verhältnisse liegen im Schilfgürtel mit seiner windbremsenden Wirkung und daher weitgehenden Wasserruhe vor: Nur horizontale, hauptsächlich durch Seiches ausgelöste Strömungen treten dort auf. Das Schilfwasser ist klar und braun gefärbt und vom Trübwasser des Sees scharf getrennt, sieht man von einem schmalen Mischungsfeld im Randgebiet des Schilfgürtels ab. Driftet Braunwasser aus dem Schilfgürtel in den freien See, so kann man es dort – besonders gut vom Flugzeug aus zu erkennen – in oft mehreren hundert Meter langen, klaren und bräunlichen „Wasserfahnen" ausstreichen sehen.

Die braune Farbe rührt von Humuskolloiden her, die im organischen Schlamm des Schilfgürtels entstehen und von dort aus in das Wasser gelangen. Diese Humussole absorbieren besonders stark den kurzwelligen Bereich des sichtbaren Lichtes, weshalb nur gelbes und rotes Licht in größere Wassertiefe eindringt. Strömt bei entsprechender Windlage trübes Wasser aus dem offenen See in den Schilfgürtel ein, so klärt es sich unglaublich rasch: Ursache ist nicht nur – an sich lange dauernde – Sedimentation, sondern auch chemophysikalische Wechselwirkung zwischen Humussäuren und den hauptsächlich anorganischen Partikeln. Wird anderseits Braunwasser in den freien See verfrachtet, so werden die Humuskolloide bei lebhafter Wasserbewegung rasch beseitigt. Dennoch läßt sich stets auch im offenen See ein geringer Gelbstoffgehalt nachweisen.

9. Algen und Bakterien

Die kleinsten und wahrscheinlich ältesten Lebewesen der Erde sind einzellige Algen und Bakterien. Während Bakterien alle nur erdenklichen Lebensräume erobert haben, zeigen die einzelligen Algen in natürlichen Wasserkörpern als sogenanntes Phytoplankton, das sind pflanzliche Schweborganismen, ihre größte Massenentfaltung. Wie alle grünen Pflanzen sind sie zur Photosynthese befähigt, d. h. zum Aufbau organischer Stoffe aus den anorganischen Bausteinen Kohlendioxyd, Wasser und Nährsalzen (vgl. auch Kap. 6). Diese Fähigkeit verdanken sie vor allem dem grünen Farbstoff Chlorophyll, mittels welchem sie die Energie des Sonnenlichtes für diesen energieverbrauchenden chemischen Prozeß nutzbar machen. Gleichzeitig wird dabei ein dem Kohlendioxyd entsprechendes Volumen Sauerstoff freigesetzt. Erst seit es auf der Erde Pflanzen gibt, die diesen wichtigsten biologischen Prozeß beherrschen, existiert Sauerstoff in größeren Mengen in unserer Atmosphäre; erst seither ist tierisches, atmendes, aus der „Verbrennung" organischer Stoffe Energie gewinnendes Leben denkbar.

Zusammen mit bestimmten Gruppen von Bakterien, die ebenfalls neue organische Substanz erzeugen, sei es auch hier mittels der Lichtenergie, sei es mittels energieliefernder anorganischer Stoffumsetzungen, der sogenannten Chemosynthese, werden die grünen Pflanzen auch als Ur- oder Primärproduzenten bezeichnet. Der größte Teil der Primärproduktion der Erde entfällt auf die Algen, vor allem in den Ozeanen. Ihre Produktionsleistung wird auf jährlich 550 bis 600 Milliarden Tonnen organischen Materials geschätzt, eine ungeheure Menge, wenn man bedenkt, daß alle Wälder der Erde, die die Hauptmasse der höheren Pflanzen umfassen, nur etwa 20 Milliarden Tonnen produzieren. Dazu ein Vergleich mit industriellen Zahlen: Die Weltproduktion an Erdöl beträgt derzeit 4 Milliarden Tonnen, an Stahl 0,4 Milliarden Tonnen im Jahr.

Im Neusiedlersee beträgt die Jahresproduktion an Algen-Frischsubstanz etwa 20.000 Tonnen. Würde man diese Menge in lückenloser Packung im See lagern, so würde sie ein Areal von 2 Hektar vollständig ausfüllen. Freilich ist diese Menge nicht,

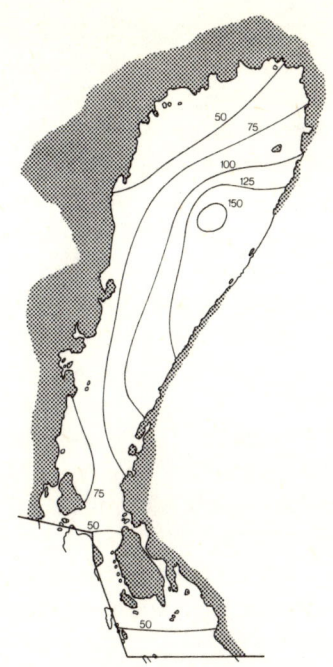

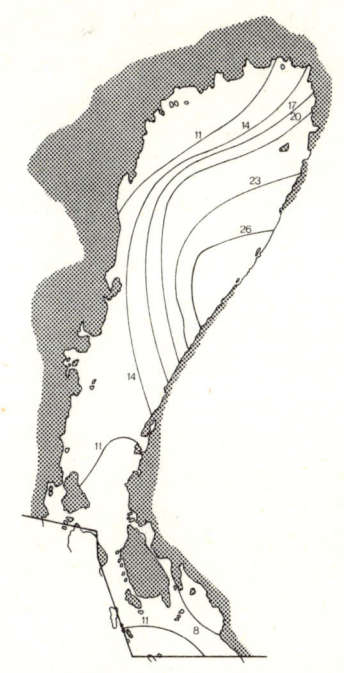

Abb. 12: Verteilung der anorganischen Schwebstoffe im Neusiedlersee bei NW-Wind
(Werte in mg Trockengewicht/Liter.)

Abb. 13: Charakteristische Horizontalverteilung
der Algen im Neusiedlersee bei NW-Wind
(Werte in tausendstel mg Chlorophyll-a/Liter.)

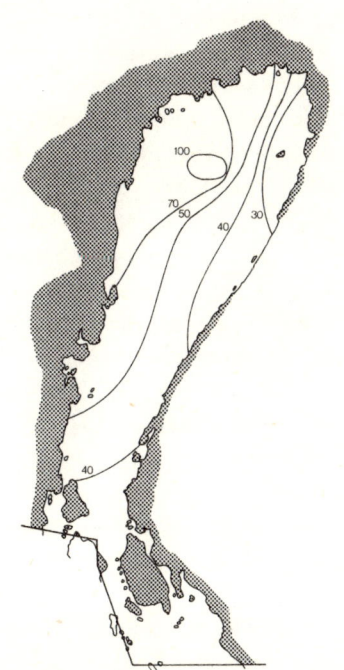

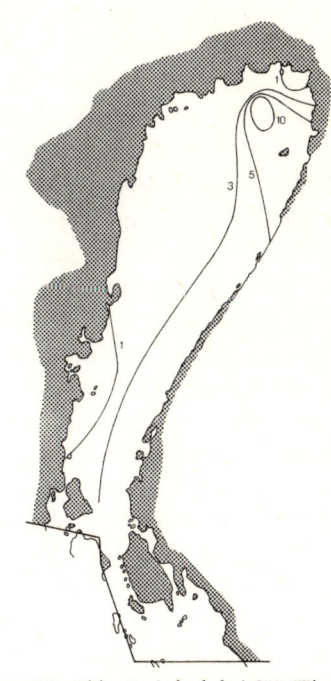

Abb. 14: Wie Abb. 13, jedoch bei SO-Wind

Abb. 15: Wie Abb. 13, jedoch bei SW-Wind

wie das bei der Jahresproduktion höherer Pflanzen möglich ist, gleichzeitig zu einer bestimmten „Erntezeit" vorhanden, da ja der kurzlebige Algenbestand – eine einzellige Alge erreicht lediglich ein Alter von wenigen Tagen – zugleich mit der Produktion auch einem laufenden Verlust durch Absterben und Tierfraß unterliegt.

Neben dem Phytoplankton des freien Wassers, in dem Grünalgen und wenige Arten von Kieselalgen (Diatomeen) vorherrschen, besitzt der Neusiedlersee als seichtes Gewässer auch eine Algenbesiedlung am Boden, das sog. Phytobenthos. Die hier vorherrschenden Diatomeen stellen meist große, massige Formen dar, während die Arten des freien Wassers, die häufig Schleimhüllen besitzen, im Durchschnitt kleiner sind. Eine große Formenfülle von Algen besiedelt ferner untergetauchte Pflanzen (vgl. Farbbildteil, S. 68). Diese Algengemeinschaft, das sog. Periphyton, wurde bisher im Neusiedlersee noch nicht untersucht.

Das Phytoplankton im Neusiedlersee hat seine Hauptentwicklung in der warmen Jahreszeit. Im Jahre 1972 wurden im Sommer durchschnittlich zwischen 1 und 10 Millionen Zellen im Liter gezählt (einzelne Spitzenwerte bis 200 Millionen/l). Ein Vergleich mit Werten aus den fünfziger Jahren (RUTTNER-KOLISKO und RUTTNER 1959) – 2 Millionen im April, 12 Millionen im September – läßt größenordnungsmäßige Übereinstimmung erkennen. Doch können auch langfristige Schwankungen der Algendichte auftreten: So lagen die Werte in den Jahren 1968 bis 1970 um eine ganze Zehnerpotenz niedriger, und auch die Zusammensetzung der Arten und ihr Mengenverhältnis wich merkwürdigerweise von der gegenwärtigen und jener der fünfziger Jahre ab. Kam die Grünalge *Monoraphidium* in den fünfziger Jahren mit bis zu 3 Millionen Zellen im Liter vor, so sanken diese Volksdichten in den vergangenen Jahren auf oft unbedeutende Zahlen ab; erst seit 1972 sind die ehemals so hohen Werte wieder erreicht, ja zum Teil überschritten.

Das Phytobenthos dominiert im Gegensatz zum Plankton während der winterlichen Eisbedeckung. Dies hängt teils mit dem ruhiger lagernden Sediment, teils mit den besseren Lichtbedingungen zufolge der fehlenden Trübe zusammen. Vom Frühjahr bis zum Herbst überziehen diese „epipelischen" (epi: auf, pelos: Sumpf, Schlamm) Algen das Sediment nur in einem schmalen, dem Schilfgürtel vorgelagerten Streifen und reichen im Sommer auch bis in die Zone der untergetauchten Wasserpflanzen hinaus, wo größere Sedimentruhe durch die wellenbremsende Wirkung dieser Pflanzen herrscht.

Bei starkem Wind werden benthische Algen vom Grund aufgewirbelt und mit dem Plankton vermischt. Gleichzeitig werden die Algen horizontal verdriftet und dann ähnlich im See verteilt wie die Schwebstoffe (Abb. 13 bis 15). Bei solchen großräumigen Untersuchungen der horizontalen Verteilung, bei welchen sehr viele Einzelproben entnommen werden müssen, kann nicht mehr mit der sonst üblichen Zählmethode gearbeitet werden, zumal auch die in der Probe sedimentierte Trübe die Zählung der Algen unter dem Mikroskop sehr erschwert. Hier wurde die Menge des in . der Probe enthaltenen Chlorophylls der Algen chemisch bestimmt und als relatives Maß für die Algenmenge verwendet.

Derartige Zählungen und Messungen der zu einem bestimmten Zeitpunkt vorhandenen lebenden Algen ergeben die sogenannte Biomasse, sagen aber noch kaum etwas über die Produktionsleistung aus. Die jeweilige Biomasse ist ja das

Resultat sowohl der aufbauenden (Häufigkeit von Zellteilungen, Wachstumsgeschwindigkeit) als auch der abbauenden (Absterberate, Freßverlust) Vorgänge in der Bevölkerung. Zur direkten Bestimmung der Produktionsleistung stehen heute spezielle, empfindliche Methoden zur Verfügung, vor allem die Zugabe von radioaktivem Kohlenstoff in eine lebende Probe in Form von gelöstem Carbonat, dessen „Assimilation", d. h. Einbau in die Zellen, nach kurzer Expositionsdauer gemessen werden kann. Einen Teil der Produkte der Photosynthese, die ja nur während der Lichtstunden des Tages ablaufen kann, benötigt die Algenzelle als Betriebsstoff; sie muß ja wie jedes Lebewesen dauernd atmen und damit organische Substanz abbauen. Der verbleibende Rest, sozusagen der Reingewinn, auch Nettoproduktion genannt, steht dann algenfressenden Tieren, im freien Wasser hauptsächlich Planktonkrebsen und Rädertieren (vgl. Kap. 13), am Boden auch Fischen, oder den Bakterien, die abgestorbene Algen zersetzen, als Nahrungsmittel zur Verfügung.

Die Feststellung der Produktivität der Algenbevölkerung eines Sees ist aber auch noch in anderer Hinsicht von Interesse: Sie läßt Rückschlüsse darauf zu, wieweit die ins Wasser eintretende Sonnen- oder diffuse Himmelsstrahlung genützt werden kann, wieweit die Seetrübe den Lichtgenuß herabsetzt oder ob die Leistungsmöglichkeit der Algen gar durch Giftstoffe (etwa Kupfer) gehemmt wird.

Der Neusiedlersee zeigt mit seiner mittleren Produktion etwa die gleiche Produktivität wie der Millstätter- und der Klopeinersee, während stark durchflossene Seen wie der Lunzer- und Traunsee eine wesentlich geringere Produktion aufweisen. Andere Seen wiederum, wie der Wörther-, Läng- und Mondsee, erreichen drei- bis fünffache Werte, größtenteils eine Folge eines Überangebotes von Nährstoffen, vor allem des sonst oft nur in Spuren vorhandenen Phosphors (Eutrophierung).

Eine vergleichende Betrachtung von Neusiedler- und Millstättersee ergibt: Im Neusiedlersee beträgt die produktive Schicht nur 70–80 cm, während sie beim Millstättersee ca. 20 m mächtig ist. Trotzdem produzieren beide Seen im Tagesmittel etwa gleich viel. Dies würde zunächst darauf schließen lassen, daß im Neusiedlersee fast dieselbe Menge an Algen auf engerem Raum vorhanden sein muß. Ein Vergleich der Biomassen aber zeigt, daß ganz im Gegenteil der Millstättersee rund die fünffache Algenmenge besitzt. Das pflanzliche Plankton des Neusiedlersees nützt also das ihm zur Verfügung stehende Licht und die Nährstoffe effektiver, wobei auch die hohen Temperaturen dieses Sees eine Rolle spielen mögen.

Gemessen an den relativ schlechten Lichtbedingungen ist daher die Produktionsleistung des pflanzlichen Planktons im Neusiedlersee weitaus größer, als man den Umständen nach vorerst annehmen würde. Für den Stoffhaushalt eines jeden Sees sind auch die Bakterien außerordentlich wichtig, zum kleineren Teil als weitere Primärproduzenten (Photosynthese, Chemosynthese), zum größeren Teil aber als Mikrokonsumenten oder Zersetzer (Destruenten) organischer Substanz. Sie kommen frei im Wasser und im Sediment bis in größere Tiefe vor. Durch den ständigen Abbau organischer Substanz, die Mineralisation, werden Kohlenstoffverbindungen und andere Bioelemente, vor allem Stickstoff und Phosphor, wieder freigesetzt und stehen so den Primärproduzenten erneut zur Verfügung.

Der Bakteriengehalt schwankt zwischen 0,3 und 1,3 Milliarden im Liter Seewasser und 10–20 Billionen im Kilogramm Frischschlamm. Diese Werte entsprechen, verglichen mit anderen Seen, durchaus dem Normalfall nährstoffarmer reiner Gewässer. Durch die Tätigkeit dieser Mikroorganismen werden abgestorbene Algen, Tiere und größere Reste von Wasserpflanzen und Schilf mineralisiert. Diese Prozesse halten im Herbst der Neubildung von organischer Substanz die Waage und übersteigen sie im Winter sogar. Im Sommer werden etwa 10–60% der Tagesproduktion der Algen wieder abgebaut.

Hygienisch bedenkliche Bakterien, vor allem Kolibakterien – man spricht von der Kolizahl eines Gewässers –, sind derzeit in den uferfernen offenen Seeteilen noch nicht aufgetreten (KOHL 1964). Schlimmer steht es um die siedlungsnahen Ufergebiete, besonders dort, wo durch das Schilf Buchten gebildet werden, wie bei Mörbisch, Rust und Oggau. Diese relativ wenig von Wasserbewegung betroffenen Seeteile haben geringen Austausch mit der Wassermenge des offenen Sees und neigen naturgemäß zur Anreicherung von Stoffen, die mit dem Abwasser dort in den See gelangen. Daß die unbedingte Forderung nach Sanierung dieser Seeteile gestellt werden muß, ist selbstverständlich, wird doch von solchen Herden der Nährstoff- und Abwasserbelastung aus die ganze See gefährdet, zusätzlich aber der Erholungswert der Ufergebiete entscheidend herabgesetzt.

10. Der Gürtel untergetauchter Pflanzen

Ein weiterer Bestandteil pflanzlicher Besiedelung vieler seichter Gewässer sind die submersen Makrophyten, das heißt untergetauchte Wasserpflanzen – volkstümlich gerne als Schlingpflanzen bezeichnet. Infolge seiner Flächenausdehnung und der Windbewegtheit seines Wassers bilden sie im Neusiedlersee nur in bestimmten Bereichen größere Bestände. Insgesamt sind nur etwa 20% der freien Wasserfläche von Makrophyten bewachsen, davon haben nur 5–15% einen wirklich dichten Bewuchs. Vor allem im Norden und entlang des Westufers konnte sich vor dem Schilfgürtel eine ausgeprägte, ein bis eineinhalb Kilometer breite Zone submerser Vegetation ausbilden, die aber auch vielfach unterbrochen ist. Zwei Arten, das Ährige Tausendblatt (*Myriophyllum spicatum*) und ein Laichkraut (*Potamogeton pectinatus*) bilden die Hauptmasse des Bestandes. Drei weitere Arten, das Hornkraut (*Ceratophyllum demersum*), das Nixenkraut (*Najas marina*) und eine Armleuchteralge (*Chara ceratophylla*), kommen nur an sehr geschützten Stellen in Schilfnähe vor und sind daher von geringer Bedeutung.

Myriophyllum wächst in einzelnen, isoliert stehenden Horsten, kann aber auch dichte Bestände bilden. Die Triebe erreichen eine Länge von 1,8 m und flottieren dann mit ihren obersten Teilen an der Oberfläche, wo die Blüten in die Luft ragen. Meist blüht das Tausendblatt im Juni und im Juli, oft gibt es aber noch eine zweite Blüte im August.

Das Laichkraut, das ebenfalls über Wasser blüht, bildet wesentlich dichtere Bestände, oft sogar richtige Unterwasserwiesen, meist seewärts, in 200 m Entfernung vom Schilfrand, wo die Art ihr Wachstum-Optimum erreicht. Die am dichtesten

Abb. 16: VERBREITUNG DES ÄHRIGEN TAUSENDBLATTES IM NEUSIEDLERSEE
Schwarz: über 5% Deckung; grob punktiert: 1–5% Deckung; fein punktiert: unter 1% Deckung (nach SCHIEMER und WEISSER 1972).

Abb. 17: VERBREITUNG DES LAICHKRAUTES IM NEUSIEDLERSEE
Grob punktiert: über 1% Deckung; fein punktiert: unter 1% Deckung (nach SCHIEMER und WEISSER 1972).

bewachsene Tausendblattzone findet sich dagegen 450–500 m seewärts vom Schilfrand. Über weite Strecken kommen beide Pflanzen nebeneinander vor, doch finden
sich auch Reinbestände. Zwei Verbreitungskarten (Abb. 16 und 17) stellen die
Verteilung der beiden Arten dar.

Jenseits der an den Schilfgürtel anschließenden 1-km-Zone, innerhalb welcher
regelmäßig Makrophyten vorkommen, treten nur vereinzelte Bestände von *Potamo-*
geton in der Nähe von Schilfinseln oder im freien Wasser auf. Diese Art neigt
übrigens zu atollartigen Beständen, den sogenannten Hexenringen, wie sie von
mancher Pilzart bekannt sind. Die Entstehung dieser 8–70 m im Durchmesser
betragenden Ringe ist noch immer unbekannt: In ostafrikanischen Hochgebirgsseen,
wo ganz andere untergetauchte Wasserpflanzen solche Ringe oder auch Mäander
bilden, wollte man die Ursache im Absterben der inneren Bestandteile zufolge
starken Bewuchses der Pflanzen mit einzelnen Algen (besonders Kieselalgen)
erkennen. Andere Vermutungen gehen in Richtung einer Nährstofferschöpfung im
ursprünglichen Bodenbereich des Pflanzenbestandes, der deshalb zu zentrifugalem
Wachstum veranlaßt wird.

Im Nordteil des Sees werden gegenwärtig im Jahr etwa 12 kg Pflanzenmasse pro
Hektar produziert. Nur etwa 10% davon entfallen auf *Myriophyllum* (SCHIEMER
und WEISSER 1972). Wie aus Untersuchungen in England bekannt, ist dies eine erstaunlich geringe Produktion, da die maximale Produktion solcher Mykrophyten-
bestände bis zu 10 Tonnen pro Hektar betragen kann.

Diese geringe Produktion der höheren Wasserpflanzen hat verschiedene Konse-
quenzen: einerseits fehlt den Fischen bei aufgelockertem Wachstum, also geringerer
Bestandsdichte, ein wichtiger Unterstand, andererseits sind dann naturgemäß weniger
Aufwuchsalgen sowie die an der submersen Vegetation lebenden Tiere, vor allem
bestimmte Mückenlarven (Chironomiden), vorhanden. Beide aber, Aufwuchsalgen
wie Kleintiere der untergetauchten Wasserpflanzen, sind für bestimmte Fische
wichtige Nahrung. Zusätzlich bleibt die dämpfende Wirkung der submersen
Vegetation auf die Wellenbewegung gering, wodurch deren Angriff auf den
Schilfrand und damit dessen Erosion erleichtert wird. Schließlich ist auch der Anfall
an organischem Detritus geringer, wodurch wiederum das Nahrungsangebot für
die bodenbewohnenden Organismen gemindert wird.

Welche Faktoren sind nun für die geringe Produktion verantwortlich? Für
Myriophyllum, das sich vegetativ sehr wirksam zu vermehren vermag, steht der
Ausbreitung offensichtlich starke Wasserbewegung dort entgegen, wo vorwiegend
harter Untergrund das Festheften vegetativer Sprosse erschwert. Im Gebiet des
Gürtels submerser Vegetation sind jedoch Weichschlammauflagen häufig und
charakteristisch. Dort können losgerissene Sprosse relativ leicht wurzeln. Aus
diesem Grund ist eine mechanische Entfernung der Wasserpflanzen, wie sie am
Neusiedlersee praktiziert wird, nur dann sinnvoll, wenn auch das Pflanzenmaterial aus dem See entfernt wird.

Rechts: Für Schilfflächen ist besonders der Rohrkolben charakteristisch und kommt dort in
größeren Beständen vor.

Links oben: Schilf-
schneider machen in
einer der „Schluichten"
(Schilfkanäle) Pause.
Kanäle dieser Art müs-
sen ständig von Ver-
krautung freigehalten
werden.

Links unten: Der
Rohrschnitt erfolgt
heute vorwiegend
maschinell, nur selten
noch sind dazu alte
Geräte im Einsatz.
Eine lange während
Eisdecke begünstigt die
Ernte, ohne dem Schilf
selbst zu schaden.

Oben: „Schilfmanderln" und die Salzbodenpflanze *Lepidium cartilagineum.*

Oben: Gegen die Landseite zu ist der Schilfgürtel stark aufgelockert und je nach Bodenbeschaffenheit und Feuchtigkeit mit verschiedener zusätzlicher Vegetation bedeckt.
Rechts: Laelia coenosa, eine Verwandte der Nonne, ist eines der wenigen schilffressenden Insekten.
Unten: Der Rand des Rohrwaldes bei Eisbedeckung: Auch in diesem Bereich ist die Sauerstoffzehrung im Wasser noch beträchtlich.

Oben: Utricularia vulgaris, der Wasserschlauch, ein ausschließlicher Bewohner des Rohrwaldes, in Blüte.
Unten: Lepidium cartilagineum, die Salzkresse, wächst vor allem auf Solontschak, einem ungeschichteten Salzboden, und erreicht im Gebiet des Neusiedlersees ihre absolute Westgrenze.

Links oben: Die Zwergschwertlilie *(Iris pumila)*, im pannonischen Raum verbreitet (einstmals auch im heutigen Stadtgebiet Wiens), wächst vor allem am Ostufer (Seedamm).

Rechts oben: In landseitigen Schilflachen kommen die Sumpfpflanzen (Helophyten) *Iris pseudacorus* (Wasserschwertlilie) und *Alisma plantago* (Froschlöffel) vor.

Links: Der Gänsefuß *(Chenopodiaceae)* ist besonders häufig am Ostufer des Neusiedlersees zu finden.

Rechts: Salicornia herbacea, der Glasschmalz, eine der selteneren Salzpflanzen, in ihrer herbstlichen Rotfärbung.

Links oben: Suaeda maritima, die Salzmelde, ist eine der häufigen Salzpflanzen im Gebiet und vorwiegend am Ostufer des Sees anzutreffen.

Links Mitte: Die Salzaster, *Aster trifolium pannonicus,* am Ostufer des Neusiedlersees wachsend, gehört zu den endemischen Arten des pannonischen Raumes, ist also auf ihn beschränkt.

Rechts oben und darunter: Die „Blasen" des fleischfressenden und wurzellosen Wasserschlauches sind richtige Tierfallen, in denen gleichzeitig die Verdauung erfolgt.

Links: Die Kieselalge *Surirella peisonis* ist für Natrongewässer charakteristisch und nach dem Neusiedlersee benannt (Länge ca. 80 µ; rasterelektronenmikroskopische Aufnahme).

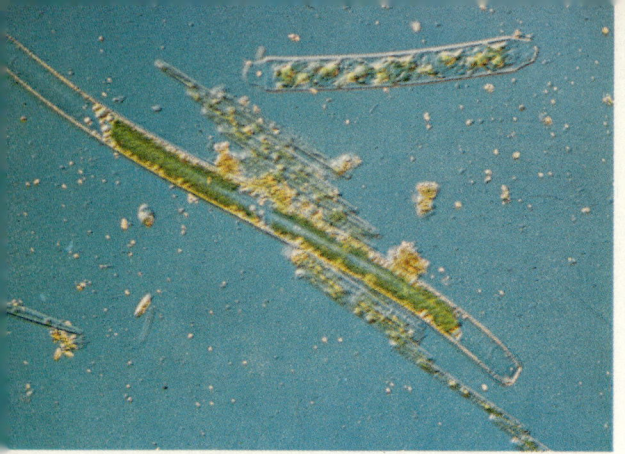 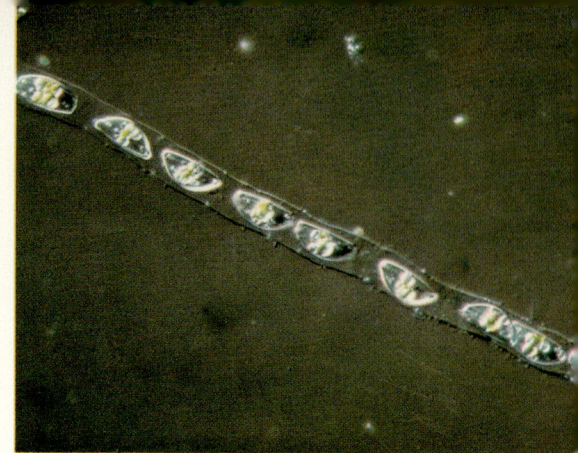

Links oben: Häufige Kieselalgen des Neusiedlersees sind auch die S-förmig gebogene *Nitzschia sigmoidea* und *Becillaria paradoxa*, eine geradegestreckte, nadelförmige Art.

Rechts oben: Cymbella prostrata, eine Kieselalge, sitzt in Gallertschläuchen und gehört zu den Aufwuchsalgen, besonders der submersen Vegetation.

Links Mitte: Surirella peisonis (Gehäuse) in der Interferenzphasenkontrastaufnahme.

Rechts Mitte: Der Copepode *Arctodiaptomus spinosus* ist ähnlich wie *Surirella peisonis* Bewohner von Natrongewässern und kommt außerhalb des pannonischen Raumes noch in der Türkei, im Iran und in Transkaukasien vor (Länge ca. 1,2 mm).

Links unten: Die Grünalge *Pediastrum duplex* kommt auf verrottenden Pflanzen, also im Schilfgürtel und in der Makrophytenzone außerhalb des Rohrwaldes, häufig vor.

Rechts unten: Gomphonema olivaceum, eine der häufigen Aufwuchs-Kieselalgen sitzt an Gallertstielen. An den Aufwuchsalgen kriechen übrigens sehr häufig Ciliaten.

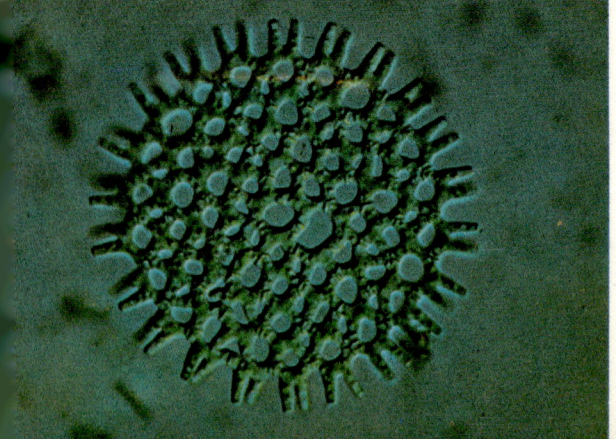 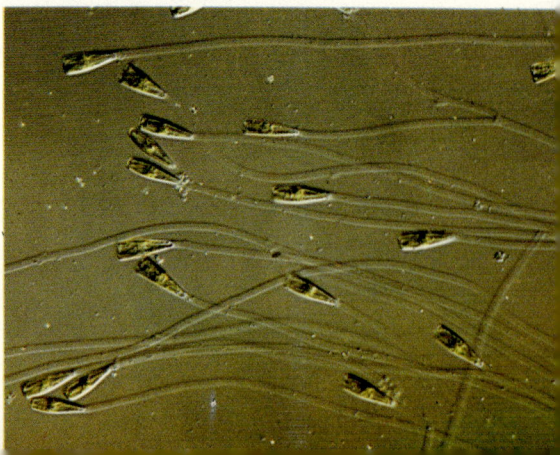

Bei *Potamogeton* ist noch unklar, ob die Vermehrung hauptsächlich generativ (geschlechtlich) oder vegetativ erfolgt. Losgerissene und frisch angewurzelte Triebe wurden jedenfalls niemals gefunden. In der näheren Umgebung von Laichkrautbeständen erfolgt die Verbreitung durch Ausleger, die im Fall der beschriebenen Hexenringe offensichtlich vorwiegend zentrifugal angelegt werden.

Ein weiterer Faktor, welcher die Produktion, möglicherweise auch die Bildung der Hexenringe beeinflußt, ist die Bildung von Schlammbelag auf den Pflanzen. Diese Schlammbeläge können 10–90% des gesamten Frischgewichtes einer schlammbelegten Pflanze ausmachen, und zwar bei *Myriophyllum* wegen der stärkeren Gliederung der Pflanze zumeist mehr als bei anderen (WEISSER 1970).

Durch die starke Lichtabsorption dieser Schlammbeläge wird auch die Photosynthese der Pflanzen stark beeinträchtigt. So konnte experimentell nachgewiesen werden, daß belagfreie Pflanzenteile doppelt soviel Sauerstoff abgeben wie Pflanzen mit Belag.

Seit 1969 konnte im Rahmen der Untersuchungen des IBP ein ständiger Rückgang der untergetauchten Pflanzenbestände im Neusiedlersee beobachtet werden. Inwiefern die dargelegten Faktoren dabei eine Rolle spielen, bzw. wieweit klimatische Einflüsse, Wasserstandsschwankungen, langjährige Schwankungen noch nicht erfaßter Faktoren oder gar Eutrophierungserscheinungen dafür verantwortlich zu machen sind, bleibt noch zu untersuchen.

11. Bestand und Produktion des Schilfgürtels

Mit 150 km² geschlossenem Schilfbestand, davon 110 km² auf österreichischem Gebiet, repräsentiert der Neusiedlersee das größte derartige Pflanzenareal Mitteleuropas. Lediglich Osteuropa (Donaudelta) und Asien (unter anderem Balchaschsee, Hamunsee im Ostiran) besitzen Schilfflächen von über 1000 km², doch sind diese wahrscheinlich von relativ hohem Alter. Im Neusiedlersee dagegen hat sich der Schilfgürtel erst seit der letzten Austrocknung, besonders im Süden, Westen und Norden, also infolge von Wind und Eisschüben (vgl. Kap. 4) asymmetrisch entwickelt und erreicht bis zu 5 km Breite.

Noch zur Jahrhundertwende hat das Schilf *(Phragmites communis)* nicht einmal die Hälfte der jetzigen Fläche eingenommen und wächst noch immer weiter gegen den offenen See hin vor (Abb. 18). Wie schnell der Vorwuchs in den letzten zehn Jahren verlief, wird zur Zeit anhand von Luftbildern vermessen. Das Schilfrohr bildet hier beinahe eine natürliche Monokultur, weil es sich im Flachwasser in einer optimalen Umgebung befindet. Auf weiten Flächen hat es alle potentiellen Konkurrenten im wahrsten Sinn des Wortes in Grund und Boden gewachsen. Daß dabei das Flachwasser für die überlegene Konkurrenzkraft die entscheidende Rolle spielt, zeigen uns jene Teile des Schilfgürtels, die periodisch oder dauernd trockenliegen: Dort ist die Schilfpflanze keineswegs mehr unumschränkter pflanzlicher Herrscher, sondern muß ihren Lebensraum mit Riedgräsern, Kolbenschilf und anderen feuch-

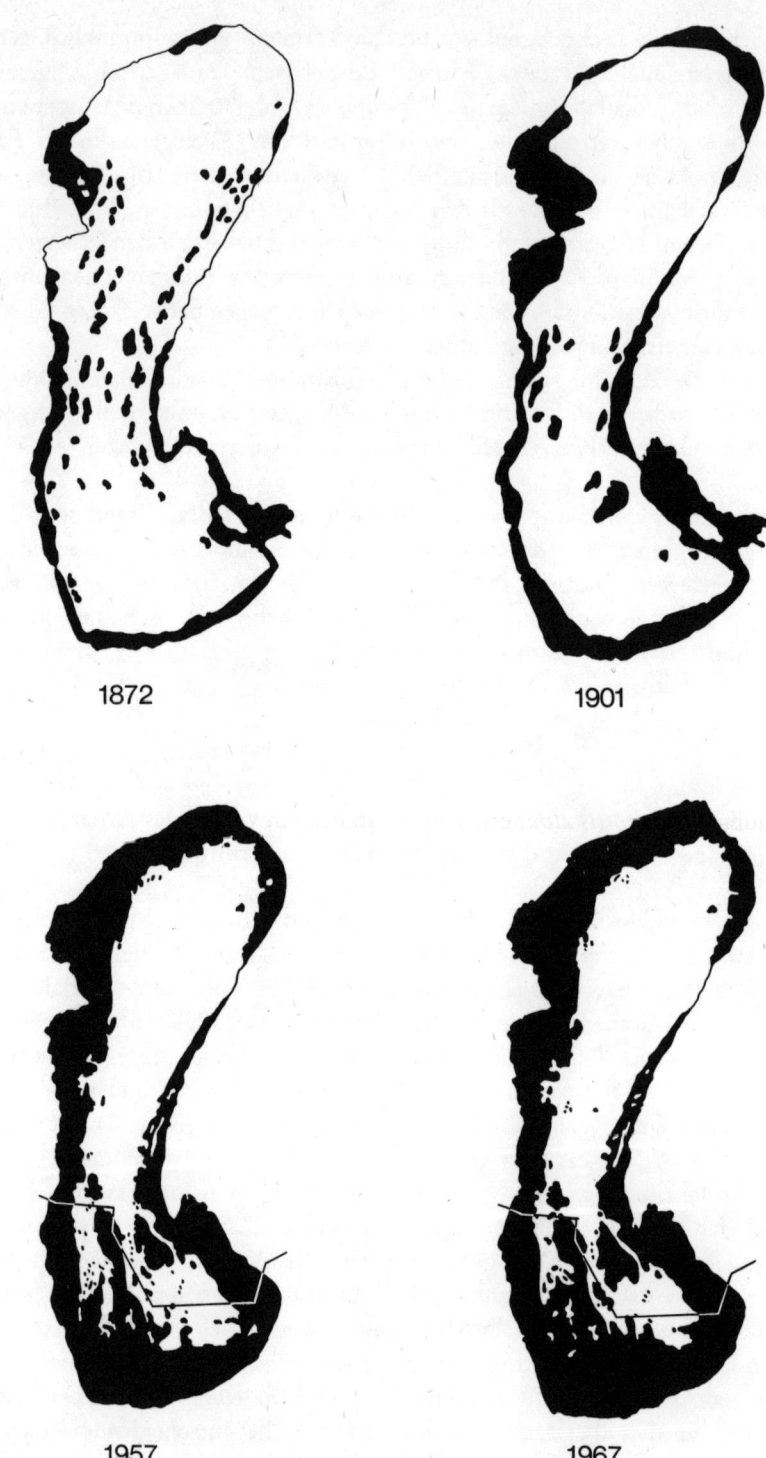

1872

1901

1957

1967

Abb. 18: VERSCHILFUNGSFORTSCHRITT AM NEUSIEDLERSEE, 1872–1967
(nach KOPF 1968)

tigkeitsliebenden Pflanzen teilen. Die Vegetation des Schilfgürtels und ihre ökologischen Bedingungen wurden in jüngster Zeit von WEISSER (1972) eingehend untersucht.

Gegen den offenen See wächst das Schilf ganz ohne Begleitpflanzen. In einiger Entfernung von der seeseitigen Schilffront, wo Wind und Wellenschlag ihre Kraft verlieren, beginnt das Verbreitungsgebiet des schwimmenden Wasserschlauchs (*Utricularia vulgaris*), dessen eigenartige Lebensweise noch beschrieben wird. Vor allem in Kanälen und Stoppellachen kann er geschlossene Teppiche bilden und ragt im Juni mit gelben Blütenständen über das Wasser. An manchen Stellen tritt dazwischen auch die Dreifurchige Wasserlinse (*Lemna trisulca*) in größerer Zahl auf. Der Saum schilffreier Lachen wird vielfach von kleinen Beständen des Rohrkolbens (*Typha angustifolia*) eingenommen. Ebenso findet sich zerstreut Meerbinse (*Bolboschoenus maritimus*), Seebinse (*Schoenoplectus tabernaemontani*) und vereinzelte Exemplare des Blutweiderichs (*Lythrum salicaria*).

Erst dort, wo der Boden nur noch während eines Teils des Jahres von Wasser bedeckt ist, wird der Bestand artenreicher. Das Schilf bildet dort zum Teil keine geschlossenen Bestände mehr oder beherbergt einen geschlossenen Unterwuchs von Großseggen (*Carex gracilis, C. acutiformis, C. riparia*). Simsen (*Juncus articulatus, J. geradii*), Sumpfriet (*Eleocharis uniglumis*), Dreizack (*Triglochin maritimus*), Waldschilf (*Calamagrostis epigeios*), Wollgras (*Eriophorum angustifolium*), Hahnenfuß-Arten (*Ranunculus repens, R. cirinatus*), Schwarzwurzel (*Scorzonera parviflora*), Minze (*Mentha sp.*), Sumpforchis (*Orchis palustris*), Sumpfdistel (*Cirsium palustre*), Wolfsfuß (*Lycopus europaeus*), Wiesenschwingel (*Festuca pratensis*) und Weiß-Straußgras (*Agrostis alba*) ergeben zusätzlich ein vielfältiges Artenmosaik, vor allem in der landseitigen Randzone, aber auch an manchen erhöhten Stellen mitten im Schilfgürtel. Dort kommen sogar vereinzelt kleine Erlenbruchwälder oder Weiden (*Salix cinerea*) einzeln oder in Gruppen vor.

Bei stabilen Wasserstandsverhältnissen bilden sich die verschiedenen Pflanzengesellschaften in bestimmter räumlicher Abfolge aus, die den aufeinanderfolgenden Stadien zunehmender Verlandung entspricht. Durch die Anhebung des mittleren Pegelstandes im Jahr 1965 im Zuge der neuen Bedienungsvorschrift der Einserkanalschleuse ist die klare Abgrenzung aber verwischt worden. So konnte etwa der Wasserschlauch auch in den nunmehr überfluteten Bereich der Großseggenbestände eindringen.

Im einförmigen zentralen Bereich des Schilfgürtels, der den bei weitem überwiegenden Flächenanteil ausmacht, hat es der Produktionsbiologe leicht und schwer zugleich. Leicht, weil er seine Untersuchungen auf die eine, dominierende Pflanzenart beschränken kann; leicht auch, weil sich Produktion und Abbau die Waage halten: Die Biomasse bleibt im langjährigen Durchschnitt die gleiche, das Produktionssystem ist im Gleichgewicht. Schwer hat er es aus zweierlei Gründen. Der eine ist rein mechanischer Natur: er kann die Untersuchungen nicht auf die oberirdischen Teile beschränken; ein erheblicher Anteil der Biomasse lagert ja im unterirdischen Sproßsystem, den sogenannten Rhizomen, die mehrere Zentimeter Dicke erreichen können und in etwa einem halben Meter Tiefe im Schlick ein kräftiges, horizontales Geflecht bilden. Es bereitet beträchtliche Mühe, mit Handgerät, ohne Sicht durch den aufgewirbelten Schlamm, in den zähen Untergrund vorzustoßen und dann noch das Wurzelmaterial quantitativ auszulesen. Der zweite Grund ist genetischer Natur. Das Schilf kann sich im Flachwasser nur vegetativ, also durch Ausläufer und nicht durch Samen, fortpflanzen. Dies führt dazu, daß erblich unterschiedliche Stämme, sogenannte Klone, den Schilfbestand mosaikartig aufbauen. Will man die Produktionsverhältnisse untersuchen, genügt es also nicht, einige beliebige Testflächen heranzuziehen, sondern man muß sich vorerst über die Verteilung der gestaltlich und physiologisch recht verschiedenen Klone einen Überblick verschaffen.

Wie schon eingangs festgestellt, beträgt die Deckungsfläche des österreichischen Teils des Schilfgürtels heute etwa 110 km². Jeder Quadratmeter entwickelt je nach klimatischem Jahresverlauf im Durchschnitt zwischen 65 und 90 Schilfhalme. Jeder dieser ungefähr 9 Milliarden Schilfhalme schiebt im Verlauf der Vegetationsperiode – wieder im Durchschnitt – sechsmal soviel Blattfläche, als er selber an Bodenfläche bedeckt. Das bedeutet also 6 m² Blattfläche pro 1 m² Bodenfläche. Der durchschnittliche Schilfhalm ist 2,5 m hoch, gemessen von der Schlammoberfläche bis zur Spitze des Blütenstandes. So gleichartig die durchschnittliche Endhöhe des Bestandes ist, so ungleichartig ist der Zeitpunkt, zu dem sie erreicht wird. Im strahlungsreichen Sommer 1971 hatte der Bestand bereits im Juli seine Endhöhe erreicht, im strahlungsärmeren Sommer 1968 erst im August. Am Höhepunkt des Wachstums trägt 1 m² des Schilfgürtels eine oberirdische Pflanzenmasse von durchschnittlich 1,5 bis 2 kg Trockengewicht. Aus den Ergebnissen vieler Modellversuche, die in Wien durchgeführt wurden und mit Ergebnissen aus Südböhmen, Polen und dem Donaudelta gut übereinstimmen, kann man ableiten, daß bis zum Höhepunkt der Gewichtsentwicklung im Juli auch unterirdisch die gleiche Masse an Wurzeln und Rhizomen neu gebildet wird. Gräbt man jedoch im Untergrund, so findet man im Durchschnitt ein Obergrund-Untergrund-Verhältnis von 1 : 4 bis 1 : 5. Dieses paradoxe Ergebnis klärt sich leicht auf, wenn man weiß, daß die unterirdischen Teile des Schilfbestandes nicht jedes Jahr zugrunde gehen wie die Blätter und Stengel, sondern zwischen drei und fünf Jahren am Leben bleiben. Wie man allerdings bei Grabungen das Alter von Rhizomen exakt erkennen soll, dafür hat noch kein Schilfforscher ein praktikables Rezept gefunden. Wenn man alle Untersuchungen und Messungen vorsichtig in Betracht zieht, kommt man zu dem Ergebnis, daß pro Hektar Schilfbestand bis zu 120 Tonnen trockener Schilfbiomasse vorhanden sind, wovon jedes Jahr 30 Tonnen neu gebildet werden, eine ebenso große Masse aber auch jährlich abstirbt, da ja die Biomasse Jahr für Jahr etwa gleichbleibt. (BURIAN 1973, GEISSLHOFER und BURIAN 1970).

Es sei festgehalten: diese Masse aus lebender und biogener Substanz ist im Vergleich mit anderen Vegetationstypen, etwa Wäldern, gar nicht so überwältigend, doch das Schilf kann in kurzen Zeiträumen außergewöhnlich viel produzieren.

Der biologische Produktionsbegriff ist freilich nicht derselbe wie der ökonomische, der sich nur auf die nutzbaren Teile der Pflanze bezieht. Wenn also die Jahresproduktion 30 Tonnen beträgt, so bedeutet das nicht, daß der Schilfverwerter nun tatsächlich beim Winterschnitt 30 Tonnen Stukkaturrohr gewinnt. Für ihn gelten ganz andere Maßstäbe. Er muß sich Flächen mit geradem, kräftigem Halbwuchs suchen, er schneidet nur, was über Wasser oder über Eis steht, die Blätter sind bereits abgefallen und die Blütenstände sind uninteressante Substanz, ebenso wie geknickte oder abgebrochene Halme. Wenn er also pro Hektar mit vier oder fünf Tonnen „Produktion" rechnen kann, ist dies der gewerblich nutzbare Bruchteil der echten Produktionsleistung der Pflanze.

Hinsichtlich der wirtschaftlichen Nutzbarkeit ist etwa ein Wald überlegen, in dem sich ein viel größerer Teil der biologischen Produktion in nutzbarer Substanz, nämlich dem Holz, anlagert als beim Schilf, das einen größeren Anteil seines Stoffgewinnes in den unterirdischen Organen speichert, und dessen alljährliche oberirdische Entfaltung größtenteils hinfällig ist. Die vom Schilfverwerter eingebrachte Ernte ist aber biologisch insofern von Bedeutung, als dieses Material unwiederbringlich aus dem Ökosystem verschwindet und damit auch dem Nährstoffkreislauf entzogen wird.

Der Schilfverwerter mißt seinen Ertrag nach dem sogenannten Meterbund. Das Schilf wird nach der „Mahd" zu Bündeln geformt, die an der Basis einen Durchmesser von etwa einem Meter haben. Demnach müßte der Meterbund-Ertrag in günstigen Jahren etwa die Einmillionengrenze erreichen. Die Verteilung der durchschnittlichen Erntewerte auf die einzelnen Orte ergibt:

Mörbisch: keine Angaben
Rust: 100.000 Meterbund
Oggau: keine Angaben
Donnerskirchen: 50.000 Meterbund
Purbach: 200.000 Meterbund
Breitenbrunn: 60.000–80.000 Meterbund
Winden: keine Angaben
Jois und Neusiedl: 70.000–150.000 Meterbund
Weiden: 50.000–70.000 Meterbund
Gols: 5000 Meterbund
Podersdorf: 8000–10.000 Meterbund
Esterházyscher Besitz: 500.000–700.000 Meterbund aus den Erntegebieten in Breitenbrunn, Purbach, Donnerskirchen, Illmitz und Apetlon. (Auf Grund fehlender Statistiken ist die Vollständigkeit der vorliegenden Werte nicht garantiert.)

Üblicherweise wird das Schilfrohr bei Eisbedeckung geschnitten. Daher wird der Schilfschnitt problematisch, wenn in manchen Jahren der See nur für kurze Zeit zufriert. Werden in Rust im Durchschnitt jährlich rund 100.000 Meterbund Schilf geerntet, so sinkt dann die Ernte wie etwa im Winter 1973/74 auf 10.000 Meterbund.

Neuerdings werden auch Maschinen eingesetzt, die einen Schilfschnitt ohne Eisdecke ermöglichen: ein Motormäher ist auf ein pontonartiges Floß montiert, das sich selbsttätig mit einer Motorwinde an einem Drahtseil entlangzieht, welches durch den Schilfbestand gelegt und an versetzbaren Ankern fixiert wird.

Durch unsachgemäße Erntetechnik kann es zu einer Beeinträchtigung des Schilfwachstums kommen. Diese Gefahr besteht insbesondere bei der Verwendung des sogenannten Stoßeisens, mit welchem das Rohr von Hand unmittelbar über der Eisoberfläche abgestoßen wird. Da der Wasserstand während des Winters häufig ansteigt, und damit die Eisoberfläche überflutet wird bzw. nach oben weiterwächst, werden so die Halmstoppeln von der Luft abgeschnitten, und die mit ihnen über das für Sumpfpflanzen charakteristische, sogenannte Luftgewebe in Verbindung stehenden Rhizome sterben ab. Diese Gefahr kann bei den meist verwendeten Motormähern vermieden werden, indem der Mährechen entsprechend hoch über Eis angesetzt wird. Auch das Befahren des trockenen Rohrwaldes mit schweren Transportfahrzeugen schädigt den Bestand, weil die Rhizome gegen mechanische Beanspruchung sehr empfindlich sind.

So entstandene künstliche Lücken im Schilfbestand wachsen erst im Laufe von Jahren mit einer charakteristischen Abfolge verschiedener Pflanzen wieder zu: vorerst siedelt dort nur der Wasserschlauch, später können sich Laichkrautbestände (*Potamogeton pectinatus*) ausbreiten, sehr selten tritt auch das Nixkraut (*Najas marina*) in Stoppellachen und Kanälen auf. Bald treibt der Rohrkolben (*Typha angustifolia*) seine Ausleger, bildet Saumgesellschaften an Lachen und Kanälen oder kann diese völlig zuwachsen. Erst viel später erscheint wieder das Schilf und schiebt sich zwischen die Rohrkolbenbestände.

Der Rohrwald, dieser sperrige Dschungel, bietet zwar dem Besucher einen reizvollen Anblick, weckt aber keinerlei positive Regung bei jenem, der gezwungen ist, sich zu Fuß durch seinen dichten Bestand zu raufen. Er ist auch den Wasserwirtschaftern ein Dorn im Auge, er wird als seegefährdend angesprochen, ist angeblich ein Wasserverschwender, wächst mühsam geöffnete Kanäle zu, bedroht künstlich geöffnete Badebuchten und brütet die verhaßten Gelsenschwärme aus.

Anderseits preist man zu Recht die wunderbare Fauna des Neusiedlersees. Das Schilf bietet einem Großteil dieser Tierwelt jenen Schutz, jene Abgeschiedenheit und zum Teil auch die Nahrung, die sie zum Leben braucht. Könnte man sich vorstellen, daß ein nichtverschilfter See, eingeschnürt in die Kultursteppe zwischen Wien, Preßburg und Budapest, daß unverschilfte Lachen im Osten des Sees überhaupt „am Leben" geblieben wären? Schließlich ist es der Rohrwald, Erzeuger eines bestimmten Mikroklimas (Temperatur, Feuchtigkeit, Licht), welcher erst die der Seelandschaft eigentümliche Lebensgemeinschaft ermöglicht. Die Schilfpflanze, die Basisart dieses Lebensraumes, macht es dem Naturfreund und dem erholungsuchenden Großstadtmenschen möglich, im Jahr 1974 Landschaften und Lebensgemeinschaften zu sehen und zu beobachten, denen eine fortschreitende Zivilisation bisher erst wenig anhaben konnte (eine Seltenheit für ganz Mitteleuropa). Es scheint also durchaus angebracht, näher auf Physiologie und physiologische Leistung der Schilfpflanze einzugehen.

Wie schon in Kapitel 9 erläutert, besteht die für das Leben auf der Erde so entscheidende Leistung der grünen Pflanzen in der Ersterzeugung organischer Stoffe. Für die Leistungsfähigkeit einer Landpflanze spielt dabei das Wasser eine überragende Rolle; ist es doch nicht nur chemischer Baustein, sondern Grundmedium jeder lebenden Zelle, Lösungs- und Transportmittel für Nährsalze und für die produzierten Zucker, die Erstprodukte der Photosynthese.

Um ungehindert CO_2 aus der Atmosphäre aufnehmen zu können, muß eine Landpflanze die Millionen kleiner Spaltöffnungen ihrer Blätter weit offenhalten. Das aber vermag sie nur, wenn ihr genügend Wasser zur Verfügung steht. Wenn das Wasser knapp wird, schließt sie die Spalten und verzichtet in großem Maß auf den photosynthetischen Rohstoff CO_2; denn während der CO_2-Aufnahme verdunstet ja dauernd Wasser durch die offenen Spalten, man sagt, die Pflanze transpiriert, und keine Pflanze will für den Erwerb des Kohlendioxyds Trockenschäden einhandeln. Das Schilf jedoch befindet sich, gemeinsam mit anderen halbgetaucht lebenden Wasserpflanzen, in einer Ausnahmesituation. Es kann beliebig viel Wasser durch die Spalten abgeben, ohne Durst leiden zu müssen; es ragt in die Zone bester Lichteinstrahlung; es kann die Blätter durch ständige Transpiration kühlen, ohne Wasserdefizite hinzunehmen, und dabei auch in großer Hitze photosynthetisieren.

Im Schilfgürtel wurde in den letzten Jahren während insgesamt vier Vegetationsperioden der Wasserverbrauch der Schilfpflanze gemessen, und zwar sowohl durch kurzfristige Messungen des Gewichtsverlustes abgetrennter Blätter am natürlichen Standort als auch durch Wasserspiegelmessungen in schilfbepflanzten Verdunstungswannen (TUSCHL 1970; BURIAN 1973). Danach betrug die Transpiration in der Vegetationsperiode regelmäßig etwa 1000 Liter pro 1 m².

Um 1 g Pflanzensubstanz zu produzieren, verbraucht das Schilf demnach etwa 330 g Wasser. Vergleicht man diesen Wert mit dem relativen Wasserverbrauch anderer Pflanzenbestände (Teakbäume im tropischen Regenwald: 400 g; Föhren- oder Fichtenwald: 250 g; frische Futterwiese: 330 g; Vegetation auf trockenem Schutt: 200 g), so sieht man mit einigem Staunen, daß das Schilf keineswegs zu den Wasserverschwendern gehört. Absolut gemessen, verbraucht überfluteter Schilfbestand zwar mehr Wasser als die Vegetation trockener Standorte, produziert dafür aber auch entsprechend mehr neue organische Substanz und Sauerstoff.

Manche Botaniker sind der Ansicht, das Schilf wäre ursprünglich von trockenen Standorten gekommen und erst später sozusagen „ins Wasser" gegangen. Das klingt zunächst überraschend. Wer aber einmal die Beobachtung gemacht hat, wie Schilf auch auf extrem trockenen Standorten, auf Bahndämmen etwa oder auf Lößkanten wächst, dem kann dieser Gedanke nicht ganz abwegig erscheinen. Eine Modellversuchsreihe im Labor hat gezeigt, daß die Schilfpflanze sowohl unter extrem trockenen Lebensbedingungen, wie auf Salzboden, als auch unter den als normal empfundenen Bedingungen der Überschwemmung leben kann. Die höchste Produktionsleistung und damit die größte Konkurrenzkraft findet man allerdings beim halbüberschwemmten Schilf.

Aus den umfassenden kleinklimatologischen, ökologischen, physiologischen und biochemischen Forschungsarbeiten am Schilf des Neusiedlersees in den letzten Jahren seien noch einige weitere Aspekte der photosynthetischen Leistung der Schilfpflanze dargestellt (BURIAN 1969, 1972, 1973; KREJCI 1974; SIEGHARDT 1973).

Das pflanzliche Chlorophyll kann im Durchschnitt 1% des absorbierten Lichtes in chemisch verfügbare Energie umwandeln. Das genaue Ausmaß der Lichtnutzung ist jedoch bei verschiedenen Pflanzen verschieden und sagt viel über die Produktions- und Konkurrenzkraft der Pflanzen aus.

Beim Schilf wurden überraschend hohe Werte gemessen: Im Durchschnitt wandelt das Schilf 3% des angebotenen sichtbaren Lichtes (das ja zugleich der photosynthetisch wirksame Anteil der Sonnenstrahlung ist) in chemische Energie um (vgl. Abb. 19). Zum Vergleich: die hochgezüchtete, hochproduktive Reispflanze hat exakt den gleichen Lichtnutzungswert wie das Schilf, die meisten Wildgräser liegen weit darunter, nur wenige Kulturgräser erreichen höhere Werte. Solche Nutzungsgrößen erreicht das Schilf aber nur in optimaler Umgebung: im Flachwasser. Schon im

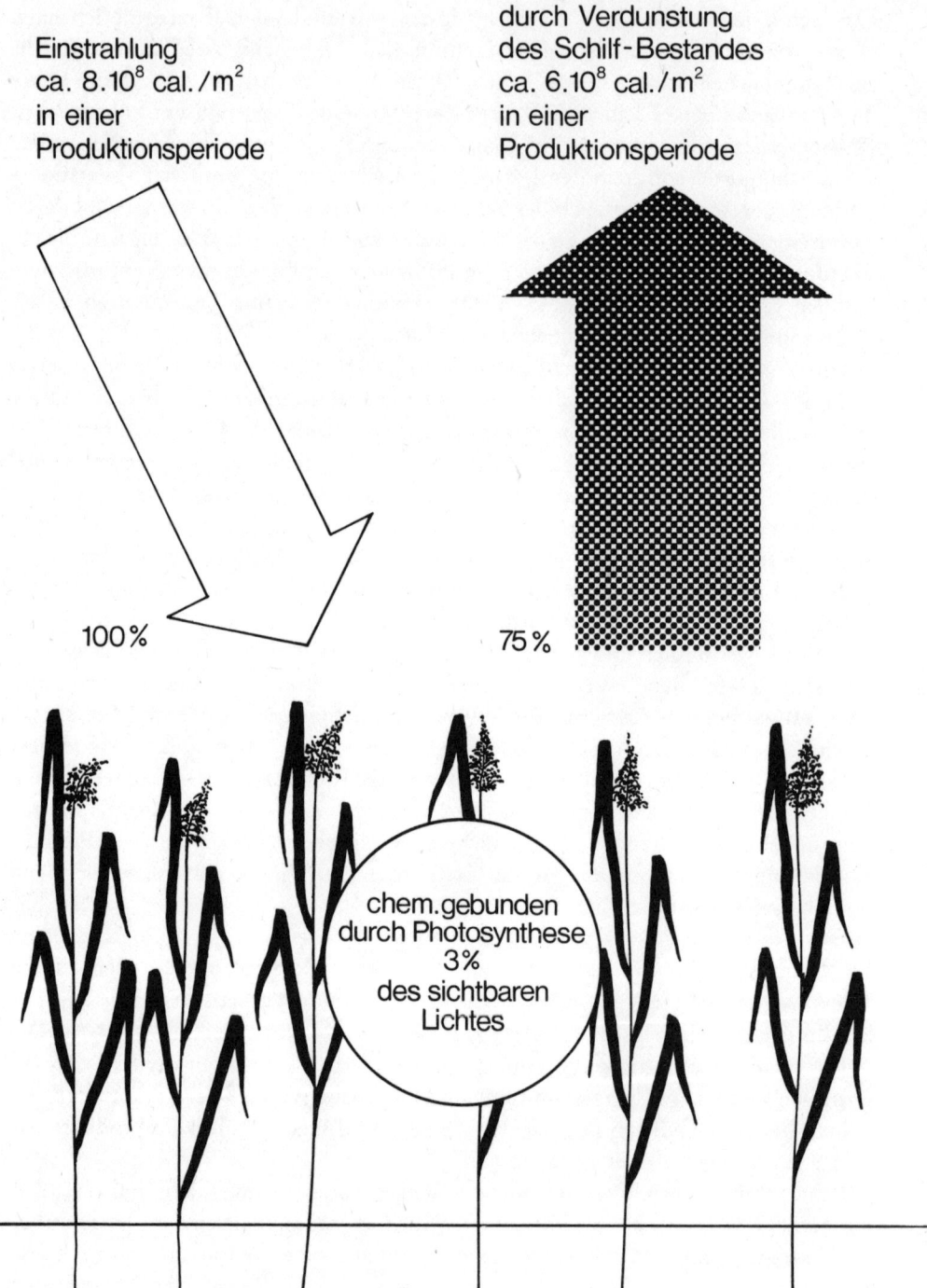

Einstrahlung
ca. 8.10^8 cal./m^2
in einer
Produktionsperiode

Energieverbrauch
durch Verdunstung
des Schilf-Bestandes
ca. 6.10^8 cal./m^2
in einer
Produktionsperiode

100%

75%

chem. gebunden
durch Photosynthese
3%
des sichtbaren
Lichtes

Abb. 19: ENERGIENUTZUNG DES SCHILFS
ausgedrückt in Kalorien/m²

Verlandungsbereich sinken die Nutzungsraten deutlich ab, Salzschilf und Trocken-schilf schließlich fallen unter 1% ab. In jeder Lichtstunde nimmt das Schilf während der Frühjahrs- und Sommermonate pro Gramm seines Blattgewichtes durchschnittlich 20–30 mg Kohlendioxyd aus der Luft auf und gibt dafür ein gleiches Volumen Sauerstoff ab. Das sind keine übermäßig großen Umsätze: ein Baum, ein Weinstock oder eine Maispflanze können das Schilf in der absoluten Leistung pro Stunde übertreffen. Aber kaum eine Pflanze kann es in der Ausdauer schlagen. Die allermeisten Landpflanzen schränken zur Zeit der stärksten Einstrahlung und der höchsten Temperaturen, in den Mittags- und frühen Nachmittagsstunden also, ihre Photosynthese stark ein, um nicht durch unkontrollierte Transpiration eine ge-fährlich angespannte Wasserbilanz erdulden zu müssen. In Trockenperioden sinkt des-halb die Photosyntheseleistung hochproduktiver Pflanzen immer stark ab. Für das Schilf im Flachwasser des Neusiedlersees gilt das keinesfalls. Die immer gleichmäßige Wasserversorgung gestattet es diesem Bestand, mit bestechender Gleichmäßigkeit zwischen April und Oktober zu photosynthetisieren. Unterzieht man die ermittelten Photosynthesewerte einer Hochrechnung, ergibt sich, daß der Schilfbestand pro zwei-einhalb Lichtstunden das gesamte bis 10 m über dem Boden vorhandene Luft-Kohlen-dioxyd photosynthetisch abbindet und dafür ein gleiches Volumen Sauerstoff freisetzt. Natürlich wird das CO_2 dadurch nicht verbraucht, da es ja durch Luftströmung und Diffusion laufend aus dem atmosphärischen Reservoir nachgeliefert wird.

Eine Modifikation der Photosynthese, die an anderen Pflanzen bisher noch nicht nachgewiesen wurde, konnte am Schilf des Neusiedlersees in zwei Jahresgängen festgestellt werden: die Änderung des Temperaturoptimums mit der Jahreszeit. Im Mai, einem Monat mit hoher Einstrahlung, aber noch niedrigeren Temperaturen, wird die höchste Photosyntheseleistung zwischen 10 und 15° C erreicht. Im Juni, zur Zeit der größten Tageslängen, schnappt das Temperaturverhalten plötzlich um: während im Mai ab 20° die Photosyntheserate stark abnahm, ist jetzt das Tempera-turoptimum plötzlich viel breiter, zwischen 10 und 30° wird fast die gleiche Photosynthese erzielt. Dieses Erweitern des Optimalbereichs stellt klar eine Anpas-sung an den jahreszeitlich bedingten Temperaturgang dar.

Der Wasserschlauch *(Utricularia vulgaris)* im Bereich des Schilfwaldes ist eine höchst eigenwillige Pflanze. Die oft über 1 m langen Sprosse des Wasserschlauches haben keine Verankerung im Boden, sie sind also wurzellos und bilden unter Wasser zwischen den Schilfhalmen ein dichtes Netz durch Verflechtung ihrer Sprosse. Ihre feinen Blätter tragen Blasen, wovon an einem gut entwickelten Blatt über hundert ausgebildet sein können (vgl. Farbbildteil S. 67). Mit ihrer Hilfe erschließt sich der Wasserschlauch eine neue Nahrungsquelle, die Substanz des tierischen Organismus. Diese Blasen sind nämlich richtige Tierfallen, in die kleine Wassertiere geraten und anschließend verdaut werden. Die Pflanze ist aber auch in anderer Hinsicht interessant. Wenn der Herbst mit seinen ersten Frösten über den See hereinbricht, ist die Zeit der produktiven Phase vorbei, die Winterkälte wird in Form eines Ruhestadiums überbrückt. Bei den im Boden wurzelnden Pflanzen ist in den unterirdischen Organen jene Substanz gespeichert, die benötigt wird, um im Frühjahr das neuerliche Austreiben zu ermöglichen. Der Wasserschlauch besitzt aber keine Wurzeln, in denen solche Reservestoffe angehäuft werden könnten. Ja, es ist sogar die Eigenart dieser Pflanze, von der Basis her im Verlauf ihrer Entwicklung langsam abzusterben, während in der Spitzenregion das Wachstum fortschreitet. Das macht verständlich, daß hier der Weg der Speicherstoffe nicht basal gerichtet ist, sondern daß sich diese in den jüngsten Teilen, also in der Knospenregion, anhäufen. Gleichzeitig wird das Streckwachstum der Pflanzen eingestellt, so daß an allen Sproßspitzen eiförmige Gebilde entstehen, die aus dichtgepackten, blasenlosen Blättern aufgebaut sind; der übrige Pflanzenkörper geht zugrunde. Nur diese Winterknospen, auch Turionen genannt, überdauern.

Der Wasserschlauch besiedelt ausschließlich den Schilfgürtel und fehlt im schilffreien See. Er wächst sozusagen im Schatten des Schilfes, ist hier aber vor Wellenschlag und damit vor ständiger Verdriftung geschützt. Das ruhige Wasser im Röhricht hält die Pflanze stationär, und selbst im Turionenstadium wird durch das Fehlen einer ausgeprägten Wasserdrift eine rasche Besiedlung von Neuland nur sehr gering sein. Die Situation ändert sich, wenn hier der Schilfschnitt im Winter schilffreie Areale schafft. Dem Wind wird dadurch gute Angriffsmöglichkeit auf die Wasserfläche geboten, und im Frühjahr, nach dem Aufgehen der Eisdecke, setzt die Wasserdrift ein, von der die freischwimmenden Winterknospen erfaßt werden. Zudem bringt es der Schilfschnitt mit sich, daß die Bestände lichter werden, da die Vorjahrshalme wegfallen. Im Frühjahr trifft dadurch die volle Einstrahlung auf die Wasserfläche. Die Produktion hängt daher sehr wesentlich von den standörtlichen Gegebenheiten ab (DRAXLER 1973; MAIER 1973).

In Schilfschnittgebieten schwankt die Besatzdichte des Wasserschlauches beträchtlich. An manchen Stellen kommt es durch die Wasserdrift zu einer Massenakkumulation von Turionen im Frühjahr, im Abdriftgebiet fehlt dadurch die Pflanze fast völlig. Auch die zahlreich in den Schilfgürtel eingestreuten Lachen sind aus diesem Grund sehr unterschiedlich besiedelt. In den größeren Lachen ist meist nur ein schmaler Saum ausgebildet, der die Ränder begleitet. Kleine Lachen können von der Pflanze vollkommen ausgefüllt sein. Der ungeschnittene Schilfbestand hat dagegen einen gleichmäßigeren Wasserschlauchbesatz.

Durch die Pegelhebung wurden ehemals trockenliegende Großseggenbestände unter Wasser gesetzt und damit auch dem Wasserschlauch neuer Siedlungsraum erschlossen, vor allem dort, wo der Schilfschnitt die Winterknospenverfrachtung unterstützte. Die Lebensbedingungen für eine submerse Wasserpflanze werden aber hier kritisch.

Die Zeit der Wasserlosigkeit, vor allem im Spätsommer und Herbst, in dieser nur periodisch überfluteten Zone, kann die Pflanze nämlich in Form der Turionen überbrücken (MAIER 1973). Tatsächlich bildet der Wasserschlauch seine Winterknospen hier bereits vorzeitig im Juli, erzwungen durch die doppelte Beschattung durch Schilf und Großseggen, wodurch das Licht für die Photosynthese nicht mehr ausreicht und die Pflanze hungert. Die produktive Zeit ist hier auf zwei bis drei Monate im Frühjahr beschränkt. Daher kann diese „amphibische Lebensweise" für diese echte Wasserpflanze nur so lange funktionieren, als an solchen Stellen regelmäßiger Schilfschnitt erfolgt. Unterbleibt er, so hungert der Wasserschlauch bereits im Frühjahr infolge der Beschattung durch Altschilf und Seggen und kann dort nicht länger existieren.

12. Die Kleintierfauna des Schilfgürtels

Da sich im Schilfgürtel der Lebensraum des festen Landes mit dem des Wassers überschneidet, birgt der Rohrwald eine Kleintierfauna von ungewöhnlicher Mannigfaltigkeit. Ihre Erforschung wurde allerdings – gemessen etwa an der starken Beachtung, welche die Vogelfauna gefunden hat – lange Zeit vernachlässigt, nicht zuletzt wohl auch wegen der Unbequemlichkeiten, die das Arbeiten im Röhricht mit sich bringt. Selbst die reine Bestandsaufnahme, zuletzt von SAUERZOPF et al. (1959) zusammengestellt, ist bis heute noch weit von Vollständigkeit entfernt. Die im Rahmen des IBP im Schilfgürtel durchgeführten mehrjährigen Forschungen haben aber inzwischen auch die Kenntnis der Kleintierwelt wesentlich erweitert. Vor allem die Lebensweise der häufigsten Arten und die Rolle, die die verschiedenen Tiergruppen im Ökosystem, also im Beziehungsgefüge des lebenserfüllten Lebensraumes, einnehmen, war Gegenstand dieses Forschungsvorhabens.

Ganz allgemein nehmen die Tiere in einem Ökosystem die Rolle der Verwerter und Verbraucher der pflanzlichen Produktion ein. Erstaunlicherweise dient aber gerade die Schilfpflanze im Schilfgürtel nur sehr wenigen Kleintieren als Nahrung. Diese sind dann allerdings nicht nur auf ihre Nährpflanze, sondern sogar auf ganz bestimmte Teile davon spezialisiert (Abb. 20).

So wechselt die Pflaumenblattlaus *(Hyalopterus pruni)* im Sommer von verschiedenen Schlehengewächsen auf Schilfblätter über und tritt dann im gesamten Schilfgürtel zahlreich auf. Die nur wenige Millimeter große Schilfschildlaus *(Chaetococcus phragmitidis)* ist dagegen völlig auf die Schilfpflanze spezialisiert und lebt unter den Blattscheiden der Schilfhalme. Wie alle Schildläuse (Coccidae) saugt diese Art Pflanzensaft. Mit Sekretausscheidungen spezieller Drüsen umhüllen die Weibchen ihren Weichkörper und zusätzlich einen eigenen Brutraum, in welchem sich die Larven entwickeln.

Im Inneren der Schilfhalme leben die Raupen einiger Schmetterlingsarten, die durch ihre Abhängigkeit von der Wirtspflanze typische Bewohner von Sumpflandschaften sind: Die größte und im Schilfgürtel auch häufigste Art ist der Rohrbohrer *(Phragmataecia castaneae)* aus der Familie der Holzbohrer (Cossidae). Die Raupe benötigt zu ihrer Entwicklung zwei Jahre und häutet sich vermutlich acht- bis neunmal. Nach der ersten Überwinterung übersiedelt die einjährige Raupe aus dem Halm in eine andere Schilfpflanze, in deren Rhizom sie dann den zweiten Winter verbringt. Schließlich verpuppt sie sich im folgenden Frühjahr (April). Die Schmetterlinge selbst fliegen von Mai bis Juni, sind dämmerungsaktiv und sitzen tagsüber regungslos an die Schilfhalme angeschmiegt, von denen sie sich zufolge ihrer Tarnfärbung kaum abheben.

Eine größere Anzahl von Halmbewohnern werden auch von der Insektenordnung der Zweiflügler (Diptera) gestellt. Bisher sind vom Neusiedlersee 13 Arten bekannt, vor allem aus der Familie der Gallmücken (Cecidomyidae) wie etwa die in großen Individuendichten im oberen Drittel des Halmes lebenden orangefarbenen Larven von *Tomasiella flexuosa*, und aus der Familie der Halmfliegen (Chloropidae). Einige dieser Dipteren verbringen die Zeit ihrer Larvalentwicklung nicht freilebend im Pflanzengewebe, sondern im Inneren einer von ihnen erzeugten Galle. Der

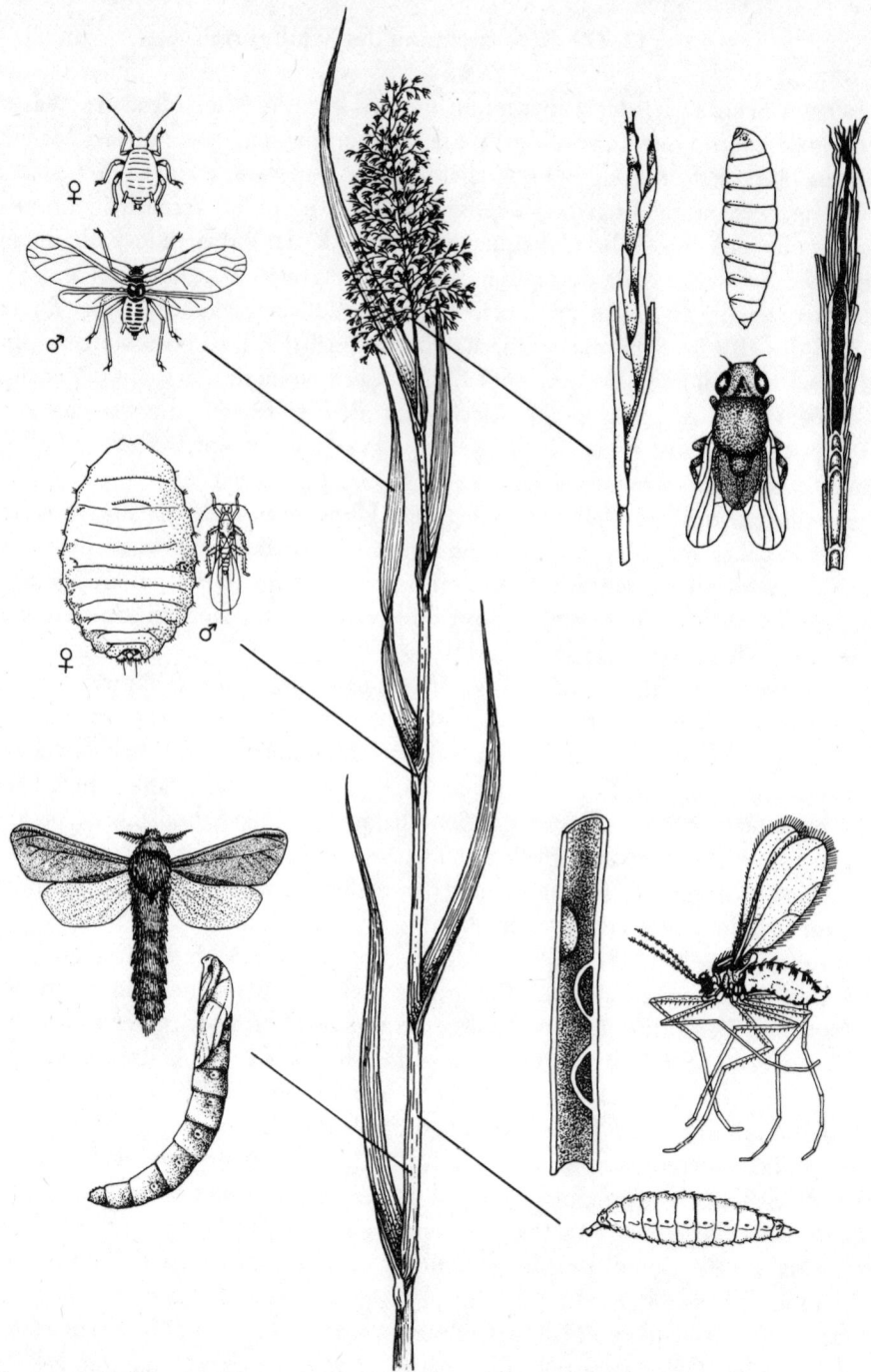

Abb. 20: SCHILFINSEKTEN

Linke Seite (von oben nach unten): Pflaumenblattlaus; Schilfschildlaus; Rohrbohrer – Schmetterling und Puppe.

Rechte Seite (von oben nach unten): Schilfgallenfliege – Larve und Fliege, daneben Außenansicht und Längsschnitt einer Schilfgalle; Schilfgallmücke – Mücke und Larve, daneben längsgeschnittenes Halmstück mit Gallenkammern.

auffälligste dieser Gallenbildner im Schilfgürtel ist die Halmfliege *(Lipara lucens)*. Die rund 1 cm große, weißliche Made verursacht durch ihre Fraßtätigkeit im Bereich des Vegetationskegels an der Halmspitze in etwa 1 m Höhe die Bildung einer bis zu 20 cm langen Wipfelgalle, die man ihrer charakteristischen Form wegen auch als „Schilfzigarre" bezeichnet. Im Winter ist die Made nach dreimaliger Häutung ausgewachsen und liegt dann auf dem Grunde eines senkrechten Fraßganges im stark verholzten Zentrum der Galle. Sie verpuppt sich im folgenden Frühjahr und schlüpft schließlich im Mai (WAITZBAUER 1969).

Im äußeren Gallenteil, der aus einer Schicht eng zusammenliegender, wachstumsgehemmter Blätter gebildet wird, lebt noch eine Anzahl weiterer Halmfliegen, Gallmücken und Milben, die sich von faulendem Pflanzengewebe im Inneren der Gallen ernähren. Zusätzlich können die Gallen den Weibchen einiger Laubheuschrecken zur herbstlichen Eiablage, ferner räuberischen Laufkäfern und Spinnen als Winterquartier dienen.

Ein weiterer Gallenbildner der Schilfpflanze ist *Perrisia inclusa* (Cecidomyidae) mit stark verholzten, reiskorngroßen Gallen in den Halmwänden. Eine Galle enthält in ihrem Inneren jeweils eine Larve.

Im Winter 1967/68 wurden entlang eines land-seeseitigen Profils bei Rust Tausende von Schilfhalmen untersucht, um repräsentative Befallszahlen der Schilfinsekten zu erhalten (WAITZBAUER et al. 1973; PRUSCHA 1974). Die auf der Tabelle 2 (S. 82) zusammengefaßten Ergebnisse zeigen, daß Halmminierer und Gallenbildner auf bestimmte Bereiche des Rohrwaldes konzentriert sind, die Schilfgallenfliege etwa auf den landseitigen Rand. Die Ursache liegt darin, daß die Schilfinsekten bei der Eiablage oder auch die Raupen bei der Übersiedlung bestimmte Halmdicken bevorzugen; am landseitigen Rand wächst das Schilf aber später und weniger kräftig. Blatt- und Schildläuse finden sich im ganzen Rohrwald, jedoch im Altbestand häufiger als im Geschnittenen.

Der Nahrungsentzug aller dieser Insekten aus der Schilfpflanze ist minimal; er wird auf 0,3% der Primärproduktion geschätzt. Ihre Bedeutung liegt vielmehr in Schädigungen des Schilfwachstums durch Wachstumshemmung (Wipfelgalle von *Lipara*), Verhinderung des Fruchtansatzes (Halmspitzenminierer *Tomasiella*) oder mechanischer Beschädigung. Der wirksamste Schilfschädling ist der Rohrzünsler *Schoenobius gigantellus* (Schmetterlingsfamilie Pyralidae), da dessen Raupe nur junge Triebe von innen ausfrißt, und zwar in kurzer Zeit mehrere nacheinander; im Ruster Gebiet gehen durch ihn etwa 5% aller Sprosse zugrunde. Merkwürdigerweise behindern aber gerade die Arten mit den größten Befallszahlen wie der Rohrbohrer *Phragmataecia* und die Schilfschildlaus das Gedeihen des Schilfes überhaupt nicht. Der bekannteste Schilfschädling europäischer Schilfgebiete, die „Rohreule" *Archanara geminipunctata* (Schmetterlingsfamilie Noctuidae) kommt am Neusiedlersee nur stellenweise vor. Obwohl sie die Halme von innen so stark ausnagt, daß sie vorzeitig brechen, ist ihre wirtschaftliche Bedeutung nicht sehr groß, weil die Raupen, im Gegensatz zu denen von *Phragmataecia*, im Halm über Wasser überwintern, wodurch die Population bei großflächigem Schnitt so stark dezimiert wird, daß im darauffolgenden Jahr mit gesundem Schilf gerechnet werden kann.

Zahlreiche, im Schilfgürtel oft häufige Insektenarten sind in ihrem Lebenszyklus

Schilfinsekten	Landseitige Schilfrandzone		Zentraler Schilfgürtel	
	befallene Halme in %	Individuen pro m²	befallene Halme in %	Individuen pro m²
Schilfgallenfliege (Lipara lucens)	5	3	—	—
sonstige gallenbildende und minierende Dipterenlarven	45 (10 Arten)	275	5 (4 Arten)	42
Rohrbohrerraupe (Phragmataecia castaneae)	—	—	12	7
Zünslerraupen (Pyralidae)	8	5	2	1,5
Schilfschildlaus (Chaetococcus phragmitidis) — Schätzwert	—	—	90	600

Abb. 21: LEBENSGEMEINSCHAFT IM WASSER DES SCHILFGÜRTELS

Vertikalschnitt durch den Wasserraum mit Schilfhalmen, schwimmendem Wasserschlauch in der oberen Schicht und Wasserwurzeln des Schilfs und pflanzlicher Bestandesabfall in der unteren Schicht, darunter Bodenschlamm, von Schilfrhizomen durchwachsen (Wassertiefe bis Schlammoberfläche entspricht 40 cm)

Tiere im Originalmaßstab:
links oben neben Halm *Große Schlammschnecke* mit vorgestreckter Atemöffnung, darunter *Wasserspinne* mit Luftglocke, weiter links unten *Kolbenwasserkäfer*, darunter *Tellerschnecke;* in der Mitte am Halm *Posthornschnecke*, am Halm ferner *Eigelege* der Großen Schlammschnecke (oben) und der Posthornschnecke (unten); oben rechts neben Halm *Larve des Gelbrands*, daneben an der Wasseroberfläche hängend *Waffenfliegenlarve*, darunter am Halmstoppel *Eiförmige Schlammschnecke;* links am jungen Schilfsproß an der Spitze *Kleinlibellenlarve*, darunter links *Blutegel*, darunter an Schilfblättern *Köcherfliegenlarve* in ihrem Gehäuse (Gattung *Limnephilus*), darunter zwischen Blättern *Borstenwurm (Lumbriculus)*, rechts vom Schilfsproß *Großlibellenlarve;* rechts unten im Schlamm rote *Zuckmückenlarve* in ihrer Gespinströhre.

Tiere in Kreisausschnitten (in Klammern natürliche Länge)
An der Wasseroberfläche: links *Zuckmückenpuppe* vor dem Schlüpfen der Mücke (10 mm), rechts *Rückenschwimmer* in Ruhestellung (15 mm);
rechts vom Halmstoppel: *Rädertier* (0,25 mm) an Aufwuchsalgen;
unten am Halmstoppel: *Wasserassel* (1,5 cm);
darunter links: *Larve der Stechmücke Mansonia* (1 cm) an einem Wurzelast verankert;
unten rechts: *Zuckmückenlarve* (1,5 cm).

Über der Wasseroberfläche vergrößert:
links *Köcherfliege* (Gattung *Limnephilus*) (2 cm);
rechts *Zuckmücke* (1,5 cm).

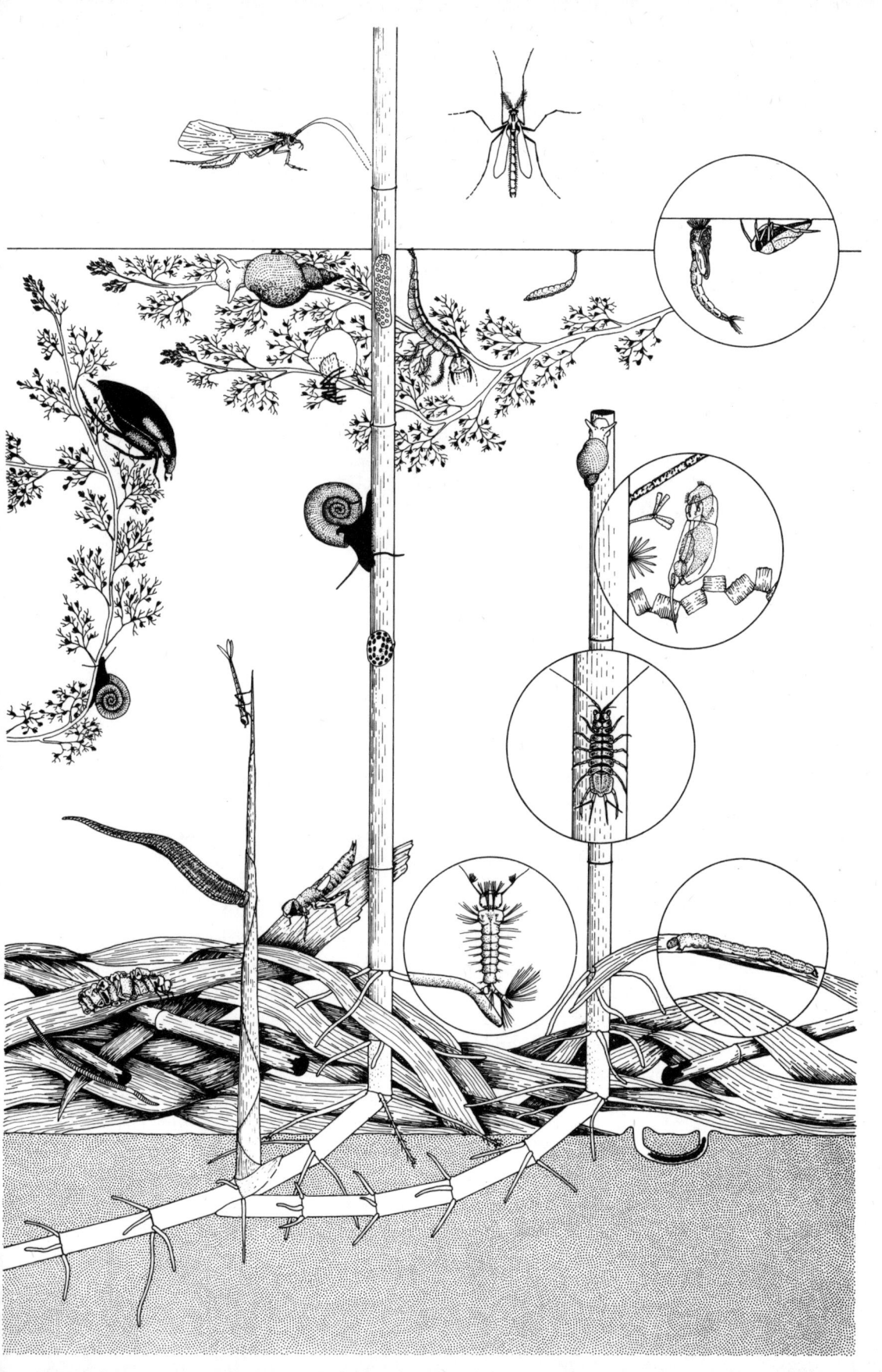

an die Begleitpflanzen des Schilfes (Kap. 11) gebunden, die alle aufzuführen unmöglich ist; außerdem sind viele dieser Tiergemeinschaften noch kaum untersucht.

Zu den charakteristischen Bewohnern des Unterwuchses zeitweilig trockener Schilfbestände gehört die zartschalige Bernsteinschnecke (*Succinea pfeifferi*), welche die unterste, feuchteste Schicht der Seggen und Binsen beweidet. Auf diesen Pflanzen, zuweilen auch am Schilf, kommen die im Mai und Juni heranwachsenden gelben „Bürstenbinderraupen" des Trägspinners *Laelia coenosa* (Lymantriidae) vor, eines Verwandten der berüchtigten Nonne (Farbbildteil S. 64).

Ein außerordentlich großer Artenreichtum, sowohl im Vergleich mit dem Rohrwald über Wasser als auch vor allem im Gegensatz zum offenen See, ist im Wasser des Schilfgürtels anzutreffen. Hier fehlen Trübe und ständige Wasserbewegung, bremst doch der dichte Rohrwald die Luftbewegung so stark, daß selbst bei Sturm die Wasseroberfläche kaum gekräuselt wird. Diese mangelnde Durchmischung ermöglicht auch trotz geringer Wassertiefe (meist 40–70 cm im zentralen Schilfgürtel) starke Temperaturschichtungen und Schichtungen verschiedener gelöster Stoffe, besonders des Sauerstoffes. So zeigen Temperaturmessungen, daß sich die Wasseroberfläche im Schilfgürtel rasch erwärmt oder abkühlt, während am Grund des Wassers kaum tageszeitliche Unterschiede festzustellen sind. Selbst bei kräftiger Erwärmung im Frühjahr dauert es ein bis zwei Tage, bis sich diese am Grunde bemerkbar macht. Ebenso ist die Vertikalverteilung des Sauerstoffes sehr ungleichmäßig. Nur in der obersten Wasserschicht, die unmittelbar mit der Atmosphäre in Austausch steht, und wo Algen und Wasserpflanzen tagsüber zusätzlich Sauerstoff produzieren, liegt vielfach Sättigung oder bisweilen sogar leichte Übersättigung vor. In der Tiefe jedoch wird der Sauerstoff durch Zehrungsprozesse, ausgelöst durch sich zersetzende Pflanzenmassen, verbraucht und kann zufolge der geringen Durchmischung nicht in genügender Menge nachgeliefert werden: die Schlammoberfläche ist so zumeist völlig oder fast sauerstofffrei. Unter Eis, besonders bei zusätzlicher Schneebedeckung, tritt im Schilfgürtelwasser Sauerstoffschwund ein, der zum Absterben vieler Tiere führen kann, besonders wenn es während dieser Periode darüber hinaus zu einer Begiftung des Wassers mit Schwefelwasserstoff zufolge bakterieller Tätigkeit kommt.

Eine sehr wichtige Eigenart des Wasserraumes im Rohrwald ist auch seine starke räumliche Strukturierung durch die Vegetation bzw. das Gewirr von Wurzeln und abgestorbenem Pflanzenmaterial. Eine Unzahl verschiedenartiger Schlupfwinkel in allen „Stockwerken" des Schilfwassers gestattet einer Gemeinschaft verschiedenartigster Lebensformtypen dichte Besiedlung (Abb. 21), ohne daß es zu gegenseitiger Störung kommt. Die Schilfhalme und ganz besonders die feinverästelten Ranken des Wasserschlauches bewirken ebenso wie die schwimmenden Watten aus Fadenalgen zusätzlich eine Vergrößerung der Oberfläche; sie ist für den Aufwuchs einzelliger Algen wichtig, die eine der wesentlichen Nahrungsgrundlagen für die Tiergemeinschaft darstellen.

Etwa die Hälfte der großen Stämme und Klassen des Tierreiches ist mit umfangreicherer oder geringerer Artenzahl vorhanden. Im folgenden soll hier auf drei Aspekte ihrer Lebensweise vergleichend eingegangen werden: die Raumbeherrschung der verschiedenen Lebensformtypen, die ökologischen Beziehungen in der

Gemeinschaft und die Anpassungen der verschiedenen Wassertiere an den wechselnden oder stets niedrigen Sauerstoffgehalt im Wasser des Rohrwaldes.

Die Wassertiere des Schilfgürtels sind in verschiedenem Ausmaß an feste Unterlagen gebunden. Extreme Lebensformtypen stellen in dieser Hinsicht einerseits die festsitzenden Tiere, anderseits die Dauerschwimmer und -schweber dar.

Nur wenige Tiere sind – im Gegensatz zu felsigen Meeresböden – hier im pflanzenreichen Süßwasser ständig an feste Unterlagen gebunden, also festsitzend oder sessil: nur kleine und kurzlebige Formen können auf den vergänglichen Pflanzenteilen ihre Entwicklung vollenden, wie z. B. der bis zu 1 cm große Süßwasserpolyp *(Hydra* sp.), einzellige Glockentierchen und andere gestielte Urtierchen (Protozoen). Der Süßwasserschwamm *(Spongilla lacustris)* überzieht Schilfhalme und erreicht dort bis zu über 10 m Länge. Alle genannten Tiere, auf die obere, sauerstoffreiche Schicht beschränkt, haben aber im Lauf ihrer Jugendentwicklung ein schwimmfähiges Stadium, durch welches die Ausbreitung der Arten ermöglicht wird.

Im Vergleich zu offenen Wasserkörpern sind auch Dauerschweber im Schilfgürtelwasser selten. Solche Tiere bedürfen ja der turbulenten Wasserbewegung, um in Schwebe zu bleiben, und gerade sie fehlt im windgeschützten Wasser des Rohrwaldes. Dagegen sind Dauerschwimmer in großer Artenzahl vorhanden und stellen die Hauptmasse des Zooplanktons. So kommt hier allein schon über ein Dutzend von *Cyclops*-Arten (Hüpferlinge aus der Ordnung der Ruderfußkrebse oder Copepoden) vor, die zum Teil eine streng zonale Anordnung vom landseitigen gegen den seeseitigen Schilfgürtel hin erkennen lassen, ohne daß dafür vorläufig befriedigende Ursachen gegeben werden könnten. Auch die Wasserflöhe (Cladoceren) sind hier mit einem halben Dutzend Arten vertreten, die als Dauerschwimmer gelten können. Weitaus mehr Formen dieser Krebsgruppe bewegen sich nur fallweise im freien Wasser und kriechen oder klettern sonst auf festen Unterlagen, wie beispielsweise die zu den Cladoceren gehörenden Chydoriden. Auch sonst sind die Mehrzahl der schwimmfähigen Tiere zugleich gute Läufer oder Kletterer: so die Wimpertierchen (Ciliaten), die auf ihren Cilien dahinkriechen, Rädertiere mit spannerraupenartiger Fortbewegung, Kleinkrebse (zahlreiche schon genannte Chydoriden, Ostrakoden, Copepoden: hier besonders die Familiengruppe der Harpacticoida), schlängelnde Borstenwürmer der Familie Naididae und zahlreiche Mückenlarven. Bei Erschütterung der Pflanzen, an denen sie sich aufhalten, suchen viele dieser Tiere schwimmend die Flucht, ein Verhalten, das dem Zoologen die Entnahme dieser Gemeinschaft in natürlicher Zusammensetzung sehr erschwert.

Auch größere schwimmfähige Insekten wie Larven von Eintagsfliegen und Libellen, ferner Wasserkäfer und Wasserwanzen, finden in der Vegetation Unterschlupf, in der sie mit Hilfe ihrer oftmals ausgebildeten langen Klammerfüße Halt finden. Wasserkäfer und Wasserwanzen benützen zum Schwimmen meist die hinteren Extremitäten, lange, mit Borstenfächern versehene Ruderbeine. Im Gegensatz dazu bewegen sich die meisten Insektenlarven im freien Wasser mit Hilfe vertikaler Schläge des Hinterkörpers fort. Besitzen sie zunächst einen Kiemenschwanz wie die Larven der Kleinlibellen, so dient dieser zugleich als Schwanzflosse. Abweichend davon operieren die Larven der Großlibellen, die Wasser in ihren erweiterten Enddarm einsaugen und dieses stoßweise auspressen, wodurch sie, dem Rückstoßprinzip folgend, vorwärtsgetrieben werden. Besondere Bewegungskünstler sind die zahlreich vorhandenen Blutegel, unter anderem auch der Medizinische Blutegel *(Hirudo medicinalis)* die im Pflanzendickicht gewandt spannerraupenartig kriechen können, zugleich aber auch schnelle und elegante Schwimmer sind: Sie verlassen jedoch die Wasserpflanzen-Bestände nie und gelangen daher auch nicht in die Bäder.

Die erwähnten Bewohner des Wasserraumes, deren Mannigfaltigkeit nur angedeutet worden ist, sind zumeist direkt oder indirekt aufeinander angewiesen, wobei jede Art und Lebensform ihre bestimmte Funktion einnimmt; dabei sind die nachhaltigsten und zumeist unausweichlichen Abhängigkeiten der Tiere in ihren Nahrungsbedürfnissen verankert.

Wie bereits hervorgehoben wurde, beginnt der entscheidende Angriff auf die Masse der pflanzlichen Substanz nicht über, sondern erst unter der Wasseroberfläche. Im Gegensatz zu den Nahrungsspezialisten an der Schilfpflanze ist hier der dominierende Teil der pflanzenfressenden Tiere Mischkostverzehrer, ferner wird zumeist abgestorbenes und nicht lebensfrisches Pflanzenmaterial bevorzugt. Lediglich der Aufwuchs einzelliger Algen dient als „Grünkost".

Mischkostverzehrer verwerten ihr Futter zumeist sehr schlecht, ihre Exkremente enthalten sehr viele unverdaute pflanzliche Gewebsteile, und die Tiere müssen relativ große Mengen von Rohmaterial aufnehmen, um daraus die erforderlichen Nahrungsstoffe zu gewinnen. Umgekehrt sind es gerade sie, die mit ihren Exkrementen zusätzliche Nahrung für andere, meist kleinere Tiere anliefern, die auf bereits zerkleinertes und chemisch verändertes Material, sog. Detritus, angewiesen sind.

Der pflanzliche Bestandsabfall wird somit schrittweise zersetzt, indem das Material nacheinander den Darm mehrerer Tiere passiert. Die Tätigkeit der Tiere geht dabei Hand in Hand mit der von Bakterien und anderen Mikroorganismen. Die mechanische Bearbeitung von Pflanzenteilen durch tierischen Fraß fördert ihre Besiedelung und Durchdringung mit Bakterien, durch deren Tätigkeit sie weiter zermürbt und aufgeweicht und so wiederum als Futter auch für zartere Tiere geeignet werden. Überdies stellen die Mikroorganismen selbst wertvolle Eiweißnahrung für die Detritusfresser dar. Verschiedene Untersuchungen lassen in zunehmendem Maß sogar erkennen, daß viele scheinbare Abfallfresser in Wirklichkeit vorwiegend von Bakterien leben, doch ist über die komplizierten Zersetzungsvorgänge im Zusammenwirken von Tieren und Mikroorganismen noch sehr wenig bekannt.

Besonders effektive Zerkleinerer von Pflanzenmaterial sind die Larven von Köcherfliegen (Trichoptera): sie zerbeißen nicht nur jene Pflanzenteile, von denen sie sich ernähren, sondern schneiden auch das Baumaterial für ihre Wohnköcher zurecht. Angehörige der Gattung *Limnephilus* verwenden für ihre Gehäuse je nach Alter und Jahreszeit verschiedene Pflanzenteile, aber auch kleine Gehäuse von Tellerschnecken, die manchmal noch vom lebenden Tier bewohnt sind. *Agrypnea pagetana* nützt dagegen als Gehäuse hohle Halmstücke, in denen sie sich festspinnt.

Die wirkungsvollsten Primärzersetzer des Schilfgürtels sind jedoch die Wasserschnecken, von denen hier bisher 13 Arten festgestellt wurden und von denen die größten, nämlich Große Schlammschnecke (*Lymnaea stagnalis*) und Posthorn-schnecke (*Planorbarius corneus*), allgemein bekannt sind. Mit ihrer „Radula", einer zähnchenbewehrten Zungenplatte, schaben sie alles in sich hinein, was genießbar und nicht zu hart ist.

Die Wasserlungenschnecken (Pulmonaten), die zwittrig sind, haben ihre hauptsächliche Fortpflanzungszeit in Abhängigkeit von Temperatur und Tageslänge im Frühjahr (IMHOF 1972) und setzen dann zahlreiche wurst- oder scheibenförmig gallertige Eigelege an Schilfhalmen und an Utricularia ab. Die kleineren Arten und die bis 2 cm hohe Schlammschnecke *Lymnaea peregra ovata* sind einjährig, während die übrigen großen Arten über zwei Jahre alt werden und zwei Generationen von Jungtieren hervorbringen können; dabei wachsen sie erst im zweiten Lebensjahr, also nach der ersten Fortpflanzungsperiode, zu ihrer maximalen Größe heran.

Die Bevölkerungszahlen der Wasserschnecken können von Jahr zu Jahr starken Schwankungen unterliegen: Bei frühjährlichen Zählungen zwischen 1967 und 1973 im zentralen Schilfgürtel bei Rust betrug die mittlere Besatzdichte von *Lymnaea stagnalis* zwischen 1 und 5 erwachsenen Tieren pro m², die der Tellerschnecke *Planorbis planorbis* (ca. 1,5 cm Durchmesser) zwischen 20 und 100. Derartige Zählungen erfordern übrigens einen nicht unbeträchtlichen technischen Aufwand, da hierzu Gevierte von 1 m² mit Blechwänden fest abgesteckt werden müssen, um sodann alle Halme am Grund abzuschneiden, sämtliches Pflanzenmaterial auszuräumen und nach Schnecken abzusuchen.

Um die Leistung einer tierischen Population wie die der Wasserschnecken als Verarbeiter des Pflanzenmaterials quantitativ bestimmen zu können – eine wichtige Aufgabe des produktionsbiologischen Forschungszweiges –, sind eine ganze Reihe zum Teil komplizierter Messungen erforderlich, die zur sog. Energiebilanz führen. Bei Tieren steht in dieser Bilanz auf der Eingangseite die aufgenommene Nahrung, die sog. Konsumation, auf der Ausgangseite die unverdauten Exkremente, die freiwerdende Atmungswärme und schließlich als Saldo die Nettoproduktion – alles ausgedrückt in Energiegrößen, meist Kalorien (vgl. Kap. 9). Die Wasserschnecken-bevölkerung eines Quadratmeters nimmt im Jahr rund 600 Kalorien (Kcal.) an Nahrung auf, das ist ein hoher Anteil der Produktion von Wasserschlauch und Algen, ihren vorherrschenden Futterbestandteilen. An eigener Körpersubstanz bauen sie gleichzeitig rund 30 Kcal. auf. Das Verhältnis ihrer Produktion zur Konsumation, auch Nutzungsrate genannt, beträgt somit etwa 5%. Im Vergleich zu den besprochenen Schilfinsekten mit Nutzungsraten von 30% bis über 60% weisen sich die Schnecken damit als schlechte Nahrungsverwerter aus. In ihrer Bilanz fallen vor allem ihre Exkremente ins Gewicht, mit der sie als Primärzersetzer Nahrung für weitere Kleintiere liefern.

Das größte praktische Interesse wird dieser Tiergruppe wegen ihrer Rolle als Zwischenwirte für Entwicklungsstadien von Saugwürmern entgegengebracht, die mit zahlreichen Arten in Vögeln und Säugetieren, darunter auch Haustieren und dem Menschen, schmarotzen: So ist bekanntlich die Bilharziose tropischer und subtropischer Gebiete eine weitverbreitete und gefürchtete (Saug-)Wurmkrankheit, die erst seit jüngster Zeit erfolgreich medikamentös behandelt werden kann. Die Jugendstadien vermehren sich überwiegend un- oder eingeschlechtlich, zumeist in Schnecken, aus denen riesige Mengen freischwimmender Larven, die sogenannten Cercarien, entlassen werden, die sich in die Haut von Vögeln und Säugern einbohren und schließlich als Adulttiere in der Pfortader, den Darm- oder Blasenvenen leben. Die bekanntesten Saugwürmer unserer Breiten sind die Leberegel der Rinder und Schafe. Verwandte der Bilharzien befallen ferner bei uns Wassergeflügel: Die bis zu 1 mm langen, mit einem gegabelten Schwanz ausgestatteten Cercarien der Art *Trichobilharzia szidati,* die sich in der Großen Schlammschnecke entwickeln, können sich auch „irrtümlich" in die menschliche Haut einbohren, gehen darin aber zugrunde. Die Abwehrreaktion des Hautgewebes ruft einen juckenden Ausschlag hervor. Diese sogenannte „Cercarien-Dermatitis" wurde in den letzten Jahren auch am Westufer des Neusiedlersees beobachtet, vor allem in den ersten sommerlichen Hitzeperioden (GRAEFE 1971).

Stärker zerfallene und in bakterieller Zersetzung begriffene Pflanzenteile werden von der Wasserassel *(Asellus aquaticus)* verzehrt. Sie bevölkert mit 150 bis 400 Adulttieren pro m² die unteren Schichten des Wasserraumes. Wie bei allen Asseln legen die Weibchen ihre Eier in einen Brutraum, der von plattenförmigen Fortsätzen der Beinbasis gebildet wird (Ooetegite). Dieser Krebs bringt zwei bis drei Generationen im Jahr hervor, von denen die überwinternde Generation eine Körperlänge von 10 mm (Weibchen) bis 14 mm (Männchen) erreicht, die bereits nach zwei bis drei Monaten geschlechtsreifen Frühjahrs- und Sommergenerationen jedoch nur die Hälfte davon.

Noch eine große Anzahl weiterer kleiner und kleinster Detritusfresser im weitesten Sinn läßt sich anführen. Einige von ihnen, wie manche Fadenwürmer (Nematoden), nehmen stark verflüssigte Substanzen mittels ihres Saugschlundes, andere (einige Einzeller, Protozoen) direkt durch die Zelloberfläche auf. Muschelkrebse (Ostrakoden) sind wieder dafür bekannt, daß sie von verwesenden Tier- und Pflanzenresten alle weicheren Bestandteile abnagen.

Weitaus die meisten dieser Detritusfresser ernähren sich aber von festen Partikeln einschließlich Bakterien und Algen, wobei der Mechanismus der Aufnahme bei den einzelnen Tiergruppen sehr verschieden ist: Manche, wie z. B. Glockentierchen, Ciliaten, Rotatorien und Stechmückenlarven, strudeln sie mit Wimperorganen zum Mund, andere filtrieren sie aus selbsterzeugten Wasserströmungen, wie z. B. einige Schlammröhren bewohnende Zuckmückenlarven dies mittels gesponnener Filternetze, Wasserflöhe mit Reusenapparaten zwischen den Beinen tun. Wieder andere nehmen Partikel mit Mundlappen oder ausstülpbarem Rüssel auf (Oligochaeten) oder kehren bzw. schaben sie mit verschiedengestalteten Mundwerkzeugen von einer festen Unterlage ab, wie die Larven vieler Zuckmücken (Chironomiden) und der Waffenfliegen, ferner Kleinkrebse wie Chydoriden, Ostrakoden und Harpacticoida.

Für die Klarheit des Schilfwassers sorgen die Feinstfiltrierer, die frei schwebende Partikel, darunter vor allem auch Bakterien, aufnehmen, wie ein Teil der erwähnten Cladoceren, Rädertiere und Protozoen; ohne ihre Aktivität nämlich würde sich auch das Schilfwasser durch Fäulnisprozesse rasch trüben. Übrigens sind auch Kaulquappen imstande, Bakterien aus dem Wasser aufzunehmen, wenn sie auch vorwiegend Algenaufwuchs an Wasserpflanzen abweiden.

Die Detritusfresser sind also die „Müllverwerter" der Lebensgemeinschaft des Wassers. Fast alle Kleintiergruppen, die Mitglieder dieser Gilde stellen, haben aber auch Angehörige, die sich nicht mit beliebigem „Abfall" begnügen, sondern sich andere Kleinsttiere aus den Detritusablagerungen oder dem Geschwebe aussuchen. Wir finden darunter die kleinsten fleischfressenden Räuber. Solche gibt es bereits unter den Ciliaten, die Nesselfäden gegen ihre Beute, nämlich andere Einzeller, schleudern. Räuberisch leben ferner viele Rädertiere und Nematoden, die über ausstülpbare, zangenartige Stacheln oder Zähne verfügen, um ihre Opfer zu ergreifen. Unter den Kleinkrebsen ernähren sich vor allem viele Copepoden (Cyclopidae) und Ostrakoden räuberisch. Zu ihrer Beute zählen unter anderem junge Mückenlarven oder auch schwärmende Cercarien. Diese und andere kleine Schwimmer wie Kleinkrebse fallen auch den Larven der Büschelmücke *Chaoborus* (Verwandtschaft der Stechmücken) zum Opfer. Mit ihrem fast glasklaren, schlanken Körper und den zwei Paaren silbrig glänzender Schwimmblasen als Schwebeeinrichtung zählt sie zu den faszinierendsten Wassertieren.

Die ebenfalls fleischfressenden Egel (Hirudineen) zeigen verschiedene Übergänge von parasitischer zu räuberischer Lebensweise. Der bekannteste Vertreter dieser Ringelwurm-(Anneliden-)Ordnung ist der bis 15 cm lange Medizinische Blutegel *(Hirudo medicinalis)*. Heute in weiten Gebieten Europas zur Seltenheit geworden, nachdem er in früheren Zeiten ein begehrtes Blutschröpfmittel war, ist er im Schilfgürtel des Neusiedlersees noch recht häufig. Um Eier produzieren zu können, muß das zwittrige Tier einmal von einem Warmblüter Blut gesaugt haben, wozu es mit seinem kräftigen Mundsaugnapf und drei sägeartigen Kiefern zum Einschneiden der Haut seiner Opfer bestens ausgerüstet ist. In seiner Jugend nährt sich der Blutegel hauptsächlich von wirbellosen Tieren, später saugt er auch an Fischen und Fröschen. Zur Gruppe der Kieferegel zählt auch der gleich große Pferdeegel *(Haemopis sanguisuga);* er lebt räuberisch von Schnecken und Insektenlarven, die er als Ganzes hinunterschlingt.

In viel größerer Individuenzahl kommen hier Rüsselegel, und zwar Arten der Knorpel- oder Plattegel, vor, die einen aus dem Mundsaugnapf vorstreckbaren Rüssel besitzen, der so steif ist, daß damit die Haut der Opfer durchbohrt werden kann. Diese Egel sind von breiter abgeplatteter Gestalt und heller Färbung. Im Gegensatz zu den gerade genannten Arten können Knorpelegel nicht schwimmen. Der häufigste Plattegel ist die ca. 1 cm große *Helobdella stagnalis*. Der ca. 3 cm lange Große Schneckenegel *(Glossiphonia complanata)* saugt vorzugsweise Blut von Wasserschnecken. Im Gegensatz zu den schwimmfähigen Blutegeln betreiben die Plattegel Brutpflege: so bleibt der Große Schneckenegel so lange über seinem Eigelege sitzen, um ihm mit seinem Körper frisches Wasser zuzufächeln, bis die Jungen ausschlüpfen. Sie heften sich sogleich an der Bauchseite des Elterntieres fest und lassen sich von ihm herumtragen.

Ausgesprochene Räuber, sowohl im Larvenstadium als auch im erwachsenen Zustand, sind alle echten Schwimmkäfer (Dytiscidae), unter denen große Arten wie der Gelbrandkäfer *(Dytiscus marginalis)* oder der im Neusiedlersee noch häufigere Gaukler *(Cybister laterimarginalis)* sogar Jungfischen gefährlich werden können. Ihre Larven besitzen dolchartige Oberkiefer (Mandibeln), die im Inneren je einen

Saugkanal enthalten, durch welchen Verdauungssäfte ausgespritzt werden und der dadurch verflüssigte Speisebrei aufgenommen wird.

Auch die Wasserspinne *(Argyroneta aquatica)*, aus der Familie der Trichterspinnen (Agelenidae), saugt verschiedene Wasserinsekten, Kleinkrebse und Wasserasseln aus. Als einzige zeitlebens im Wasser lebende Spinne befestigt sie ihre glockenförmigen Netze unter der Wasseroberfläche an Wasserpflanzen. In dieser silbrig glänzenden, weil mit Luft gefüllten Glocke erfolgen auch Begattung und Eiablage, da alle Stadien zur Entwicklung einen Luftraum benötigen. Zur Überwinterung übersiedeln die Tiere oft in leere Gehäuse von Wasserschnecken, aus welchen man sie im zeitigen Frühjahr leicht sammeln kann.

Libellenlarven sind entweder lauernde Räuber auf dem schlammigen Bodengrund oder aktive Jäger. Sie fangen ihre Beute mit Hilfe ihrer vorschnellbaren Unterlippe, der sogenannten „Fangmaske".

Auch die Gruppe der „Wasserwanzen" – oft mit Käfern verwechselt – weist eine ganze Reihe von teilweise oder völlig räuberischen Formen auf. Zu den Wasserwanzen gehören einige nur zum Teil näher miteinander verwandte Familien, wie die Rückenschwimmer (Notonectidae), Schwimmwanzen (Naucoridae), Skorpionswanzen (Nepidae) und Ruderwanzen oder Wasserzikaden (Corixidae). Hinsichtlich ihrer Lebensweise und ihres Körperbaues unterscheiden sie sich zwar weitgehend, doch durchlaufen alle den gesamten Entwicklungszyklus unter Wasser.

Schließlich sind hier noch die Molche zu erwähnen, die schon als Larven gefräßige Räuber sind und Kleinkrebse, Wasserasseln und Mückenlarven fressen. Erwachsene Tiere überfallen Kaulquappen, Fischbrut, Schnecken, Würmer und Kerbtiere. Sie neigen sogar zu Kannibalismus und vergreifen sich an den eigenen Jungtieren. Zwei Arten, nämlich der mit 18 cm Länge größte einheimische Molch, der Kammolch *(Triturus cristatus)*, und der nur halb so große Streifen- oder Teichmolch *(Triturus vulgaris)* leben im Neusiedlersee.

Alle Wassertiere, die seit alters her im Wasser leben, sind darauf eingerichtet, den lebensnotwendigen Sauerstoff in gelöster Form aus dem Wasser aufzunehmen. Zu diesen primären Wasseratmern gehören alle Urtierchen, Rädertiere, Fadenwürmer, Borstenwürmer, Egel, Kiemenschnecken und die meisten Krebstiere. Doch kommen im Schilfgürtel auch viele Tiere vor, deren Vorfahren erst im Laufe stammesgeschichtlicher Entwicklung vom Luft- zum Wasserleben übergegangen sind, die sogenannten sekundären Wasseratmer: es sind dies alle Insekten, die Wasserspinne und die Lungenschnecken.

Die Sauerstoffaufnahme erfolgt auf recht verschiedene Weise: so vollzieht sich der Gasaustausch durch die gesamte Körperoberfläche, sofern nicht zu dicke Hautpanzer wie bei Krebstieren oder Gehäuse bei Schnecken dies unmöglich machen. Sehr kleine Tiere (Urtiere, Rädertiere, Junglarven der Kleinkrebse und der meisten Wasserinsekten) oder etwas größere, aber langgestreckte Tiere (Fadenwürmer, Borstenwürmer), bei denen die Körperoberfläche im Verhältnis zum Körpervolumen groß ist, haben deshalb auch keine besonderen Atmungsorgane, während viele Kleinkrebse und die Wasserasseln Kiemen besitzen. Respiratorische Farbstoffe befähigen die Tiere, dem sie umgebenden Wasser relativ mehr Sauerstoff zu entziehen: so haben manche Oligochaeten, die großen Blutegel, ferner manche

Zuckmückenlarven und fallweise auch Cladoceren Hämoglobin – freilich in gelöster Form – und sind dadurch imstande, bei niedrigem Sauerstoffgehalt zu existieren. Trotz diesen Anpassungen können Tiere nicht bis in den Bodenschlamm vordringen, wenn sie nicht zur „Anaerobiose" befähigt sind, das heißt der Energiegewinnung ohne Sauerstoff: hier wird dann Nahrung nicht verbrannt, sondern „vergärt", es erfolgt also nur teilweiser Abbau einer relativ großen Nahrungsmenge, wobei organische Endprodukte entstehen, die noch Nährwert haben, wie z. B. Milchsäure. Man könnte diesen Vorgang mit jener Gärung vergleichen, die zu Alkohol, einem durchaus „nährwertigen" Endprodukt, führt. Die meisten Tiere mit Fähigkeit zur Anaerobiose müssen trotzdem von Zeit zu Zeit in sauerstoffreiche Umgebung, um ihren Energiebedarf zu gewährleisten.

Als Beispiel vielfältiger Anpassungsmöglichkeiten hinsichtlich ihrer Atmung sind die Wasserlungenschnecken (Pulmonaten) hervorzuheben. Alle kleinen Arten und Jungtiere bis zu einer gewissen Größe leisten ihren Gasaustausch durch die Haut, freilich in Abhängigkeit von der Temperatur: so kommen in der kalten Jahreszeit auch erwachsene Schlammschnecken ohne Luftholen an der Wasseroberfläche aus, mit steigender Temperatur müssen jedoch auch schon kleinere Arten bzw. Individuen mit steigender Häufigkeit zur Oberfläche aufsteigen. *Lymnaea stagnalis* ist während heißer Sommertage dort fast ständig anzutreffen und öffnet das Atemloch in nur kurzen Abständen.

Viel unabhängiger sind Tellerschnecken, da sie Hämoglobin sowie zusätzliche Hautfalten besitzen (bei der Posthornschnecke als „Locke" an der Gehäusemündung gut zu beobachten).

Ein Teil der Wasserinsekten behält auch unter Wasser die Luftatmung bei, besitzt also das typische Tracheensystem. Wasserwanzen, Wasserkäfer und die Wasserspinne verfügen unter Wasser über einen größeren Luftvorrat, den sie beim Luftschöpfen an der Wasseroberfläche auf verschiedene Weise an sich binden: In den meisten Fällen hält ein dichter Besatz von wasserabstoßenden, gekrümmten Haaren und Borsten die Luftblase als dünne Schicht an der Körperunterseite – besonders am Hinterleib – fest. Andere luftatmende Wasserinsekten, wie Stabwanze und der Wasserskorpion, führen ihre Atemluft in paarigen, verlängerten Atemröhren am Körperende oder wie die Schwimmkäfer unter den Deckflügeln mit sich. Da der vom Tier verbrauchte Sauerstoff teilweise aus dem Wasser in solche Luftvorräte nachdiffundiert, können sich solche atmosphärische Luft atmenden Gliedertiere auch längere Zeit unter Wasser aufhalten, ohne ihren Luftvorrat immer wieder erneuern zu müssen. Man bezeichnet so mit Recht diese Art der Atmung unter Wasser als „physikalische Kieme".

Einige Luftatmer machen sich die im Inneren von Sprossen und Wurzeln des Schilfs und anderer Sumpfpflanzen reichlich vorhandene Luft (Luftgewebe, Aerenchym) zunutze. So bohrt die Larve der Stechmücke *Mansonia richiardi* im Gegensatz zu anderen an der Wasseroberfläche atmenden Stechmückenlarven solches Luftgewebe mit einem Bohrstachel an, in den Tracheenstämme münden. Ähnlich atmen die ca. 1 cm langen, wenig gegliederten und durchscheinenden Larven der Uferfliege *Notiphila*, die oft zu Dutzenden an Schilfwurzeln im sauerstofffreien Schlamm sitzt.

Insekten, die mit ihren Larvenstadien zur Wasseratmung übergegangen sind, besitzen zumeist sogenannte Tracheenkiemen, Körperanhänger, in denen sich das Tracheensystem der Tiere fein verästelt, um möglichst effektive Sauerstoffaufnahme zu gewährleisten. Solche Tracheenkiemen können blattförmig sein, wie bei vielen Eintagsfliegen (Ephemeroptera), büschel- oder fadenförmig, wie bei manchen Köcherfliegen (Trichoptera), oder einen dreiteiligen Schwanzfächer bilden, wie bei Kleinlibellen (Zygoptera, Odonata). Die freilebende Raupe des Wasserschmetterlings *Paraponyx stratiotata* ist überhaupt am ganzen Körper von büschelförmigen Tracheenkiemen wie mit einem Pelz eingehüllt. Großlibellen (Anisoptera, Odonata) wiederum haben sogenannte „Innere Tracheenkiemen", die nichts anderes sind als die erweiterte Wand des Enddarmes, in den Wasser ein- und ausgepumpt wird.

Eine besonders weitgehende Anpassung an die Wasseratmung lassen die Larven der Zuckmücken erkennen, bei denen die Tracheen mehr oder weniger rückgebildet sind, die Atmung durch die Haut erfolgt und vielfach durch in der Körperflüssigkeit gelöste Hämoglobine begünstigt wird. Unter den zahlreichen Arten des Schilfgürtels bei Rust kommen rund 15 in großer Individuendichte vor, deren Verteilung weitgehend vom Sauerstoffgehalt des Wassers abhängt: So leben in der sauerstoffreichen oberen Wasserschicht, hauptsächlich am Wasserschlauch und in schwimmenden Algenwatten, Larven meist kleinerer Arten mit gut entwickeltem Tracheensystem, jedoch ohne Hämoglobin. Sie wachsen dort bei den oft verhältnismäßig hohen Wassertemperaturen schnell heran und bringen mehrere Generationen im Jahr hervor.

In der mittleren und unteren Wasserschicht mit bereits deutlich geringerem Sauerstoffgehalt herrschen schon größere, zufolge Hämoglobingehaltes rote Arten vor, die vor allem an alten Halmstoppeln sitzen. Die Larven bauen sich hier Gespinströhren, in welchen sie mit wellenförmigen Körperbewegungen für den Durchstrom frischen Atemwassers sorgen.

Ebenfalls rote Arten der Feindetritusablagerungen und auf der Schlammoberfläche wie die charakteristische, dominante Art *Camptochironomus pallidivittatus* haben am vorletzten Segment zwei Paar schlauchförmige, dünnhäutige Anhänge zur Vergrößerung der dem Gasaustausch dienenden Oberfläche. Diese roten Formen des Schilfgürtels treten jährlich mit zwei Generationen auf, einer stärkeren Frühjahrs- und einer schwächeren Sommergeneration mit meist kleineren Mücken.

Die Zuckmückenlarven können beträchtliche Siedlungsdichten erreichen. Allein von den größeren roten Formen können im Frühjahr und Sommer bis zu 1000 Individuen auf 1 m² zur Verpuppungsreife heranwachsen. Da diese „Wasserinsekten" ebenso wie Stechmücken, Uferfliegen, Eintagsfliegen, Köcherfliegen, Libellen und andere kleinere Gruppen als Imagines das Wasser verlassen, trägt die Lebensgemeinschaft des Wassers so ganz wesentlich zu der des Luftraumes darüber bei, wie sich diese augenfällig in den riesigen Mückenschwärmen über dem Schilf äußert. Dabei gelingt es sogar nur einem Teil der sich verpuppenden Larven, ihre Entwicklung zu vollenden, ist doch der Schlüpfvorgang an der Wasseroberfläche eine der kompliziertesten Leistungen, die diese Tiere zu vollbringen haben, und daher mit einer hohen Unfallsrate verbunden.

Überhaupt ist die Wasseroberfläche als Grenzschicht zwischen den beiden Lebensräumen zugleich ein Ort intensiven Austausches: dem Schlüpfen der Wasserinsekten steht in umgekehrter Richtung deren Eiablage gegenüber. Wegen der geringen Wasserbewegung ist sie darüber hinaus Lebensraum einer spezialisierten Algen- und Bakteriengemeinschaft am Oberflächenhäutchen, dem sogenannten Neuston. Dieses stellt wieder die Nahrungsbasis für Tiere dar, welche entweder unter der Wasserfläche entlanggleiten, wie der „Kahnfahrer" *Scapholeberis (aurita* und *mucronata)* und der Muschelkrebs *Notodromas monacha,* oder aber sich auf der Oberfläche bewegen können, wie der kleine Kugelspringer *Sminthurides aquaticus* (Collembola). Auch die Uferfliege *Notiphila,* die in großen Mengen auf schwimmenden Pflanzenteilen sitzt, saugt das Neuston ab.

Die Ansammlung lebender und toter Insekten in diesem Bereich ermöglicht auch größeren Räubern eine dichte Besiedlung, wie dem Taumelkäfer *(Gyrinus),* der vor allem im Frühjahr halbaufgetaucht an der Oberfläche jagt, oder den bekannten, zu den Wanzen gehörenden Wasserläufern der Gattungen *Gerris* und *Microvelia.* Auch einige Spinnen, wie die Raubspinne *Dolomedes fimbriatus* und die Wolfsspinne *Pirata piraticus,* vermögen auf der Oberfläche zu laufen.

Eine noch größere Zahl von räuberischen Kleintieren besiedelt aber die Vegetation über Wasser. Neben verschiedenen Laufkäfern und Kurzflügelkäfern, ferner Marienkäfern und Schwebfliegenlarven in den Blattlauskolonien sind es vor allem die Spinnen, die mit 50 Arten aus 16 Familien diese ökologische Gruppe dominieren (NEMENZ 1967; PÜHRINGER 1972).

Die echten Radnetzspinnen (Aranaeidae) bauen als lauernde Räuber ihre Netze zwischen Blüten- und Fruchtständen der Halme. Die größte Art, *Araneus cornutus,* eine nahe Verwandte der Kreuzspinne, ist im ganzen Schilfgürtel häufig, besiedelt aber bevorzugt aufgelockerte Bestände in der landseitigen Randzone. Dagegen hält sich *Singa phragmiteti,* erstmals 1956 aus dem Gebiet von Neusiedl beschrieben, mehr in den dichten seeseitigen Beständen auf. Beide Arten legen ihre Eier im Frühjahr in Fruchtstände des vorjährigen Schilfes: Diese fest und dicht mit den Eikokons versponnenen Schilfwedel sind schon durch ihre gebogene Form leicht zu erkennen. Im Herbst klettern dann die zahlreichen Jungtiere der letzten Sommergeneration auf die Halmspitzen und werden von dort, an selbstgesponnenen Fäden hängend, durch den Wind in neue Wohngebiete vertragen („Altweibersommer").

Die Arten der ebenfalls netzbauenden und durch ihre mächtigen Kieferklauen (Cheliceren) ausgezeichneten Kieferspinnen (Tetragnathidae) mit ihrem häufigsten Vertreter *Arundognatha striata* sind durch ihre Ruhestellung auffällig: immer haben sie dann ihre Beine paarweise zusammengelegt und nach vorne und hinten ausgestreckt. Aktiv jagende Spinnen wie die Schilfspinnen (Clubionidae), Krabbenspinnen (Thomisidae) oder Springspinnen (Salticidae) überfallen ihre Beute im Lauf oder Sprung, nachdem sie zuvor regungslos in Lauerstellung gesessen haben. *Clubiona phragmitis* ist die häufigste Schilfspinne, und durch Tarnfärbung sowie Lebensweise dem Schilf ideal angepaßt. Da auch diese Arten nur in den Altschilfwedeln geeignete Brutplätze finden, ist es verständlich, daß bei großflächigem Schilfschnitt die Spinnenfauna weitgehend verdrängt wird.

In ungestörten Beständen kommen im Frühjahr ein bis zwei erwachsene Individuen von größeren Arten auf 1 m^2 vor. Die Population vertilgt im Jahr nach neueren Schätzungen rund 25% der kleinen Fluginsekten (PÜHRINGER 1972). Spinnen sind übrigens, wie auch andere räuberische Insekten, sehr gute Nahrungsverwerter. Mit einer Nutzungsrate von 50 bis 70% legen sie den größten Teil der aufgenommenen tierischen Nahrung wieder in eigener Körpersubstanz fest und sind damit in der Nahrungskette sehr ökonomische Vermittler zwischen den kleinen Detritusfressern einerseits und den größeren Fleischfressern, vor allem Vögeln, anderseits.

Ein sehr wirksamer Vertilger von Kleintieren ist schließlich der Wasserfrosch (*Rana esculenta*), der den Schilfgürtel in großer Zahl besiedelt und alles erbeutet, was in Nähe der Wasseroberfläche, darüber oder darunter, erreichbar ist. Noch mehr Arten von Froschlurchen wachsen im Schilfgürtel als Kaulquappen heran, die aber nach der Verwandlung verschiedene andere Aufenthaltsorte bevorzugen: der Laubfrosch (*Hyla arborea*) sitzt vorwiegend am Schilf, die Tieflandsunke (*Bombina bombina*) sucht seichte randliche Wasserstellen und Gräben auf, und die Knoblauchkröte (*Pelobates fuscus*) lebt tagsüber versteckt in den feuchten Vorschilfwiesen und geht, wie die meisten Kröten, nachts auf Beutefang. Auch die jungen Wasserfrösche pflegen nach der Verwandlung im Spätsommer größere Wanderungen in das Vorland zu unternehmen. In den landferneren Teilen des Schilfgürtels trifft man vor allem zwei- und mehrjährige Tiere. Hier liegen offenbar noch wenig bekannte Wanderungszyklen vor.

13. Die Planktontiere des schilffreien Sees – das Zooplankton

Im Vergleich zu der ungeheuren Mannigfaltigkeit der Kleintierwelt eines pflanzenbestandenen Kleingewässers und von Verlandungszonen, wie für den Schilfgürtel dargestellt, ist die tierische Besiedlung des offenen Sees eher als einförmig zu bezeichnen. Das Fehlen der durch die höheren Pflanzen gegebenen Raumstrukturierung und mikroklimatischen Unterschiede einerseits, Trübe und Turbulenz anderseits engen die Möglichkeiten tierischer Lebensformen erheblich ein. Zwei Bereiche lassen sich aber in jedem See unterscheiden: der Raum des freien Wassers, das sogenannte Pelagial, mit einer Lebensgemeinschaft aus mehr oder weniger ständig schwebenden oder schwimmenden Kleintieren, dem sogenannnten Zooplankton (neben dem bereits vorgestellten Phytoplankton), und der Boden des Gewässers, das Benthal, dessen tierische Besiedlung ganz anderen Gesetzen folgt (Kap. 14).

Die wichtigsten Tiergruppen, aus denen sich das Zooplankton im Binnenwasser zusammensetzt, sind Einzeller (Protozoen), Rädertiere (Rotatoria) sowie Kleinkrebse (Crustaceen), darunter vor allem Ruderfußkrebse (Copepoda) und Wasserflöhe (Cladocera). Weitaus mehr Tiergruppen und auch Größenklassen bilden hingegen das marine Plankton. Allen Planktontieren gemeinsam sind bestimmte Einrichtungen, die das Schweben im Wasser erleichtern bzw. ein allzu rasches Absinken verhindern. Einerseits sind dies Einschlüsse von spezifisch leichten Flüssigkeiten wie Öltröpfchen oder Gallerthüllen, anderseits sogenannte Schwebefortsätze verschiedenster Art.

Untersuchungen über das Zooplankton des Neusiedlersees liegen schon seit dem Beginn dieses Jahrhunderts vor, sind jedoch bis in die jüngste Zeit nur sehr spärlich durchgeführt worden. Die ersten Arbeiten beschäftigen sich hauptsächlich mit der Feststellung des Artenbestandes; seit einem halben Jahrhundert stehen jedoch auch Fragen der jahreszeitlichen Verteilung, Lebenszyklen und Häufigkeit des Zooplanktons zur Debatte (VARGA, ZAKOVSEK 1961). Waren 1929 Rädertiere und Kleinkrebse während der Sommermonate besonders zahlreich – eine im übrigen durchaus übliche Erscheinung –, so lagen 1932 die höchsten Individuenzahlen pro Volumseinheit im Herbst. 1939 waren offenkundig teilweise zufolge des niedrigen Wasserstandes (durchschnittlich 75 cm) sowohl Rädertiere als auch Kleinkrebse weniger zahlreich, 1950 bis 1952 aber wieder häufiger, doch lange nicht sosehr wie in den Jahren 1970 bis 1972, als erstmals mit Hilfe neuer Methoden eingehende Untersuchungen des Zooplanktons im gesamten österreichischen Seeteil im Rahmen des IBP durchgeführt wurden.

Diese spärlichen Daten sind zwar kaum geeignet, ein Bild der Zooplanktonentwicklung der letzten Jahrzehnte zu liefern, sie lassen aber sowohl dessen starke Schwankungen von Qualität und Quantität erkennen als auch gewisse Arten, die offenbar zum dauernden Bestand des Sees gehören.

Was die eben erwähnten Schwankungen anbelangt, so sind solche in flachen, starken Spiegel- und Salinitätsschwankungen unterworfenen astatischen Gewässern nicht selten, ja gehören gerade zu deren charakteristischen Eigenschaften. Im Gegensatz dazu neigen große, tiefe Seen zu außerordentlicher Beständigkeit ihres Planktons, solange sie nicht vom Menschen her beeinflußt sind. Von der Alge bis zu den Krebsen erhält sich dort die Artenliste über Hunderte von Jahren: Diese Seen haben gewissermaßen das Endstadium ihrer Entwicklung, das sogenannte Klimaxstadium erreicht, ein Eindringen neuer Arten in den Zooplanktonbestand ist weitgehend ausgeschlossen.

Im Neusiedlersee haben zweifellos klimatische, hydrochemische und hydrographische Ereignisse und Belastungen zu den häufigen Verschiebungen des Zooplanktons beigetragen. Sommerliche Wassertemperaturen bis zu 34° C, strenge Winter wie der schon erwähnte von 1928/29, extreme Seiches-Bewegungen des Wassers, besonders bei niedrigem Wasserstand, sind wohl die hauptsächlichen Faktoren, die sich negativ, ja katastrophal auf die Zooplanktonpopulationen auswirken. Zusätzlich aber kann die Trübe, bei gleichzeitig starker Turbulenz, zarthäutige Tiere wie den Wasserfloh *Diaphanosoma* mechanisch schädigen, und damit allein schon die Zusammensetzung der Arten beeinflussen.

Zunächst waren es die ungarischen Hydrobiologen DADAY und VARGA, die das Zooplankton des Neusiedlersees untersuchten. VARGA beschrieb in den Jahren 1918 bis 1934 130 Arten und 15 Varietäten von Rädertieren, von denen freilich ein Großteil nur im Schilfgürtel vorkommt. Nur zehn Arten sind für den offenen See charakteristisch und treten fast jedes Jahr zu bestimmten Zeiten auf. VARGA war es auch, der für den Neusiedlersee plötzlich auftauchende neue Rädertierarten mit Einschleppen durch verschiedene Wasservögel zu erklären versuchte. In jüngerer Zeit haben sich österreichische Zoologen mit den Kleinkrebsen im Plankton befaßt, die dann im Rahmen des IBP auf Populationsdynamik und Produktion hin analysiert wurden. Nun, diese Krebsfauna des offenen Sees ist relativ artenarm; vier Ruderfußkrebse und fünf Wasserflöhe kommen neben den erwähnten zehn Rädertieren und bisher noch kaum untersuchten Urtierchen (Protozoa, vor allem Ciliaten) im freien Wasser vor.

Aber auch von diesen neun Krebsen sind wieder nur zwei – eine Cladocere (*Diaphanosoma brachyurum*) und ein Copepode (*Arctodiaptomus spinosus*) – wirklich häufig, und das dürfte sich zumindest die letzten 25 Jahre hindurch so verhalten haben. Nur zu Zeiten niedriger Wasserstände und somit höherer Salinität scheint ein anderer Wasserfloh – *Moina rectirostris* – die Vorherrschaft anzutreten. Das war wohl während der dreißiger Jahre das letzte Mal der Fall.

Während die genannten Cladoceren eine außerordentlich weite Verbreitung haben, ist *Arctodiaptomus spinosus,* ein meist durch Carotinoide rot gefärbter Kleinkrebs von etwas mehr als 1 mm Länge, in Mitteleuropa nur im Neusiedlersee, im Seewinkel und in Ungarn, dann aber erst wieder in der Türkei, in Nordwestpersien und in Transkaukasien zu finden, da er lediglich in alkalischen Gewässern vorkommt. Dies ist nicht nur eine für die unter den heimischen Ruderfußkrebsen ungewöhnliche Verbreitung, sondern auch Lebensweise, da es Tiere, die auf Sodagewässer beschränkt sind, bloß in geringer Zahl gibt (vgl. Farbbildteil S. 68).

Das Zooplankton ist also ein außerordentlich wichtiges Bindeglied zwischen Algen und Bakterien einerseits und Fischen, vor allem Jungfischen anderseits. Wie Untersuchungen der jüngsten Zeit immer mehr erkennen lassen, spielen Bakterien und organischer Detritus eine nicht zu unterschätzende Rolle für Planktontiere, ja sind oftmals die ausschlaggebenden Ernährungskomponenten, wie zum Beispiel im Winter oder Frühjahr, wenn die planktischen Algen noch spärlich sind. Viele Planktontiere können sich zusätzlich von Organismen und organischem Material der Bodenoberfläche ernähren, ganz besonders gilt dies für die Cyclopiden (Hüpferlinge) unter den Copepoden.

Um quantitative Proben von Zooplankton zu entnehmen, bedarf es von See zu See verschiedener Methoden. Im einfachsten Fall genügt schon ein Planktonschließnetz, also ein Netz aus feiner Nylon- oder Perlongaze (Maschenweite je nach Bedarf 0,01–0,1 mm), das man in gewünschten Abständen öffnen und schließen kann, als ausreichendes Sammelgerät. Für quantitative Vergleiche sind aber speziell konstruierte Wasserschöpfer vorzuziehen, die zwischen einem und zehn Liter Wasser aus gewünschter Tiefe aufnehmen und zusätzlich geeignete Filtriervorrichtungen besitzen. Bei geringer Dichte des Zooplanktons können Pumpen geeignete Dienste leisten, mit denen eine größere Wassermenge gefiltert werden kann. Freilich ersetzt dies nicht eine hinreichende Anzahl von Probeentnahmen, um über die Verteilung der Planktontiere Aufschluß zu erhalten.

Nun sind aber Planktonorganismen nicht gleichmäßig im Wasservolumen eines Sees verteilt. Vielmehr verursachen schon allein periodische und aperiodische Wasserbewegungen Verdichtungen („Planktonwolken") und Verdünnungen dieser Freiwasserorganismen. Darüber hinaus können sie, ausgelöst durch Lichtverteilung, Temperaturschichtung und eine Reihe anderer Faktoren mit horizontalem und vertikalem Gefälle aktive Schwärme bilden. Überwiegt bei tiefen Seen unterschiedliche vertikale Verteilung des Planktons, so sind es in seichten, großen Seen horizontale

Unterschiede in der Anordnung der Organismen des freien Wassers, nicht zuletzt bedingt durch Windwirkung.

Es ist somit einzusehen, daß punktförmige Sammelstellen nur zu leicht ein gänzlich falsches Bild der Planktonverteilung und damit auch der gesamten Biomasse eines derartigen Sees vermitteln. Deshalb sind in solchen Fällen vielfach Sammelgeräte vorzuziehen, mit denen längere Profilstrecken eines Sees bearbeitet werden können. Sie bestehen aus einem Stahl- oder Kunststoffzylinder mit Planktonnetz und Durchflußmesser, der das filtrierte Wasservolumen registriert. Derartige Geräte können von einem Motorboot aus mit einer Geschwindigkeit von 15–30 km/h geschleppt werden. Diese Methode hat den Vorteil, daß die Filtration von Plankton über lange Profilstrecken hinweg ungleichmäßige Werte der Planktonverteilung gewissermaßen mittelt und ein umfangreiches Tiermaterial liefert, wie es für Zähl- und Gewichtsanalysen erforderlich ist.

Im Neusiedlersee wurden zumeist sechs bis zehn Querprofile (z. B. Podersdorf-Breitenbrunn, Illmitz-Mörbisch etc.) pro Entnahmetag abgefahren und damit Zugang zur gesamten Planktonmenge des österreichischen Seegebietes gewonnen. Die Filtriertiefe wurde zumeist mit 50–60 cm gewählt, da das Plankton im Sommer wegen der fast immer herrschenden Winddurchmischung des Wassers vertikal weitgehend gleichmäßig verteilt ist. Für die Zeit der winterlichen Eisbedeckung muß freilich auf diese Methode verzichtet und auf die Planktonpumpe zurückgegriffen werden. Zu dieser Zeit ist eine oft stark ausgeprägte vertikale Schichtung zu berücksichtigen: so befinden sich die adulten Copepoden zumeist nahe der Schlammoberfläche, die Jugendstadien dagegen im darüber befindlichen Wasserkörper.

Es wurde bereits dargestellt, daß sich das Zooplankton des Neusiedlersees aus einigen Rädertieren, vor allem aber aus zwei Kleinkrebsen zusammensetzt. Wegen ihrer geringen Größe ist der Anteil der Rädertiere an der Biomasse des Zooplanktons aber eher unbedeutend. Entsprechen doch allein dem Trockengewicht eines einzigen Wasserflohs *(Daphnia)* 300–500 Rädertiere. Die gesamte Biomasse von Wasserflöhen verhält sich zu der von Rädertieren wie 6 : 1.

Im Produktionszyklus spielen die Rädertiere wegen der Kurzlebigkeit der einzelnen Generationen (zehn bis fünfzehn Tage) aber eine bedeutende Rolle. Außerdem haben diese Tiere einen raschen Stoffwechsel und ernähren sich hauptsächlich von Nannoplankton (das ist Zwergplankton, Organismen kleiner als 0,02 mm). Dadurch stellen sie in der Nahrungskette ein wichtiges Bindeglied zwischen Nannoplankton, einschließlich der Bakterien, und carnivorem, das heißt fleischfressendem, Zooplankton dar. Überdies können viele Rädertiere auch vorhandenen organischen Feindetritus verwerten, also weitgehend von Algen unabhängig existieren.

Die Bevölkerungsdichte der Rädertiere hängt wie die der Krebse vom Nahrungsangebot und der Temperatur des Gewässers ab und beträgt im Neusiedlersee gegenwärtig (1970–1972), ähnlich wie schon vor 20 Jahren, etwa 300–800 Tiere pro Liter, im Winter dagegen maximal 100. Ganz allgemein entspricht diese Individuendichte dem oligotrophen Seetypus, während im sogenannten eutrophen See dieser Wert zwischen 1000 und 2000 liegt. Im Neusiedlersee sind jedoch nicht allein

Nahrungsangebot und Temperatur, sondern auch windbedingte Turbulenz und Trübe für die relativ niedrigen Bevölkerungszahlen der Rädertiere verantwortlich. Insgesamt ist unsere Kenntnis der Biologie der Rädertiere im Neusiedlersee noch recht gering, und es wird noch viel Arbeit erforderlich sein, um die Funktion dieser Tiere innerhalb der Nahrungskette des Neusiedlersees quantitativ beschreiben zu können.

Viel mehr ist derzeit schon von dem Hüpferling *Arctodiaptomus spinosus* im Neusiedlersee bekannt, der sich durch seine Vorliebe für alkalische Gewässer auszeichnet. Dieses Tier kann, wie unsere Untersuchungen im Labor gezeigt haben (HERZIG 1973), relativ hohe Alkalinitätswerte bis zu 500 mval/l nicht nur gut ertragen, sondern ist unterhalb dieser Grenze sogar noch voll fortpflanzungsfähig. Da solche Alkalinitätswerte in den seichten Gewässern des Seewinkels kaum je überschritten werden, sind diese Krebse dort oft in gewaltigen Volksdichten mit bis zu 1000 Individuen pro Liter anzutreffen.

Dieser Krebs bringt – wieder in Abhängigkeit von Wassertemperaturen und Ernährungsgrundlage – vier bis fünf Generationen im Verlauf eines Jahres hervor, wobei ständig geschlechtsreife Tiere vorhanden sind. Die Populationsdichte beträgt im Sommer 100–400 Tiere pro Liter (darunter 50–60 Adulte) und sinkt im Winter auf 2–60 Tiere aller Altersstufen pro Liter.

Der zweite häufige Krebs des Neusiedlersees, der Wasserfloh *Diaphanosoma brachyurum* ist in Österreich fast in allen Seen mit Ausnahme jener in Lagen über 700–1000 m Seehöhe anzutreffen. Das hängt mit seiner Vorliebe für warmes Wasser zusammen. Die Art kommt deshalb auch in unserem Klimabereich nur im Sommer vor. Im Gegensatz zu *Arctodiaptomus* mit zweigeschlechtlicher Fortpflanzung vermehrt sich *Diaphanosoma* den ganzen Sommer über mittels unbefruchteter Eier. Diese Art der Fortpflanzung, die sogenannte Parthenogenese oder Jungfernzeugung, ist bei Cladoceren häufig, oft sogar ausschließlich zu beobachten. Im Neusiedlersee treten erst im Herbst Männchen auf, und die von ihnen befruchteten Eier werden als sogenannte Dauereier ausgebildet und sinken zu Boden. Dieses Dauerstadium mit Stillstand jeder Entwicklung dient zur Überwinterung, und erst im folgenden Frühjahr und bei Temperaturen um 7^0 C beginnen aus diesen Eiern die Tiere zu schlüpfen, die wieder durchwegs Weibchen sind.

Als ausgesprochener Bewohner des Süßwassers verträgt dieser Krebs nur Salzkonzentrationen bis zu 4‰, findet somit im Neusiedlersee, nicht zuletzt wegen der hohen sommerlichen Erwärmung, recht günstige Lebensbedingungen. Wie *Arctodiaptomus* auf die Freiwasserzone beschränkt, ist *Diaphanosoma* ein Filtrierer von Nannoplankton, Bakterien und Feindetritus. In den Jahren 1970–1972 lag das Volksdichte-Maximum dieser Krebse bei Temperaturen von 15–23^0 C zwischen 175 und 310 Tieren pro Liter. Im Vergleich zu der ersten Untersuchungsperiode 1950–1952 mit nur elf Individuen pro Liter sind dies hohe Werte, die offenbar auf bessere klimatische und nahrungsmäßige Bedingungen hindeuten.

Im Verlauf des November, spätestens Dezember, bei Seetemperaturen von 5–8^0 C, verschwindet dann *Diaphanosoma* völlig aus dem Zooplankton. Zu entscheidendem Rückgang der Population kann es bei *Diaphanosoma* aber auch durch starke Turbulenz des Wassers und Verklumpung mit Detritus kommen, neben Fischfraß im

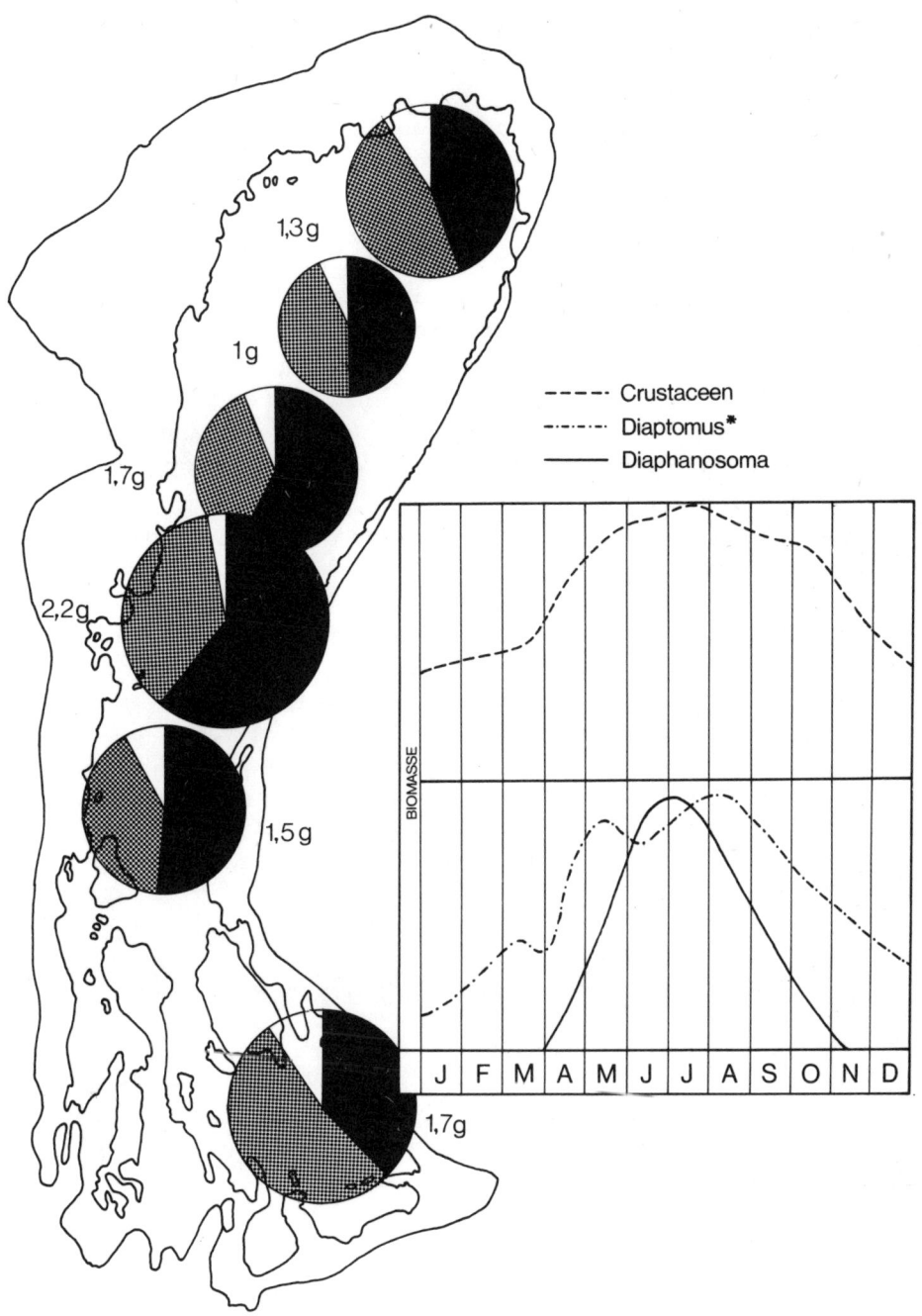

Abb. 22: VERTEILUNG DER BIOMASSE DES GESAMTEN KREBSPLANKTONS IM AUGUST
UND JAHRESGANG DER BIOMASSE

Kreisausschnitte: schwarz – Diaptomus; punktiert – Diaphanosoma; weiß – übrige Crustaceen;
Biomassezahlen zu den Kreisen in g Trockengewicht/m³   * Diaptomus = Arctodiaptomus

Neusiedlersee die häufigste Todesursache dieser Art. So konnte gezeigt werden, daß bei Windstärken über 30 km/h zehn und mehr Prozent des Bestandes von *Diaphanosoma* vernichtet werden. Magenanalysen an Güster und Laube haben ferner gezeigt, daß zur Zeit der maximalen Volksdichte in den Frühsommermonaten bei 90–100% der genannten Fische *Diaphanosoma* im Magen zu finden ist.

Mit den angegebenen Bevölkerungsdichten des Crustaceenplanktons liegt der Neusiedlersee deutlich im Spitzenfeld der Seen gemäßigter Zonen (vgl. Tab. 3–5). Diese große auftretende Biomasse – im Sommer bis 2 g Trockengewicht pro m³ (vgl. Abb. 22), bis 400 Tonnen im gesamten freien See – läßt bereits auf eine hohe Produktion dieser Tiergemeinschaft schließen. Sie wurde für die beiden beschriebenen vorherrschenden Arten anhand der Bestimmungsgrößen, Vermehrungsrate, Wachstumsgeschwindigkeit und Mortalitätsrate berechnet und betrug danach im Mittel der Jahre 1970–1972 für das Crustaceenplankton insgesamt jährlich 8,3 g Trockengewicht pro Kubikmeter oder rund 1830 Tonnen im ganzen See (HERZIG 1974).

Erst diese Zahlen lassen die wirkliche mengenmäßige Bedeutung dieser kleinen Tiere im Stoffumsatz des ganzen Ökosystems See erkennen. Bezieht man die Jahresproduktion nämlich auf die mittlere Biomasse pro Jahr (hier rund 0,6 g pro Kubikmeter), so sieht man, daß sie beinahe das 14fache dieser mittleren Biomasse, also des im Mittel vorhandenen Bestandes, ausmacht. Dieses Verhältnis nennt man auch „Bevölkerungsumwälzrate" (population turnover rate), weil es – grob gesagt – zugleich angibt, wie oft sich die Bevölkerung erneuert. Dieser Wert ist hier viel höher als etwa bei den besprochenen Insekten oder Schnecken des Schilfgürtels, deren Umwälzraten zwischen zwei und sechs liegen. Je kleiner die Organismen sind, desto größer sind im allgemeinen ihre Erneuerungsraten zufolge rascher Generationsfolge,

Tab. 3: Individuendichten des Crustaceenplanktons pro m³

See	Längsee (Österreich)	Klopeinersee (Österreich)	Wörthersee (Österreich)	Neusiedlersee (Österreich)	Tjeukemeer (Niederlande)	Punnus Yarvi (UdSSR/ Lappland)
Durchschnittl. Tiefe (m)	0—12	0—35	0—50	1,3	1,5	6,6
Frühjahr	28 800	35 790	2 300	243 700	74 060	17 000—51 000
Sommer		165 700		298 400	313 520	87 000
Herbst				148 300	96 880	70 000—7 000
Winter				29 800	2 000	4000

Tab. 4: Produktion des Crustaceenplanktons in verschiedenartigen Seen

See	Breitegrad	Seehöhe (m)	Durchschnittl. Tiefe (m)	Fläche (km²)	Jahresprod. (g Trgw/m³)
Clear Lake (Kanada)	45	369	12,5	0,9	3,1
Lago Maggiore (Italien, Ispra-Bucht)	46	196	0—50		0,3
Vierwaldstättersee (Schweiz, Gersauerbecken)	47	437	0—50		0,1
Greifensee (Schweiz)	47	435	19,0	8,4	2,5
Neusiedlersee (Österreich)	48	115	1,3	170,0	8,3
See 239 (Kanada)	49	370	10,5	0,5	0,2
Tjeukemeer (Niederlande)	53	—1	1,5	21,0	6,3
Mikolajskie (Polen)	54	118	11,0	4,6	8,5
Flosek (Polen)	54	118	3,0	0,04	29,2
Baikal (UdSSR)	54	455	0—50	31 510,0	7,8
Krivoe (UdSSR/Lappl.)	Polarkreis	6	12,0	0,5	0,3
Krugloe (UdSSR/Lappl.)	Polarkreis	< 100	1,5	0,1	1,4
Punnus Yarvi	Polarkreis	< 100	6,6	9,1	2,5

Tab. 5: Biomassen des Crustaceenplanktons in mg Trockengewicht pro m²

See	Lago Maggiore (Italien)	Erlaufsee (Österreich)	Neusiedler See (Österreich)	Tjeukemeer (Niederlande)	Punnus Yarvi (UdSSR/Lappland)
Durchschnittl. Tiefe (m)	0—50	21,2	1,3	1,5	6,6
Fläche (km²)	212	0,58	170	21	9,13
Frühjahr	14	20	716	204	30—50
Sommer	35	100	1180	517	100
Herbst	13	50	646	153	200—30
Winter	11	30	100	2	10

intensiven Stoffwechsels und kurzer Lebensdauer. Deswegen ist es so wichtig, bei quantitativen Ökosystemstudien gerade die kleinsten Tiere genau zu analysieren.

Abschließend soll noch ein Vergleich mit anderen Seen verschiedener Beckengestalt und geographischer Lage angestellt werden (vgl. Tab. 4): Seichte Seen wie der Neusiedlersee haben ähnlich wie zum Beispiel eutrophe polnische Seen eine relativ hohe Zooplankton-Produktion: Ist diese bei den fraglichen polnischen Seen durch Nährstoffreichtum bedingt, so leisten dies bei den seichten Seen die fast ständige Durchmischung der Wassermasse und die gleichförmige Erwärmung des gesamten Wasserkörpers. Im Gegensatz dazu liegen die Produktionswerte in Alpenseen, vielfach auch Voralpenseen und besonders subpolaren Gewässern, zufolge tiefer Temperaturen niedrig. Daß freilich Ereignisse wie sturmbedingte starke Trübe, lange Eisbedeckung oder extrem niedrige Pegelstände mit ihren Folgen die Produktion im Neusiedlersee radikal drosseln können, wurde bereits mehrfach hervorgehoben.

14. Tiere des Seebodens – das Benthal

In jedem See wird ein Teil der Planktonproduktion schließlich als Detritus auf dem Boden sedimentiert und bildet sodann – zusammen mit anderem eingeschwemmten organischen Material und etwaigem Algenbewuchs – die Nahrungsgrundlage für die bodenbewohnende Tierwelt, das sogenannte Zoobenthos.

Ähnlich wie die bereits für den Schilfgürtel vorgestellte detritusfressende Mikrofauna mit ihren komplizierten Nahrungsbeziehungen (vgl. Kap. 12) setzt sich das Benthos vorwiegend aus Einzellern (Protozoen) – vor allem beschalten Amöben und Wimpertieren –, Fadenwürmern (Nematoden), Rädertieren (Rotarien), Bärtierchen (Tardigraden), Muschelkrebsen (Ostrakoden) und Cladoceren aus den Familien der Chydoriden und Macrothriciden zusammen, alles sehr kleinen Formen im Größenbereich von 1 mm und darunter. Demgegenüber sind die meisten größeren Wassertiere, die den Schilfgürtel, aber auch in ähnlicher Zusammensetzung, wenngleich geringeren Individuendichten, die Makrophytenbestände bevölkern, am Seeboden nicht zu finden. Nur die Larven von Zuckmücken (Chironomiden), die mit weit über tausend bekannten Arten in allen Binnengewässern die wichtigsten Bodenbewohner darstellen, besiedeln mit mehreren Arten auch den Schlammboden des Neusiedlersees und können dort an Biomasse alle anderen Tiere zusammen übertreffen. Eine weitere, oft häufige Gruppe von Bodentieren sind die den Regenwürmern verwandten Röhrenwürmer (Tubificiden), die zwar kleiner sind als jene (bis zu 50 mm lang und 1–2 mm dick), deren Funktion als Schlammfresser in aquatischen Böden aber jener der Regenwürmer in Landböden entspricht; beide tragen wesentlich zur Auflockerung und Belüftung des Bodens bei. Chironomiden und Tubificiden sind wichtige Fischnahrung und auch im Aquarienhandel als Fischfutter („Chironomus" und „Tubifex") gebräuchlich.

Noch größere Tiere sind erst jüngst in zunehmender Zahl festzustellen wie etwa der Flußkrebs *Astacus leptodactylus*. Auch Muscheln waren bis vor kurzem auf der

Seebodenfläche unbekannt. Erst in den letzten Jahren scheinen die große Teichmuschel *(Anodonta cygnea)* und die Dreikantmuschel *(Dreissena polymorpha)*
eingewandert zu sein (HACKER und HERZIG 1970). Im Gegensatz zur selteneren
Teichmuschel kommt die Dreikantmuschel regelmäßig an den bodennahen Stengeln
der Wasserpflanzen, vor allem in Ufernähe, vor. Sie wird auch Wandermuschel
genannt, weil sie sich seit etwa 150 Jahren vom Aralo-Kaspischen Raum her
explosionsartig in zahlreiche europäische Flußsysteme und Seen ausgebreitet hat. So
gelangte sie nach 1930 in den Plattensee, 1963 in den Genfer, 1966 in den Boden- und
1969 in den Zürichsee (PAGET 1966). Im Bodensee hatte ihre Einwanderung sogar eine
Umstellung der Nahrungsgewohnheiten von Bleßhuhn und Enten sowie eine
Zunahme der Entenpopulationen zur Folge. Offenbar reichen aber die natürlichen
Feinde dieser Muschel, zu denen außer den genannten Wasservögeln auch noch
Fische, vor allem das Rotauge, gehören, nicht aus, um ihrer rasanten Entwicklung
entgegenzuwirken. In einem neubesiedelten Gewässer folgt aber nach einer anfängli-
chen Phase starker Vermehrung meist von selbst ein Rückgang, teilweise zufolge von
Nahrungskonkurrenz innerhalb der Art. Wie die bisherigen Beobachtungen im
Neusiedlersee zeigen, ist hier aber mit keiner explosionsartigen Vermehrung zu
rechnen, wohl nicht zuletzt deshalb, weil die notwendigen festen Anheftungsflächen,
andernorts vorwiegend Felsen, Geröll und angetriebenes Holz, hier nur in
beschränktem Maß gegeben sind.

Lebensweise und kleinräumige Einnischung der Schlammfauna werden vom
bereits erwähnten Nahrungsangebot, von der mechanischen Beschaffenheit des
Schlammes und der Struktur seines Lückenraumes, ganz besonders aber vom
Sauerstoffangebot bestimmt. Während der freie Wasserraum – abgesehen von
schilfnahen Zonen während Eisbedeckung – gut durchlüftet ist, liegt im Schlamm
zufolge bakterieller Zehrungsprozesse die Sauerstoffgrenze selbst zu Zeiten starker
Wasserdurchmischung nur wenige Millimeter unterhalb der Sedimentoberfläche. Die
überwiegende Zahl der Bodenbewohner, vor allem der kleineren, lebt daher an der
Schlammoberfläche, im Algenbewuchs oder nur wenig darunter. Viele Arten unter
ihnen sind nicht einmal streng an ihr Substrat, d. h. eine Unterlage oder ein sie
umgebendes festes Medium gebunden: zahlreiche bodenbewohnende Rädertiere und
Kleinkrebse kommen auch im Aufwuchs von Wasserpflanzen oder zeitweilig sogar
freischwimmend vor; überhaupt ist die Grenze zwischen Plankton und Benthos in
einem so seichten und windexponierten Gewässer nicht scharf zu ziehen. Die
meisten Arten der bodenbewohnenden Amöben, Fadenwürmer, Bärtierchen,
Muschelkrebse, ja selbst bestimmte Wasserflöhe und Rädertiere sind aber nur
begrenzt oder überhaupt nicht schwimmfähig: so bewegt sich *Paradicranophorus
sudzukii*, eine bisher nur aus dem Neusiedlersee bekannte Rädertierart, nur mittels
peristaltischer (wurmartiger) Körperbewegungen im Schlamm fort (DONNER 1968).

Die tieferen, sauerstofffreien Schlammschichten können nur von Tieren besiedelt
werden, die entweder zu anaerober Lebensweise befähigt sind (vgl. Kapitel 12),
wie dies für die im engen Lückensystem größerer Schlammtiefen lebende Nemato-
den-Art *Tobrilus gracilis* zutreffen dürfte (SCHIEMER und DUCAN 1974), oder die
durch langgestreckte Körpergestalt wie Tubificiden bzw. durch selbstgegrabene
Gangsysteme wie Chironomiden mit der Schlammoberfläche in Verbindung bleiben.

So stecken die Röhrenwürmer mit ihrem Vorderende oft mehrere Zentimeter tief im Schlamm, während das Hinterende aus der Röhre herausragt und im Wasser pendelnde Bewegungen ausführt und dabei – unterstützt durch den Besitz roten Blutfarbstoffes – Sauerstoff aufnehmen kann. Bestimmte Arten von Chironomiden leben am Grunde u-förmiger Bohrgänge im Schlamm und saugen durch wellenförmige Körperbewegungen frisches Wasser samt Nahrungspartikeln an. *Chironomus plumosus*, die große rote Zuckmückenlarve, filtriert dann solche Nahrungspartikel, hauptsächlich frisch sedimentierter Detritus, mittels trichterförmiger Gespinstnetze aus Speicheldrüsensekret, die schließlich samt den eingefangenen Nahrungspartikeln gefressen werden. Einige Chironomidenarten leben aber auch frei auf der Schlammoberfläche, zum Teil von Detritus und Bodenalgen, vorwiegend aber räuberisch von Kleinkrebsen, besonders Muschelkrebsen.

Überhaupt sind die Chironomidenlarven, aber auch andere Bodentiere, mit ihren von Art zu Art unterschiedlichen Ansprüchen an Nahrung, Temperatur, Sauerstoff und andere Faktoren, gute Anzeiger, sog. Indikatorarten, für bestimmte Umweltbedingungen ihres Lebensraumes und für den allgemeinen ökologischen Zustand, damit auch für den Eutrophierungsgrad eines Gewässers. Schon in der Frühzeit limnologischer Forschung war bekannt, daß das Vorkommen großer roter Chironomidenlarven in der Tiefe von Seen ein guter Hinweis für hohe Algenproduktion und zeitweiligen Sauerstoffschwund ist, während kleinere Chironomiden mit geringerem Hämoglobingehalt als Charakterformen nährstoffarmer Seen auftreten (THIENEMANN 1922). Eine Charakterisierung des Neusiedlersees ist nach diesem Schema allerdings zufolge seiner geringen Tiefe und abweichenden chemischen Eigenschaften nicht ohne weiteres möglich, doch liefern größere Volksdichten von *Chironomus plumosus* ziemlich sichere Hinweise für Belastungen von einzelnen uferwärts gelegenen Seeteilen durch Abwässer. Im übrigen treten wärmeliebende, vielfach aus den Tropen bekannte Arten sowie Brackwasserformen, wie unter anderem das Rädertier *Rotaria laticeps* und der Nematode *Theristus flevensis*, als Leitformen auf.

Die großräumige Verteilung der Benthalfauna des Neusiedlersees läßt eine deutliche Gliederung in drei Zonen erkennen (SCHIEMER et al., 1969): In der unmittelbaren Schilfrandzone und in windgeschützten Schilfbuchten mit Anhäufung von Weichschlamm hohen organischen Gehalts lebt die arten- und individuenreichste Tiergemeinschaft, die alle eingangs erwähnten Tiergruppen umfaßt. Die seewärts anschließende Zone der Laichkrautbestände, ebenfalls durch eine reichliche Weichschlammauflage begünstigt, wird von einer bereits einförmigeren Gemeinschaft besiedelt, die im wesentlichen aus einer Chironomidenart und wenigen Arten von Nematoden besteht. Schließlich folgt als dritte Zone der größte Teil des Seebodens ohne Weichschlammauflage mit einer arten- und individuenarmen Fauna. Die Verteilung der Fauna des Seebodens widerspiegelt also abermals die Strömungsverhältnisse, die die Verteilung der für die tierische Besiedlung maßgeblichen Schlammauflagen bestimmen.

Wie in Kap. 15 angeführt, sind viele Massenfische wie Kaulbarsch, Güster, Brachse, ferner die Jugendstadien vom Zander, vorwiegend auf die beschriebene Bodenfauna als Nahrung angewiesen. Die Bodenfauna stellt nur einen geringen Prozentsatz der Gesamtbiomasse der Kleintiere des offenen Sees dar: So beträgt das

Verhältnis von Zooplankton zu Zoobenthos etwa 5–10 : 1. In schilfnahen Bereichen erreicht die Biomasse 0,2–0,3 g Trockengewicht pro Quadratmeter. Doch sind auch diese Werte im Vergleich mit anderen Seen recht gering. Der eben angeführte Wert für das Trockengewicht entspricht Volksdichten von 5000 Chironomiden und 200.000 Nematoden pro Quadratmeter Bodenfläche, wobei letztere hinsichtlich des Gewichtes eine nur untergeordnete Rolle spielen. Die Jahresproduktion dieser als Fischnahrung wichtigen Tiere, besonders der Chironomiden, beläuft sich in dicht-besiedelten Zonen auf bis zu ca. 2 g Trockengewicht pro Quadratmeter. Damit be-trägt das Verhältnis Jahresproduktion : Biomasse 5–10 und ist im Vergleich zu anderen Seen, aber auch im Vergleich zum Schilfgürtel hoch und hängt zweifellos mit den günstigen Sauerstoff- und Temperaturbedingungen im See zusammen. Diese dürften auch Ursache für das verhältnismäßig rasche Wachstum einzelner Bodentierarten sein: So hat *Chironomus plumosus* pro Jahr zwei bis drei Generationen, nämlich eine Wintergeneration und ein bis zwei Sommergenerationen. Kleinere, räuberische Arten haben sogar vier und mehr Generationen. Wegen der durchschnittlich geringen Volksdichten ist aber die flächenbezogene Produktion der Bodenfauna trotzdem klein.

15. Fische und Fischerei

Der Fischfang gehört, ebenso wie die Jagd, zu den ältesten Formen menschlichen Nahrungserwerbs: das beweisen nicht nur frühzeitliche Höhlenzeichnungen, son-dern auch Funde von Fanggeräten aus ältester Zeit, die zum Teil noch heute von Naturvölkern verwendet werden.

Mit der steigenden Bevölkerungsdichte während des Mittelalters gewann die Binnenfischerei – in Ostasien längst wichtiger Ernährungsfaktor – auch in Mittel-europa größere Bedeutung. So lassen Pachturkunden aus dieser Zeit erkennen, daß das Recht zur Ausübung der Fischerei zumeist in den Händen der Landesherren, also auch der Klöster lag, und von diesen zu oft erheblichen Summen verpachtet wurde. Damals spielten die Süßwasserfische als eiweißreiches Nahrungsmittel eine weitaus bedeutendere Rolle, als es gegenwärtig der Fall ist. Besonders wird dies auch durch das Fischereibuch Maximilians I. belegt, wonach damals in mehreren Seen Tirols Seesaiblinge *(Salvelinus alpinus L.)* ausgesetzt wurden: Dies freilich hauptsächlich, um dem Jagdgefolge des Kaisers zusätzliche Ernährung zu beschaffen.

Mit zunehmender Industrialisierung begann dann der Fischbestand in Wildwäs-sern zufolge zunehmender Abwasserbelastung immer mehr zurückzugehen. Die Donau, einstmals wohl einer der fischreichsten Ströme des Kontinents mit rund 100 verschiedenen Arten, ist sichtbarer Ausdruck für diesen Schwund an Arten und Individuendichte.

Der Neusiedlersee wird seit mehreren Jahrhunderten fischereilich genützt, Nach-richten darüber liegen zumindest seit Mitte des 16. Jahrhunderts vor, sind jedoch bis zu Ende des vorigen Jahrhunderts (PERNT 1894) insgesamt spärlich (J. RODICZKY,

Salamon PETENYI, Manuskript über die Fische Ungarns). Für einen Großteil der Uferbevölkerung mag Fischerei zeitweise – sieht man von der Viehzucht am Ostufer ab – den hauptsächlichen Broterwerb bedeutet haben.

Bevor hier über die Technik des Fischfangs im Neusiedlersee berichtet werden soll, sei daran erinnert, daß ganz allgemein zwischen aktiver (Zugnetze, Elektrofischerei) und passiver Fangmethodik (Fischfallen, Angelleinen, Stell-Spiegelnetze, Reusen) zu unterscheiden ist. Gerade der passiven Art des Fischfangs kommt im Neusiedlersee die größte Bedeutung zu, ist doch seit eh und je fast ausschließlich die Reusenfischerei in diesem Gebiet betrieben worden.

Die ursprüngliche Reusenart war die sogenannte Gade, eine ortsfeste, aus Schilfrohr gefertigte Reuse. Dazu wurden Rohrmatten ähnlich den im Baugewerbe verwendeten senkrecht und in Form ein- oder mehrfach gekammerter Reusen im Wasser aufgestellt. Der Grundriß entsprach einer einfachen oder einer Doppelsechs. Die Gade kam vor allem im freien Wasser nahe dem Schilfgürtel zum Einsatz. Leitzäune aus Schilfrohr dienten zusätzlich dazu, die Fische zur Reusenöffnung zu leiten. Die beschriebene Fangeinrichtung lieferte, wie auch besonders zu ganzen Reusensystemen zusammengefaßte Gaden, ausgezeichnete Fangergebnisse (GEYER und MANN 1939).

In jüngerer und jüngster Zeit setzten sich maschinelle Herstellung von Netzen und schließlich Kunststoffgarne und -netze und damit die Umstellung von Gaden auf Netzreusen durch. Netzreusen haben im allgemeinen eine langgestreckte, schmale Form bei meist rundem Querschnitt und sind mehrfach gekammert. Im Gegensatz zu Reusen, wie sie in österreichischen Alpenseen und Voralpenseen verwendet werden, haben die Reusen im Neusiedlersee nur ein „Leitgarn" (Leitnetz), das die Fische zur Reusenöffnung führt.

Auch hier werden die Reusen in Schilfrandnähe und im Schilfgürtel selbst ausgelegt. Vielfach sind es bis zu 30 Reusen, deren Leitnetze derart angeordnet sind, daß große Schilfareale abgesperrt und damit die Fische gezwungen werden, entlang der Leitnetze in die Reusen zu schwimmen.

In den letzten Jahren kommen nun im Neusiedlersee auch Kiemenstellnetze immer mehr zum Einsatz. Ihre gute Fängigkeit wird einerseits durch die Trübe des Neusiedlersees, anderseits durch die an sich geringe Sichtbarkeit der dauerhaften und wartungsarmen Perlon-Monofilamente garantiert. Kiemennetze bestehen aus einer einfachen Netzwand, in der sich Fische mit Kiemen, Flossen oder Schuppen verfangen.

Das dreifache Setz- oder Spiegelnetz wird hingegen wenig verwendet: Aus einem losen, engmaschigen Netz (Innenblatt) bestehend, ist es von zwei grobmaschigen sogenannten „Spiegeln" umhüllt. Beim Versuch, dieses Netz zu durchschwimmen, zieht der Fisch das Gewebe des engmaschigen Innengarns durch die weitmaschige Umhüllung und fängt sich in der so entstehenden Netztasche.

Es gelangen aber auch Zugnetze als aktive Fanggeräte zum Einsatz: im Neusiedlersee vorwiegend Netzkörper bis zu 600 m Länge, bei einer Höhe bis zu 4 m und einer Maschenweite von rund 40 mm. Ein solches Netz wird von zwei Booten aus U-förmig ausgelegt, einige Zeit offen gezogen, schließlich geschlossen und über Schwimm- und Bleileine eingeholt.

Zugnetze werden hauptsächlich im Spätherbst, mit größtem Erfolg aber bei beginnender Eisbildung – dem sogenannten Scherbeneis – eingesetzt. Die Ausbeute eines einzigen Netzzuges kann dann bis zu 1200 kg betragen (STUNDL 1947). Herbstliche und winterliche Zugnetzfischerei sind auf die Lebensweise des Karpfens abgestimmt, der im Herbst aus Rohrlachen und Kanälen des Schilfgebietes in den freien See zieht, um dort zu überwintern. Die verhältnismäßig tiefen Wassertemperaturen und die daraus folgende herabgesetzte Aktivität des Karpfens während dieser Jahresabschnitte begünstigen seinen Fang.

Abgesehen von dieser relativ kurzen Periode der Zugnetzfischerei, steht aber im Neusiedlersee die Reusenfischerei bei weitem im Vordergrund. Dafür spricht schon der Anstieg der Reusenzahl innerhalb der letzten Jahrzehnte. Waren es 1941 rund 6000, 1959 sogar nur 4000 Reusen (SAUERZOPF und HOFBAUER 1959), so liegt dieser Wert derzeit zwischen ca. 15.000 und 20.000.

Mit der Austrocknung des Neusiedlersees im letzten Jahrhundert muß wohl auch der größte Teil der zuvor im See lebenden Arten verschwunden sein. Künstliche Wiederbesiedlung, Einwanderung aus der Wulka und vielleicht auch dem Rabnitz-System resultierten schließlich im gegenwärtigen Artenspektrum. Wieweit dieses sich im Verlauf der letzten hundert Jahre verschoben und verändert hat, kann kaum festgestellt werden. Jedenfalls sind in unserer nun vorgelegten Artenliste rund ein Drittel als selten, ja vielleicht als bereits aus dem See verschwunden anzusehen. Manche der Fische wie der Hundsfisch und die Aalrutte sind wahrscheinlich während der letzten Seephase im See überhaupt nicht vorgekommen (vgl. Tab. 6).

Von diesen Arten sind zunächst Aitel (Döbel), Barbe, Rutte (Aalquappe), Schmerle und Steinbeißer sowie der Donaufisch Sichling als Fließwasserbewohner bestenfalls im Mündungsgebiet von Zuflüssen des Neusiedlersees anzutreffen; Barbe und Rutte sind offenbar überhaupt auf den ungarischen Teil des Einzugsgebietes beschränkt (VARGA und MIKA 1937). Der Sichling wurde das letztemal 1917 festgestellt und gelangte wahrscheinlich über den Einserkanal in den See (VARGA und MIKA 1937).

Selten bzw. im See überhaupt nicht vorkommend sind Hundsfisch, Gründling, Meergrundel, Moderlieschen und Nerfling (Aland, im Gebiet auch „Paden"). Erste Angaben über den 9 cm langen Hundsfisch stammen von HECKEL und KNER (1858). MIKA und BREUER (1928) sowie VARGA und MIKA (1937) und alle späteren Autoren stellen jedoch fest, daß die Art im See nicht vorkommt; möglicherweise war sie auf östlich vom See gelegene Flachmoore beschränkt. Gründling und Nerfling sind beide schon seit längerer Zeit nicht mehr gefangen worden. Ersterer ist ein Bewohner der Schilflachen, letzterer eine Art des offenen Wassers gewesen. Auch die erstmals 1928 (MIKA und BREUER) für den See beschriebene Meergrundel ist seit 1957 (BAUER und SCHUBERT) in keinem Fang mehr aufgetaucht. Schließlich ist das Moderlieschen, oft mit Lauben vergesellschaftet, entweder gegenwärtig auf den ungarischen Seeteil beschränkt oder kommt im See derzeit überhaupt nicht vor.

Auch der bis 1928 sehr häufige Flußbarsch ist im Rückgang, was wegen Kleinwüchsigkeit des Fisches im See und dessen Brut- bzw. Laichräubertum von den Berufsfischern begrüßt wird.

Alle bisher genannten Arten sind für den Fischhandel kaum von Interesse. Das

Tab. 6: Liste der im See vorkommenden Fischarten

Esocidae   Hechte
1. *Esox lucius* L.   Hecht

Umbridae   Hundsfische
2. *Umbra krameri* WALBAUM   Hundsfisch *

Anguillidae   Aale
3. *Anguilla anguilla* L.   Aal

Cyprinidae   Kapfenartige
Abraminae   Brachsenkarpfen
4. *Abramis brama* (L.)   Brachse
5. *Alburnus alburnus* (L.)   Laube
6. *Aspius aspius* (L.)   Schied, Rapfen
7. *Blicca björkna* (L.)   Güster
8. *Pelecus cultratus* (L.)   Sichling *
9. *Leucaspius delineatus* (HECKEL)   Moderlieschen

Cyprininae   Karpfenfische
10. *Barbus barbus* (L.)   Barbe *
11. *Carassius carassius* (L.)   Karausche
12. *Cyprinus carpio* L.   Karpfen
13. *Gobio gobio* (L.)   Gründling *

Leuciscinae   Weißfische
14. *Idus idus* (L.)   Nerfling, Aland *
15. *Leuciscus rutilus* (L.)   Rotauge
16. *Scardinius erythrophthalmus* (L.)   Rotfeder
17. *Squalius cephalus* (L.)   Aitel, Döbel *
18. *Tinca tinca* (L.)   Schleie

Rhodeinae   Bitterlinge
19. *Rhodeus sericeus amarus* BLOCH   Bitterling

Cobitidae   Schmerlen
20. *Cobitis taenia* L.   Steinbeißer *
21. *Misgurnus fossilis* (L.)   Schlammbeißer
22. *Neomacheilus barbatulus* (L.)   Schmerle, Bartgrundel *

Siluridae   echte Welse
23. *Silurus glanis* L.   Wels, Waller

Gobiidae   Grundeln
24. *Proterorhinus marmoratus* (PALLAS)   Meergrundel *

Percidae   echte Barsche
25. *Acerina cernua* (L.)   Kaulbarsch
26. *Lucioperca lucioperca* (L.)   Zander
27. *Perca fluviatilis* L.   Flußbarsch

Gadiidae   Dorschfische
28. *Lota lota* (L.)   Aalrutte, Rutte *

Das Vorkommen der mit * ausgewiesenen Fische ist zur Zeit nicht gesichert.

gleiche gilt für die häufigen Bewohner des gesamten Sees, Güster und Brachsen, übrigens zwei im Neusiedlersee schwer unterscheidbare Arten; auf erstere wird noch ausführlich einzugehen sein. Auch der für den offenen See charakteristische, oft bis zu 5 kg schwere Schied hat wirtschaftlich wenig Bedeutung. Das gleiche gilt für die Schilfrandarten Rotfeder, Rotauge, Bitterling (in den letzten Jahren für den See festgestellt) und Kaulbarsch, der einer der wichtigsten Beutefische des Zanders ist und über den im folgenden noch mehr berichtet wird. Und schließlich ebenso für den im Schilfgürtel bis zur Verlandungszone lebenden Schlammbeißer, hier einem wichtigen Beutetier des Aals.

Noch im vorigen Jahrhundert war die Laube, einer der Massenfische des Neusiedlersees, von wirtschaftlichem Wert, da ihre Schuppen zur Herstellung künstlicher Perlen dienten. Aufgelöst in Ammoniak liefert das Schuppengewebe glänzende Guaninplättchen in Alkohol (die „Essence d'Orient"), mit denen man Glasperlen perlenartiges Aussehen verlieh. Heute ist dieser Fisch genauso wie die ehemals als Speisefisch massenhaft gefangene Karausche, ein Bewohner der Schilflachen, ohne kommerziellen Wert.

Auch die Schleie ist gegenwärtig ein nur wenig bedeutsamer Marktfisch, obgleich sie im südlichen Seeteil derzeit wieder häufiger in Reusen gefangen wird. Als ausschließlicher Bewohner von Schilflachen und -kanälen ist dieser standorttreue Fisch vor allem durch winterliches Sauerstoffdefizit und Ausfrieren bedroht. Desgleichen ist der Wels, größter Binnenwasserfisch Europas, derzeit recht selten und auf den südlichen Seeteil beschränkt. Noch im vorigen Jahrhundert heißt es dagegen bei RODITZKY: „In den sechziger Jahren (des 19. Jahrhunderts) wurden 20–25 kg schwere, vom Wind an das Ufer geschwemmte Welse haufenweise gesammelt."

Der Zander, einer der vier kommerziell wichtigen Fische, wird erstmals in einem Manuskript (S. PETENYI) erwähnt, war im 18. Jahrhundert häufig und wurde 1903 (MIKA und BREUER 1928) nach Austrocknung des Sees neuerlich ausgesetzt, doch vernichtete ein Niedrigwasserstand im Jahr 1917 fast den gesamten Bestand. Erst während der letzten Jahre nahm der Zanderfang mit Reuse, Kiemen- und Zugnetz neuerlich wirtschaftlichen Aufschwung. Das geht auch aus den ungarischen Fangdaten hervor, die für 1967 einen Ertrag von 260, für 1973 aber bereits einen solchen von 2745 kg erkennen lassen.

Der weitaus wichtigste Speisefisch ist derzeit ohne Zweifel der Aal, der 1958 nur in wenigen Exemplaren mit Reusen im Schilfgürtel gefangen, nunmehr allein in Ungarn mit einer Ertragszahl von 8376 kg (1973) ausgewiesen ist. Von österreichischer Seite erfolgte erstmals 1958 ein Besatz mit rund 200.000 Tieren, 1974 bereits über einer Million. Dagegen ist wiederum der Ertrag an Karpfen, während des Sommers mit Reusen im Schilfgürtel, während des Winters mit Zugnetzen im offenen See gefangen, in den letzten Jahren zurückgegangen (1969 im ungarischen Seeanteil: 4000 kg, 1973: 1360 kg). Die gegenwärtige Jahresproduktion Österreichs (hauptsächlich Waldviertel und südliche Steiermark) beläuft sich auf ca. 600 Tonnen und deckt den Bedarf noch bei weitem nicht. Mit jährlich 15–20 Tonnen trägt der Neusiedlersee lediglich 2,5–3% (mit Fanggrößen von 1–2 kg, ausnahmsweise bis 12 kg) zu dieser Produktion bei. Gab es bis 1949 nur eine sogenannte „Wildrasse" mit langgestreckter niedriger Körperform (von den Fischern „Seebauern" genannt), so erfolgt seit 1950 laufender Besatz mit hochrückigen Zuchtformen (Spiegel-, Leder- und Schuppenkarpfen), die hinsichtlich der Zuwachsrate dem „Wildkarpfen" deutlich überlegen sind (UNTERÜBERBACHER 1958).

Der vierte wichtige Speisefisch mit gutem Wachstum im Neusiedlersee ist der bevorzugt Makrophytengürtel und Schilfrandzone bewohnende Hecht. Seine Maximalgewichte liegen bei 7–8, in Ausnahmefällen bei 13, ja sogar (19. Jahrhundert, RODITZKY) bei 25 kg. Das Brittelmaß für den Hecht, dessen Bedeutung in der kommerziellen Fischerei zurückgeht, liegt zur Zeit bei 35 cm. In der Berufsfischerei dienen Reusen, Kiemen-, Spiegel- und Zugnetze für den Hechtfang, der wirtschaftlich von jeher bedeutend (ungarischer Seeanteil 1961: 3751 kg, 1973: 2632 kg) und nur durch den extrem kalten Winter 1928/29 bedroht war. Über eine besondere Fangweise während der Laichzeit berichtet NAWRATIL (1953):

„Die Hechte zogen in Jahren mit normalen, kalten Wintern, wie wir sie in unseren Breiten bisher gewohnt waren, Ende Februar bis Mitte März in großen Schwärmen durch die Schilfkanäle in das seichte Uferwasser, ja sogar bis in die sauren Wiesen am äußeren Rande des Schilfgürtels. Es ist bekannt, daß die Einheimischen um diese Zeit mit langen Stangen und Rechen in das seichte Uferwasser waten und die Hechte, die in großen Schwärmen baddeln, wie der landesübliche Ausdruck für Laichen beim Hecht heißt, erschlagen und einfangen. Wenn die Gelegenheit günstig ist, gelangen die Leute im Verlauf einer Stunde zu 20, 30 und mehr Hechten."

Bis heute ist die Fischerei in den meisten Binnengewässern die wichtigste Form der Nutzung, vor allem in den Entwicklungsländern tropischer und subtropischer Gebiete. Mit rund acht Millionen Tonnen im Jahr ist die Binnenfischerei im Vergleich zur Meeresfischerei (derzeit etwa 52 Millionen Tonnen) immerhin eine beachtliche Größe, wobei freilich 80% auf Asien entfallen. Europa mit nur 0,3 Millionen Tonnen hat relativ geringen Anteil daran, in vielen Industriestaaten sind zufolge der starken Abwasserbelastung die Jahreserträge sogar stark im Rückgang begriffen.

Der Umfang des Ertrages ist aber noch von einer Reihe weiterer Faktoren wie Klima, Sauerstoffverhältnisse und in seichten Gewässern auch vom Wasserstand abhängig, ganz abgesehen vom Betrieb der Fischerei selbst. So mußte beispielsweise im Bodensee in jüngster Zeit die Maschenweite der Netze für den Blaufelchenfang (Coregonus wartmanni) behördlich mit einem größeren Durchmesser als bislang festgelegt werden. Zunehmende Eutrophierung führte nämlich bei diesen Fischen zu rascherem Wachstum und damit zum Fang noch nicht geschlechtsreifer Tiere. Man fing also Fische, bevor sie noch abgelaicht hatten. Eine dramatische Abnahme der Population mußte die Folge sein, die nur durch die genannte Veränderung der Maschenweite korrigiert werden konnte.

Im Neusiedlersee sind ertragsbestimmende Faktoren in erster Linie der Wasserstand und der Umfang des Vegetationsgürtels. Niedriger Wasserstand bei gleichzeitig extremen Klimabedingungen, wie in den Jahren 1928/29 mit fast völligem Ausfrieren des Sees, können zu gewaltigen Fischkatastrophen führen, wie sie unter anderem von VARGA und MIKA (1937) beschrieben wurden.

Leider liegen nur wenige verläßliche Ertragsziffern aus älterer Zeit vor, und auch gegenwärtig gehört der Neusiedlersee zu jenen Gewässern, für die keinerlei exakte Fangzahlen zu erhalten sind. Die einzig verläßlichen Ertragsberichte aus früherer Zeit stammen aus den Jahren des Zweiten Weltkrieges, wohl wegen der damals herrschenden strengen Wirtschaftskontrollen. Sie beziffern die Fischereirate mit rund 190 Tonnen pro Jahr, ein für den See hoher Wert, der mit der damaligen Befischungsintensität zusammenhängen dürfte. Möglicherweise wirkte sich diese „totale Bewirtschaftung" – 1941 waren 38 Zugnetze und 15 Spiegelnetze im Einsatz – auf die Erträge nach dem Krieg negativ aus. Trotzdem bleibt es unverständlich, daß die Fangzahlen im Jahre 1958 bei nur acht Tonnen gelegen haben sollen (SAUERZOPF und HOFBAUER 1959). Recht unglaubwürdig ist diese Zahl auch angesichts der Tatsache, daß nach dem Katastrophenwinter 1928/29 VARGA und MIKA (1937) für den nur kleinen ungarischen Seeanteil (ca. 20%) Werte bis zu 20 Tonnen angeben und selbst im schlechtesten Ertragsjahr (1934) noch immer vier Tonnen verzeichnen.

Erst aus neuerer Zeit liegen dann wieder einigermaßen verläßliche Ertragszahlen vom österreichischen Seeteil vor. Sie bewegen sich in der Größenordnung von 50 Tonnen/Jahr bei einer gegenüber 1958 etwas angestiegenen Fangintensität: 14 Zugnetze, 27 Spiegelnetze, 120 Stellnetze und 15.000–20.000 Reusen gelangen derzeit zum Einsatz.

Für die eigentliche Fischproduktion sind alle diese Werte nicht ausreichend, weil einerseits nur die kommerziell verwertbaren Fische, nicht aber die unschön als „Fisch-Unkraut" bezeichneten Arten wie Rotauge, Rotfeder, Güster, Kaulbarsch, Laube usw. erfaßt sind, anderseits aber auch von den wirtschaftlich interessanten Fischen die Jungfische mit einer teilweise hohen Sterberate – zum Teil wegen der Raubfische – nicht berücksichtigt werden.

Die große Bedeutung kurzlebiger, sich stark vermehrender kleinwüchsiger Massenfische in einem Ökosystem ist lange Zeit hindurch verkannt worden. Eine der wichtigsten Funktionen dieser Fische ist zweifellos, kleine – lebende oder nicht lebende – Nahrungspartikel zu akkumulieren, die größeren Fischen schwer oder gar nicht zugänglich sind, und gewissermaßen als Langzeitspeicher selbst als Nahrung für bestimmte Fische dienen.

Die ersten quantitativen Untersuchungen an Massenfischen wurden im Rahmen des IBP durchgeführt. Dafür kam hauptsächlich ein 50 m langes, 2,2 m hohes rechteckiges Ringnetz mit einer Maschenweite von nur 4 mm zum Einsatz, an dessen Bleileine in regelmäßigen Abständen Ringe befestigt sind, durch welche die sogenannte Zugleine läuft. Dieses Netz wird kreisförmig ausgelegt und nach Schließen des Kreises die Zugleine so lange gezogen, bis das über den Seeboden schleifende Netz unten geschlossen ist. Der so gebildete Netzbeutel kann dann samt seinem Inhalt ins Boot gehievt und untersucht werden.

Aus einer entsprechenden Anzahl derart gewonnener Stichproben ist das zahlenmäßige Verhältnis der Arten sowie die Zusammensetzung der Altersklassen innerhalb der einzelnen Arten und damit die Produktion zu ermitteln. Außerdem wurden die Arbeiten auf den Nordteil des offenen, wenig verwachsenen Sees eingeschränkt, wo drei Arten, Laube, Güster und Kaulbarsch, unter den Massenfischen vorwiegen. Sie stellen zugleich rund 80% der gesamten Fischpopulation, davon die Laube allein schon 60%.

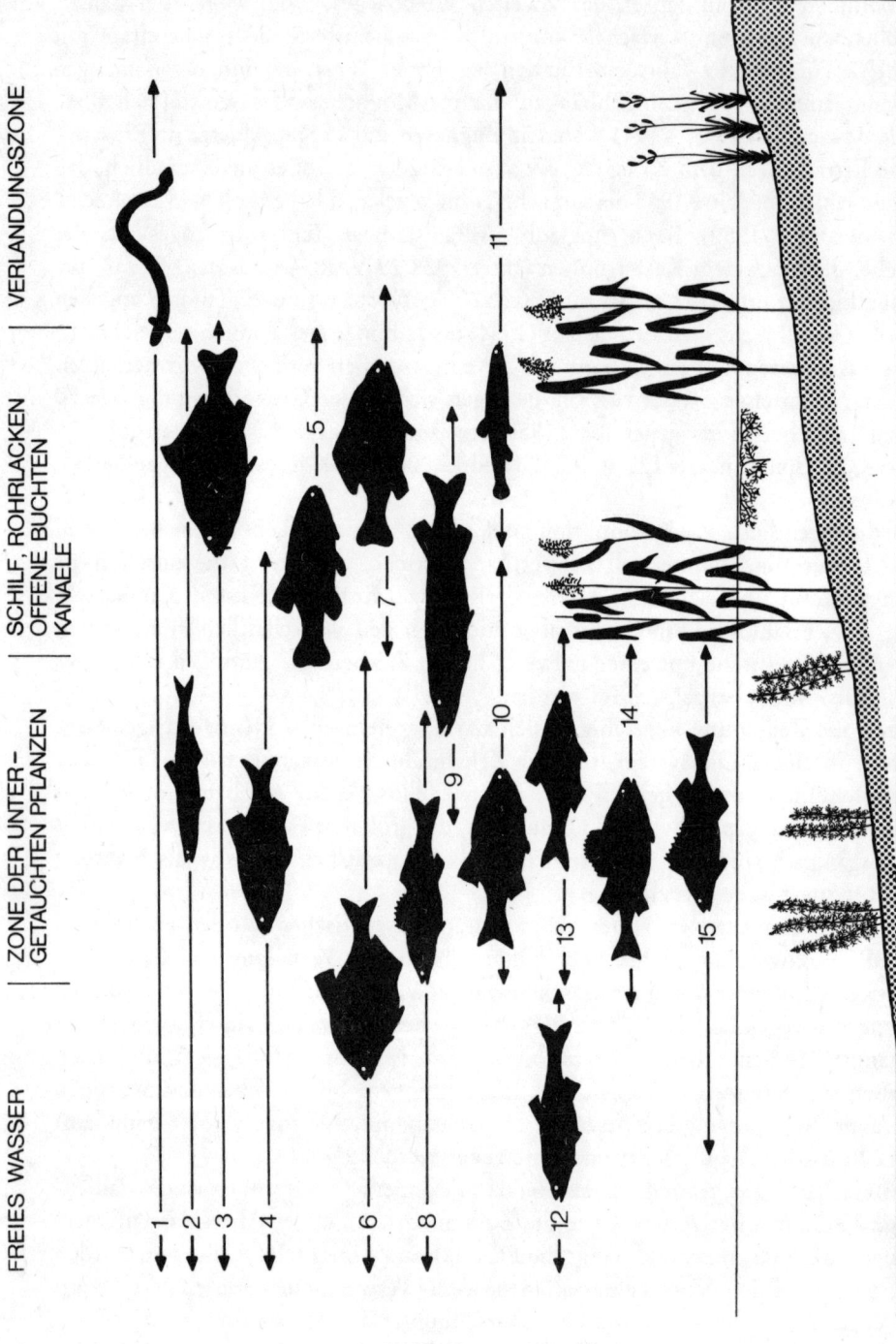

FREIES WASSER | ZONE DER UNTERGETAUCHTEN PFLANZEN | SCHILF, ROHRLACKEN OFFENE BUCHTEN KANAELE | VERLANDUNGSZONE

Abb. 23: VERTEILUNGSSCHEMA DER WICHTIGSTEN FISCHARTEN
1 Aal, 2 Laube, 3 Karpfen, 4 Güster, 5 Schleie, 6 Brachse, 7 Karausche, 8 Zander, 9 Hecht, 10 Rotfeder, 11 Schlammbeißer, 12 Schied, 13 Rotauge, 14 Flußbarsch, 15 Kaulbarsch

Dabei handelt es sich natürlich nur um Durchschnittswerte, die großen regionalen und jahreszeitlichen Schwankungen unterworfen sind. Die regionalen Schwankungen sind in erster Linie durch die Gliederung des Sees in Schilfrandbezirk (bis ca. 50 m vom Schilfrand gegen den offenen See zu), Makrophytenzone und Freiwasserzone bedingt. Die weitaus größte Zahl regelmäßig vorkommender Arten und die größte Individuendichte – zumindest während der eisfreien Zeit – liegt im Schilfrandbezirk mit sechs bis acht Tieren/10 m² vor.

Die Makrophytenzone, mit durchschnittlicher Breite von 500 m und an den Schilfgürtel anschließend, hat schon weitaus geringere Volksdichten, die rund 50% jener des Schilfrandes betragen. Schließlich ist in der Freiwasserzone (ohne oder mit sehr schütterem Makrophytenbestand) nur noch ein Zehntel des Schilfrandwertes zu beobachten.

Diese Zonierung ist am Ostrand des Seeteils – mit nur wenig mächtigen Schilfbeständen – viel schwächer ausgebildet. Hier ist die Individuendichte im Schilfrandbereich etwa dem Mittel der Werte aus Makrophytenzone im Westen und jenen der Freiwasserzone entsprechend.

In Abb. 23 wurde sehr schematisch versucht, die Verteilung der einzelnen Fischarten im Untersuchungsgebiet des nördlichen Seeteiles darzustellen. Die weitaus häufigste Fischart mit weitgehend gleichmäßiger Dichte in allen drei Regionen ist die Laube. Ihr folgen Güster und Kaulbarsch, die jedoch eine stärkere Abnahme der Dichte mit zunehmender Entfernung vom Schilfrand gegen den freien See zu zeigen. Auch hinsichtlich jahreszeitlicher Schwankungen verhält sich die Laube am ausgewogensten und kommt das ganze Jahr hindurch und in allen drei Regionen mit relativ konstanten Volksdichten vor. Dagegen weisen Kaulbarsch und Güster weit größere Schwankungen auf: Beide Arten sind im Sommer am häufigsten, nehmen im Frühherbst stark ab, um im Spätherbst wieder leicht zuzunehmen. Mehrere Hinweise sprechen dafür, daß mit der Ernährung der beiden Arten zusammenhängende großräumige Wanderungen dafür verantwortlich sind.

Die teilweise recht komplizierten Nahrungsbeziehungen der Fische im Neusiedlersee sind auf Abb. 24 zusammengestellt, wobei ebenfalls schematisch verfahren wurde; bestehen doch jahreszeitliche und altersmäßige Unterschiede, wie zwei Beispiele, nämlich Kaulbarsch und Güster, deutlich zeigen.

Am Nahrungsspektrum des Kaulbarsches fällt auf, daß mehr als 90% der aufgenommenen Nahrung das ganze Jahr über und in allen Zonen aus Chironomidenlarven besteht, und zwar auch in allen Altersklassen. Nur in den ersten zwei Lebensmonaten besteht die Nahrung hauptsächlich aus Plankton (MEISRIEMLER 1974).

Dagegen spielen die Chironomiden bei der Güster eine weitaus geringere Rolle und machen hier nur 10–15% der aufgenommenen Nahrung aus. Im Schilfrand- und im Makrophytenbereich dienen die auf Schlamm und Pflanzen wachsenden Diatomeen (Kieselalgen) fast das ganze Jahr hindurch als Hauptanteil der Nahrung. Die epiphytischen und epipelischen Algen verlieren jedoch mit zunehmender Entfernung vom Schilfgürtel gegen den offenen See hin an Bedeutung und werden im freien See dann fast völlig von tierischer Nahrung, vor allem Kleinkrebsen, abgelöst. Der Anteil tierischer Nahrung ist bei der Güster in den Sommermonaten Juli und August am höchsten, und zwar in allen Regionen (HACKER 1974).

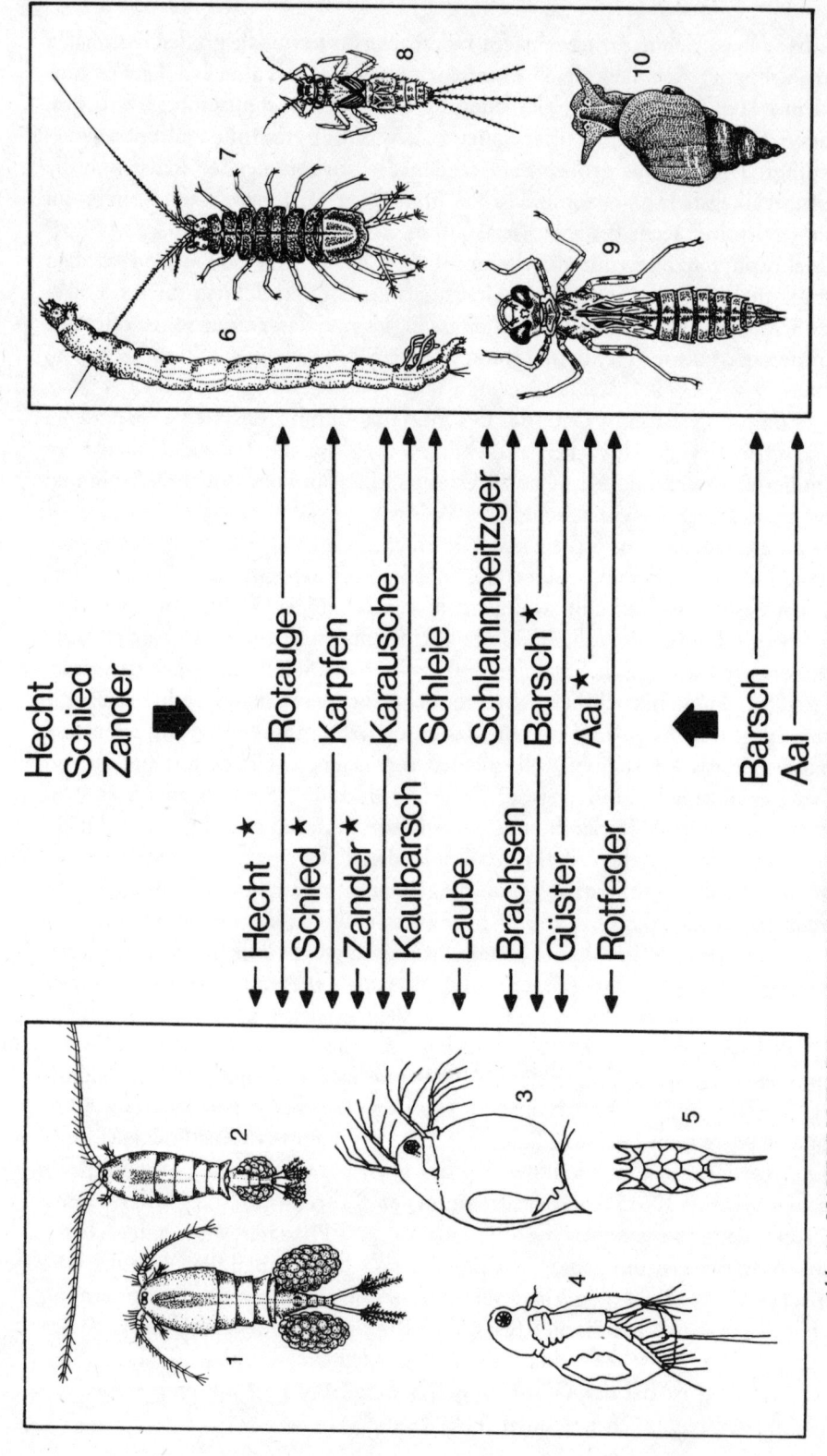

Hecht
Schied
Zander
➡

Hecht ★
Schied ★
Zander ★
Kaulbarsch
Laube
Brachsen
Güster
Rotfeder

Rotauge
Karpfen
Karausche
Schleie
Schlammpeitzger →
Barsch ★
Aal ★

⬅
Barsch
Aal

Abb. 24: NAHRUNGSBEZIEHUNGEN DER WICHTIGSTEN FISCHARTEN

links: Zooplankton: 1, 2 Hüpferlinge; 3, 4 Wasserflöhe; 5 Rädertier; rechts: Bodenfauna; 6 Zuckmückenlarve; 7 Wasserassel;
8 Eintagsfliegenlarve; 9 Libellenlarve; 10 Schlammschnecken.
* als Jungtiere

114

Mit der jahreszeitlichen Entwicklung der bevorzugten Futterorganismen hängen nun auch die schon erwähnten Wanderungen von Güster und Kaulbarsch zusammen. So bevorzugt der Kaulbarsch Chironomidenlarven und die Güster verschiedene Kleinkrebse, die ihr Häufigkeitsmaximum im offenen See im Juli und August haben (HERZIG 1973, 1974).

Sinkt nun die Dichte der jeweiligen Nahrungsorganismen unter einen bestimmten Wert, so verlieren diese an Attraktion, und die Fische wandern, sofern nicht entsprechende Ersatznahrung vorhanden ist, in Gebiete größerer Futterdichte ab. Zweifellos spielen aber auch noch andere Faktoren als Auslöser von Wanderungen eine Rolle, so etwa die Sauerstoffabnahme im Schilfgürtel, vor allem im Zusammenhang mit einer Eisdecke.

Für die Produktionsberechnungen sind außer der Kenntnis der vorhandenen Individuenzahlen jene der Altersstruktur der Populationen und, davon abhängig, die Wachstumsraten wichtig.

Für die Altersbestimmung an Fischen unserer Breiten dienen die Zuwachsringe von Schuppen, Gehörsteinen (Otolithen) oder Knochen. Diese Methode beruht auf der Tatsache verlangsamten Wachstums der Fische während der kalten Jahreszeit und wurde bereits von dem holländischen Wissenschafter Leeuwenhoek 1684 beschrieben (NIKOLSKY 1963). Dabei entspricht eine Winter- und eine Sommer-„Zone" zusammen einem Lebensjahr des Fisches. 1910 entdeckte der Norweger Einar LEA, daß Schuppenradius und Körperlänge in einem bestimmten Verhältnis zueinander zunehmen. Es kann somit aus den Abständen der einzelnen Jahresringe einer Schuppe direkt auf die Geschwindigkeit des Längenwachstums geschlossen werden. Die Längenzunahme wieder kann bei Kenntnis bestimmter Faktoren auf Gewichtswerte übertragen werden.

Da das Wachstum bei Fischen zwar bis zum Lebensende andauert, sich jedoch mit zunehmendem Alter verlangsamt, müssen Produktionswerte für jede Altersklasse getrennt berechnet werden. Im Neusiedlersee sind jedoch Produktionsberechnungen mit Hilfe von Jahreszuwachsraten für viele Fische – darunter wieder Kaulbarsch und Güster – zu ungenau. Aus diesem Grund wurden für jede Altersklasse beider Arten monatliche Zuwachsraten von Länge und Gewicht bestimmt, mit den im jeweiligen Zeitraum beobachteten Individuenzahlen in Verbindung gesetzt und daraus die Jahreswerte errechnet.

Die größten Zuwachsraten, sowohl in Länge als auch Gewicht, sind im Sommer zur Zeit der höchsten Individuendichte gegeben: das bedeutet somit auch die höchsten Produktionswerte des Jahres. Der geringste Zuwachs läßt sich – wie erwartet – im Spätherbst und Winter beobachten. Ja, während des Winters ergeben sich sogar negative Gewichtsraten, wodurch der Umfang der Jahresproduktion deutlich gesenkt wird. Die Produktionswerte bewegen sich sowohl bei der Güster als auch beim Kaulbarsch zwischen 0,3 und 0,6 g Frischgewicht/m²/Jahr. Es sind dies – verglichen mit anderen Seen gleicher Klimazonen und ähnlichen Typs – sehr geringe Werte. Größenordnungsmäßig entsprechen sie jenen der wenig produktiven Salzkammergutseen.

16. Vögel des Rohrwaldes und am freien See

Es ist nicht zuletzt der einmaligen Vogelwelt zu verdanken, daß das einst kaum bekannte und rückständige Grenzland um den Neusiedlersee heute zu einem der attraktivsten Fremdenverkehrsgebiete Mitteleuropas geworden ist. Daher ist es auch nicht verwunderlich, daß das Seegebiet in den letzten Jahrzehnten in zunehmendem Maß die Aufmerksamkeit der Vogelkundler gefunden hat, wie sie sich in einer großen Zahl von faunistischen Veröffentlichungen äußert, darunter mehreren Übersichten über alle im Gebiet beobachteten Arten (ZIMMERMANN 1943, BAUER et al. 1955). Bedauerlicherweise liegen aber kaum Aufzeichnungen aus älterer Zeit, vor allem aus dem vorigen Jahrhundert, vor; denn mit der Entwicklung des Schilfgürtels nach der letzten Austrocknung muß sich die Vogelfauna drastisch geändert haben.

In neuerer Zeit bemühen sich vor allem Wiener Zoologen um die ökologischen Aspekte der Vogelfauna des Seegebietes. Anhand ihrer Forschungsergebnisse soll hier nur auf jene Vogelarten näher eingegangen werden, die in den beiden Lebensräumen Schilfgürtel und offene Seefläche eine wichtige Rolle spielen.

Sowohl Schilfgürtel als auch Seefläche haben für die Vögel eine Reihe verschiedener Funktionen: Beide können Orte der Nahrungssuche und sichere Schlafplätze sein. Dagegen ist etwa die Brut naturgemäß auf den Rohrwald beschränkt. Diese unterschiedlichen Funktionen ermöglichen es auch Arten, die durchaus keine echten Wasser- oder Schilfbewohner mit entsprechenden Anpassungserscheinungen sind, in den Stoffhaushalt des Seegebietes einzugreifen. So nützen Schwalben (*Hirundo rustica, Delichon urbica, Riparia riparia*) und Mauersegler (*Apus apus*) die reiche Insektenproduktion des Schilfgürtels hier oder über dem offenen Wasser. Stare (*Sturnus vulgaris*), Schwalben, Hänflinge (*Carduelis cannabina*), Drosseln und Stelzen sowie Sperlinge suchen auf dem Durchzug das Schilf als sicheren Schlafplatz auf.

Die offene Seefläche wiederum liefert den idealen Schlafplatz für viele Vögel mit Schwimmvermögen – in erster Linie für Enten, Gänse und Möwen. Unter den Möwen suchen besonders Sturm- (*Larus canus*) und Lachmöwe (*Larus ridibundus*) den Neusiedlersee täglich, und zwar das ganze Jahr hindurch zum Schlafen auf.

Die Nahrungsgründe dieser Möwen liegen dabei in beträchtlicher Entfernung von diesen Schlafplätzen, großteils an der Donau unterhalb Wiens. Das bedeutet, daß sie innerhalb von 24 Stunden zweimal 30 bis 40 km, und zwar über die Parndorfer Platte hinweg zurücklegen. Nur wenige der Neusiedlersee-Möwen haben ihre Futterplätze auf den Äckern der Parndorfer Platte selbst. In der weiteren Umgebung des Sees bestehen mehrere Brutkolonien der Lachmöwe (etwa 200 Brutpaare) im Gebiet der Langen Lacke und Wörthenlacke. Auch im Schilfgürtel selbst brütet die Art. Dagegen sind Sturm- und Silbermöwe (*Larus argentatus*) nur regelmäßige Gäste des Neusiedlerseeraumes.

Rechts: Im Bereich der Weidenbüsche, also des landseitigen Schilfgürtels, ist das Blaukehlchen (*Luscinis svecica*) ein regelmäßiger Brutvogel.

Rechte Seite: Ihr kunstvolles Nest stellt die Beutelmeise *(Remiz pendulinus)* aus „Pappelwolle" (Früchten und Pappeln) und Pflanzenfasern her.
Links: Die wichtigsten Insektenfresser unter den Kleinvögeln des Schilfgürtels sind die Rohrsänger. Hier der Teichrohrsänger *(Acrocephalus scirpaceus),* eine einfärbige Art, mit Nest und halbwüchsigen Jungen.
Unten: Ein häufiger Brutvogel seggenbestandener Schilfrohrgebiete ist die Rohrammer *(Emberiza schoeniclus).* Die Nester werden auf dem Boden angelegt.

Oben: Mariskensänger *(Lusciniola melanopogon)* – Pärchen beim Bau des Nestes im Schilf. Die Art wird oft fälschlich als Tamariskensänger bezeichnet.
Unten: Männchen und Weibchen der Bartmeise *(Panurus biarmicus)* sind, im Gegensatz zu anderen Vögeln des Schilfgürtels gut unterscheidbar.

Oben: Zwergmäuse *(Micromys minutus)* mit Nest. Am Tier rechts im Bild ist die Zuhilfenahme des Schwanzes zum Klettern gut erkennbar.
Unten: Wie viele Tiere und Pflanzen stammt auch die Bisamratte *(Ondatra zibethica)* aus Nordamerika. Der abgeflachte beim Schwimmen zum Steuern erforderliche Schwanz ist gut erkennbar.

Oben: Berufsfischer mit Fang in einer der „Schluichten" (Schilfkanäle).
Unten: Der Hecht *(Esox lucius)* gehört zu den wichtigsten Speisefischen im Neusiedlersee. Hier mit Beute, einem Kaulbarsch *(Acerina cernua)*.

Oben: Lachmöven *(Larus ridibundus)* sind zwar im Schilfgürtel nicht häufig, doch bestehen Brutkolonien im Rohrwald bei Rust und Mörbisch.
Unten: Die Bleßhühner *(Fulica atra)* gehören zu den im Neusiedlerseegebiet noch wenig untersuchten Vögeln. Die Nester legen diese fast entenartig anmutenden Rallenvögel in Altschilfbeständen in der Nähe des offenen Wassers an.

Linke Seite: Die Graugans *(Anser anser)* brütet im Schilfgürtel. Ihr Bestand steigt im Herbst durch Zuzug aus dem Norden auf 4000–5000 Individuen an.
Rechts: Junge Zwergrohrdommel *(Ixobrychus minutus)* im Schilf und in typischer Tarnstellung. Die kräftigen Zehen sind eine Anpassung an das Leben im sumpfigen Rohrwald.
Unten: Zwergrohrdommel *(Ixobrychus minutus)* auf einer Schlickfläche im Frühjahr, wie dies an den jungen Schilftrieben erkennbar ist.

Links: Der Purpurreiher *(Ardea purpurea),* hier am Horst, ist für den Rohrwald sehr charakteristisch.

Unten: Der Graureiher *(Ardea cinerea)* ist eher ein Auwaldbewohner und für den Schilfgürtel nicht typisch: er ist hier regelmäßiger, jedoch seltener Brutvogel.

Rechte Seite: Junge Löffler *(Platalea leucorodia)* am Nest. Das Tier im Vordergrund in der typischen Stellung der Nahrungsaufnahme.

Nehmen die Möwen während ihres Aufenthaltes auf dem offenen See kaum Nahrung auf, so ist die Flußseeschwalbe *(Sterna hirundo)* hauptsächlich zum Zweck der Futtersuche hier: Dabei bevorzugt sie das Gebiet des Makrophytengürtels und den Schilfrand sowie offene Wasserstellen innerhalb des Schilfgürtels. Anhand von Gewölluntersuchungen – Möwen und Seeschwalben brechen ebenso wie Greifvögel und Eulen unverdaubare Knochenreste, Haare und Chitinteile als Speiballen oder „Gewölle" aus – konnte man dabei feststellen (BAUER 1965), daß Fische lediglich 30% der Nahrung ausmachen, der Rest dagegen aus den großen Larven des Gelbrandkäfers und Kolbenwasserkäfers besteht. Unter den Fischen wird vor allem die nahe der Oberfläche schwimmende Laube bevorzugt, doch werden auch häufig Bewohner tieferer Wasserschichten wie Rotfeder und Brachse gefangen.

Schließlich dient die freie Seefläche noch einer Reihe von Entenvögeln als Rast- bzw. Schlafplatz. Der See wird von durchziehenden Wildgänsen als Schlafplatz benutzt; seit die Lange Lacke jedoch vom *World Wildlife Fund* unter Schutz gestellt wurde, wird diese deutlich bevorzugt. Drei Arten sind es, die im Herbst und Frühjahr durch ihre Anwesenheit die Landschaft prägen: Graugans *(Anser anser)*, Saatgans *(Anser fabalis)* und Bleßgans *(Anser albifrons)*. Die Graugänse brüten sowohl im Schilfgürtel des Sees als auch in den Schilfbeständen der Seewinkel-Lakken. Durch den Zuzug vor allem aus Mähren, aber auch aus Dänemark und Schweden steigt ihr Bestand im Oktober auf etwa 4000 bis 5000 Individuen an, um von da ab wieder mehr oder weniger konstant abzunehmen. Von Mitte September an erfolgt außerdem der Zuzug nordischer Saatgansscharen, ab Oktoberbeginn jener der Bleßgänse, die ihren Maximalbestand Ende November bis Anfang Dezember erreichen. Sobald See und Lacken zufrieren, verschwinden diese Wildgänse aus dem Gebiet. Der Beginn des Frühjahrsdurchzuges ist witterungsabhängig: In milden Wintern, wie 1973/74, treffen die Gänse sehr zeitig, nämlich im Januar und nach Schwund der Eisdecke ein. In der Regel ziehen die nordischen Tiere bis Ende März oder Anfang April ab, zu diesem Zeitpunkt brüten bereits die heimischen Graugänse.

Natürlich ist die offene Seefläche auch für Enten – unter ihnen besonders Stockenten *(Anas platyrhynchos)* – ein wichtiger Rastplatz. Bevorzugt werden vor allem der Bereich der Wulkamündung, die Umgebung des Podersdorfer Schoppens und das Südostufer nahe der ungarischen Grenze. In diesen Seeteilen ist auch das Wasser während der Bildung der Eisdecke am längsten, teilweise sogar permanent offen, so daß eine relativ kleine Anzahl von Individuen, 500 bis 1000, hier überwintern kann. Der größere Anteil dürfte an die niederösterreichische Donau ausweichen, das im Hochwinter nächstliegende eisfreie Gewässer.

Mit den am See überwinternden Entenscharen stellt sich auch gelegentlich der Seeadler *(Haliaëtus albicilla)* ein, der sich dann hauptsächlich von angeschossenen Enten, aber auch von Bisamratten ernährt.

Auch der Haubentaucher *(Podiceps cristatus)* ist für den offenen See charakteristisch, hat jedoch bereits starke Beziehungen zum Schilfgürtel: So ist er bei der

Linke Seite: Das größte mitteleuropäische Brutvorkommen des Silberreihers *(Casmerodius alba)* ist im Schilfgürtel des Neusiedlersees gelegen.

Nahrungssuche und seinen auffälligen Balzspielen im Frühjahr oft mitten auf dem offenen See anzutreffen, legt aber seine Nester am seeseitigen Rand des Schilfgürtels an. Überdies bevorzugt er freie Wasserflächen im Schilfgürtel, wodurch die Zählung des Brutbestandes im Gebiet erschwert wird.

Die offenen Lacken im Rohrwald sind auch Zufluchtsgebiet für eine Reihe anderer Vögel: Es leben dort der Rothalstaucher *(Podiceps griseigena)* – in den letzten Jahren gelang ein Brutnachweis bei Illmitz –, häufiger der Zwergtaucher *(Podiceps ruficollis)* und der Schwarzhalstaucher *(Podiceps nigricollis).* Haubentaucher und Rothalstaucher sind als Fischfresser auf das klarere Wasser der Blänken angewiesen, während Zwerg- und Schwarzhalstaucher als überwiegende Insektenfresser im Schilfgürtel optimale Bedingungen finden. Auch die Moorente *(Aythya nyroca)* ist übrigens ein Bewohner und Brutvogel offener Wasserflächen im Schilfgürtel und nimmt neben pflanzlicher Nahrung auch Wasserkäfer, Schnecken und Kaulquappen.

Obwohl der Schilfgürtel jährlich eine ungeheure Masse pflanzlicher Nahrung produziert, sind doch nur wenige Arten imstande, daraus nahrungsmäßig Nutzen zu ziehen. Graugans und Bleßhuhn *(Fulica atra)* sind die wichtigsten Pflanzenfresser, für die Bartmeise *(Panurus biarmicus)* ist der Schilfsamen wichtig. Vom Menschen eingeführt wurde der Höckerschwan *(Cygnus olor).*

Der Brutbestand der Graugans dürfte im Schilfgürtel etwa 230 Paare umfassen (LEISLER 1969). Nur 60 Paare davon entfallen auf den viel schwächer entwickelten Schilfbestand entlang dem Ostufer. Ab Mitte April und bei durchschnittlichem Bruterfolg von drei flüggen Jungen pro Paar befinden sich etwa 1150 Graugänse im Rohrwald, wozu noch 150 bis 200 Nichtbrüter kommen. Die Schlüpfzeit der Jungvögel fällt mit dem Zeitpunkt des Austreibens vom neuen Schilf zusammen, das die bevorzugte Gänsenahrung darstellt. Da nun die Gänse vorwiegend an aufgelockerten Stellen im Schilfgürtel oder am seeseitigen Schilfrand brüten, können sie landschaftsbildend wirken, indem sie durch Fraß das Zuwachsen kleiner Blänken und Kanäle verhindern. Außerdem beißen sie das Altschilf in einem Umkreis von ca. 10 m um das Nest ab: Dadurch verursachen sie ähnlich wie die Bisamratten eine Auflichtung des Schilfgürtels und günstigere Lebensbedingungen für manch andere Vogelart, als sie etwa homogene Bestände darstellen würden.

An die Brut und Jungenaufzucht schließt die Mauser an, während welcher sich die für kurze Zeit flugunfähig gewordenen Tiere in unzugängliche Schilfgebiete zurückziehen. Ab Mitte Juli verlassen dann die Graugänse zum Großteil den See und sammeln sich im zentralen Seewinkel.

Über das Bleßhuhn im Neusiedlersee ist bisher wenig bekannt. Diese fast entenartig lebende Ralle ist überall in den regelmäßig überfluteten Regionen des Schilfgürtels anzutreffen. Auch ihre Nahrung besteht vorwiegend aus Pflanzen, darunter regelmäßig Schilf, besonders auch den austreibenden Sprossen am Rand des Rohrwaldes gegen den See zu. Die Schwimmnester des Bleßhuhnes sind hauptsächlich in der Nähe offenen Wassers in Altschilfbeständen angelegt. Die derzeit unbekannte Bestandsgröße dürfte vom Wasserstand abhängen, indem höhere Pegelwerte einen erweiterten Lebensraum bieten.

Die Bartmeise stellt schließlich so wie der Mariskensänger *(Acrocephalus melanopogon)* eine ornithologische Besonderheit des Neusiedlerseegebietes dar. Über ihre

Biologie sind wir recht gut unterrichtet (KOENIG 1951, SPITZER 1972, VAN DEN ELZEN 1971). Systematisch gesehen ist sie keine Meise, sondern ein Vertreter der Timalien, einer hauptsächlich in Südostasien verbreiteten Familie. Als Biotop bevorzugt sie wie der Mariskensänger abwechslungsreiche Vegetation, kommt jedoch auch in ausgedehnten Altschilfbeständen vor, sofern eine genügend ausgeprägte Knickschicht vorhanden ist; so bewohnt die Bartmeise auch Reiherhorste.

Bei der Bartmeise unterscheiden sich Sommer- und Winternahrung grundsätzlich: Werden im Sommer vorwiegend Käfer, vor allem kleine Wasserkäfer gefressen, so ist die Nahrung im Verlauf des Winters auf Pflanzensamen, besonders des Schilfs abgestimmt. Beide Ernährungsweisen zwingen zu mehr oder weniger weiten Flügen, da einerseits das Brutrevier oft im bodentrockenen Bereich des Schilfgürtels liegt, andererseits samenreiche Bestände aufgesucht werden müssen. Parallel mit der Nahrungsumstellung tritt eine deutliche Veränderung des Muskelmagens ein: Im Winter wird nämlich im Zusammenhang mit der Samenkost der Magenmuskel vergrößert, um im Zusammenspiel mit vermehrt aufgenommenen Steinchen die harte Pflanzenkost zermahlen zu können. Möglicherweise führt zeitige Erwärmung im Frühjahr zur raschen Umwandlung zum Sommermagen, der dann jedoch bei Kälteeinbrüchen für Samenkost nicht mehr geeignet ist: Beobachtete Zusammenbrüche der Bartmeisenpopulation im Gebiet könnten damit in Zusammenhang stehen.

Ökologisch schließt an die Bartmeise am ehesten die Rohrammer *(Emberiza schoeniclus)* an, ein häufiger Brutvogel seggenbestandener Schilfrohrgebiete und außerhalb der Brutzeit überall im Rohrwald anzutreffen. Die Brutpopulation selbst verläßt während des Winters das Gebiet, während nahe verwandte Unterarten auch im Winter als Durchzügler oder zu längerem Aufenthalt vorkommen können. Die Sommernahrung der Rohrammer besteht wie bei der Bartmeise aus Insekten, die überwinternden Tiere fressen teils Schilfsamen, teils nutzen sie ebenso wie andere Vögel das reiche Angebot der in Schilfhalmen sitzenden Insektenlarven und -puppen.

Nun stellt der Schilfgürtel keineswegs einen einheitlichen Lebensraum dar (vgl. Kap. 11). Auch viele Vögel sind an bestimmte Vegetationsstrukturen gebunden oder auf bestimmte Zonen beschränkt (Abb. 25 und 26).

So sind einige Arten charakteristische Bewohner der landseitigen Zone mit Unterwuchs aus Großseggen: die Rohrammer, der Schilfrohrsänger *(Acrocephalus schoenobaenus)*, der Rohrschwirl *(Locustella luscinoides)* und im Bereich der Weidenbüsche das Blaukehlchen *(Luscinis svecica)*.

In Rohrkolbenbeständen sowie in den mit Schilf vermischten Randgebieten der Typhazone ist der Mariskensänger zu finden, der nach der Schneide *(Cladium mariscum)* benannt ist, einer Pflanze, die an wenigen Stellen des Rohrwaldes im Bereich offener Wasserstellen vorkommt (LEISLER 1971).

Die Rohrsänger sind extrem an das Leben in Schilf- und Sumpfgebieten mit dichtem Pflanzenwuchs angepaßte Vertreter der Familie der Grasmücken. Am Neusiedlersee kommen regelmäßig Drosselrohrsänger *(Acrocephalus arundinaceus)*, Sumpfrohrsänger *(Acrocephalus palustris)*, Teichrohrsänger *(Acrocephalus scirpaceus)* als Vertreter der einfärbigen Formen sowie Schilfrohrsänger und der Mariskensänger als gestreifte Formen vor.

Der Sumpfrohrsänger brütet zwar nicht im Schilfgürtel – bestenfalls an dessen

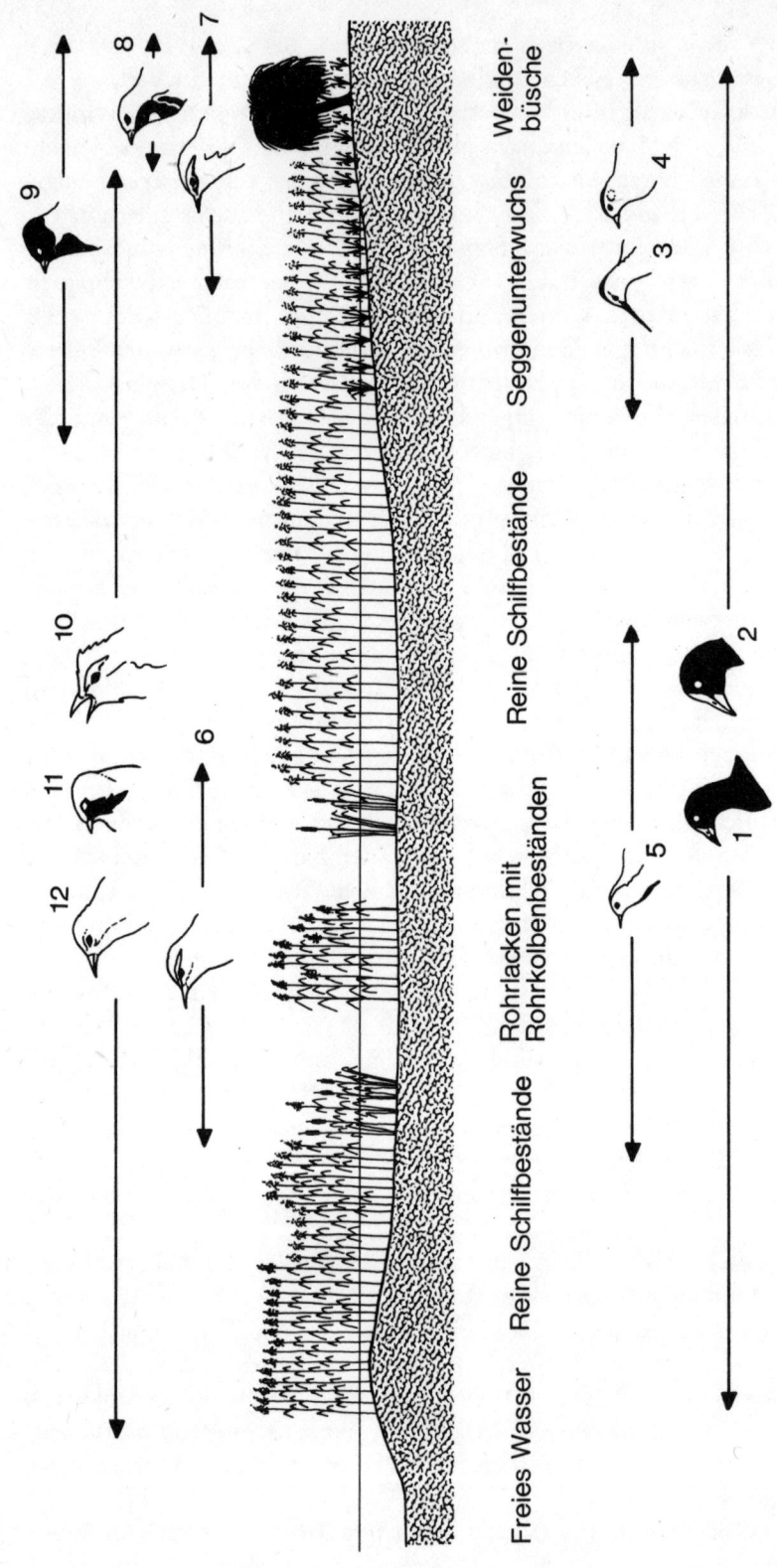

Abb. 25: VERTEILUNGSSCHEMA EINIGER CHARAKTERISTISCHER VOGELARTEN WÄHREND DER BRUTZEIT
1 Grünfüßiges Teichhuhn, 2 Bleßhuhn, 3 Wasserralle, 4 Tüpfelsumpfhuhn, 5 Kleines Sumpfhuhn, 6 Mariskensänger, 7 Schilfrohrsänger, 8 Blaukehlchen, 9 Rohrammer, 10 Drosselrohrsänger, 11 Bartmeise, 12 Teichrohrsänger

Winter   Sommer

Wasserfläche

Abb. 26: DIE UNTERSCHIEDLICHE AUSNUTZUNG VERTIKALER BEREICHE DER SCHILF-
PFLANZE ALS NAHRUNGSQUELLE DURCH VERSCHIEDENE VOGELARTEN IM SOM-
MER UND WINTER
1 Bartmeise, 2 Blaumeise, 3 Beutelmeise, 4 Rohrammer, 5 Zaunkönig, 6 Mariskensänger, 7 Drosselrohrsänger, 8 Teichrohrsänger

äußerstem festlandwärts gelegenen Rand –, kommt aber regelmäßig außerhalb der Brutzeit dort vor. Drosselrohrsänger und Teichrohrsänger bewohnen praktisch den ganzen Schilfgürtel, doch liegt die größte Siedlungsdichte des Drosselrohrsängers in alten, seeseitig gelegenen Schilfbeständen, wogegen der Schilfrohrsänger den landseitigen Rand des Schilfgürtels mit Seggenunterwuchs bevorzugt.

Während des Sommers sind die Rohrsänger die wichtigsten Insektenfresser unter den Kleinvögeln des Schilfgürtels. Dabei fällt der Zeitraum zwischen dem Ende der ersten Brut bis zum herbstlichen Wegzug mit den Häufigkeitsmaxima schlüpfender Mücken (Chironomiden und Culiciden) zusammen. Lediglich der Mariskensänger beginnt einen Monat früher mit der Brut, also bereits Anfang April, unterscheidet sich aber in der Nahrungswahl von den übrigen Rohrsängern. Er bevorzugt nämlich zur Nahrungssuche das untere Drittel der Pflanzenbestände und das Gebiet der sogenannten „Knickschicht" – besonders in Rohrkolbenbeständen durch Schneelast charakteristisch ausgebildet. Dementsprechend besteht auch die Nahrung zu einem Großteil aus Spinnen. Außerdem ist der Mariskensänger ein echter Fischer, da er aus dem Wasser bis zu einer Tiefe von 9 cm Futter zu holen vermag, während der Teichrohrsänger beispielsweise nur 1,8 cm bewältigt (VAN DEN ELZEN 1971). Letzterer sucht vor allem die Halme nach Insekten ab und ist in der Lage, diese im Flug zu fangen. Dagegen fängt der Drosselrohrsänger selten im Flug, fischt aber dafür wie der Mariskensänger häufig Nahrung aus dem Wasser, darunter sogar kleine Fische, hauptsächlich jedoch Larven von Schwimmkäfern und Libellen.

Alle Rohrsänger sind kunstvolle Nestbauer, müssen sie doch die in ihrem Lebensraum vorwiegenden vertikalen Strukturen zur Anheftung nutzen. Zum Unterschied von den Nestern des Teich- und Drosselrohrsängers in Schilfbeständen, wird das Nest des Mariskensängers zumeist in einem sich deutlich von der Umgebung abhebenden sogenannten Nistbusch angelegt. Der Bruterfolg der im Schilf brütenden Kleinvögel ist stark witterungsabhängig, vor allem auch wegen drohender Überflutungsgefahr. Damit wird der Populationszuwachs trotz relativ weniger Raubfeinde (Rallen, Zwergrohrdommel, Purpurreiher, Ringelnatter, Wanderratte und Zwergmaus) in Grenzen gehalten. Als Nestschmarotzer bei Rohrsängern, vor allem in den landnäheren Gebieten, kommt übrigens auch der Kuckuck (Cuculus canorus) im Schilfgürtel vor.

Mit den Rohrsängern nahe verwandt und ebenfalls charakteristischer Bewohner des Schilfgürtels ist der Rohrschwirl, der einen grundsätzlich anderen Fortbewegungstyp darstellt: Während sich die Rohrsänger hüpfend fortbewegen, sind die Schwirle an ein „Gehen" (mit alternierender Beinbewegung) sowie „Schlüpfen" angepaßt. Doch ist der Rohrschwirl in der Fortbewegungsweise noch den Rohrsängern am ähnlichsten (LEISLER 1974). Bevorzugte Aufenthaltsorte dieser Art sind wenig überflutete Bereiche des Seggenunterwuchses und die Knickschicht im Schilfgürtel mit schrägen bis waagrechten Strukturen.

Ein weiterer sehr charakteristischer, ganzjährig vorkommender Kleinvogel des Gebietes ist die Beutelmeise (Remiz pendulinus), deren auffallende Hängenester man ab Mitte Mai an Pappeln und Weiden der Verlandungszone finden kann. Doch baut die Art im Neusiedlerseebereich auch Schilfnester (FRANKE 1937). Die große Häufigkeit der Art, welche regelmäßig überwintert (Fangaktionen in den Wintern

1971/72 und 1972/73), läßt sich auf zuwandernde Tiere aus polnischen und böhmischen Populationen zurückführen. Die Nahrung der Beutelmeise sind kleinste Insekten und vermutlich feine Pflanzenteile. Wie Rohrammer und Blaumeise *(Parus caeruleus)* leben sie im Winter von den in Schilfhalmen sitzenden Larven, an die sie durch sogenanntes „Zirkeln" herankommen, das heißt, die Schnabelspitze geschlossen in den Halm stecken, sie dann öffnen und damit einen Spalt bilden. Im Gegensatz dazu beißen Rohrammer und hacken Blaumeisen die Halme auf.

Der häufigste Wintervogel des Schilfgürtels ist die Blaumeise, freilich kein Schilfvogel im eigentlichen Sinn. Sie erreicht zu dieser Jahreszeit Volksdichten, die etwa jenen der Rohrsänger in Juli und August entsprechen, und dürfte zusammen mit Rohrammer und Beutelmeise voll die Insektenfresser der Sommermonate ersetzen.

Auch der Zaunkönig *(Troglodytes troglodytes)* ist ein regelmäßiger, doch zahlenmäßig nicht ins Gewicht fallender Wintergast, der bis zu einem gewissen Grad den Mariskensänger ersetzt, also besonders die untersten Schichten der Vegetation nach Insekten absucht. Auch sind vereinzelt überwinternde Rotkehlchen *(Erithacus rubecula)* anzutreffen.

Außer den genannten Brutvögeln und Wintergästen des Schilfgürtels tauchen hier vor allem während des Herbst- und Frühjahrszuges verschiedenste Durchzügler auf, die das Schilf jeweils kurzfristig als Rastplatz benutzen, wie Zilpzalp *(Phylloscopus trochilus)*, Mönchsgrasmücke *(Sylvis atricapilla)*, Rotkehlchen *(Erithacus rubecula)*, Graufliegenschnäpper *(Muscicapa striata)* und Trauerfliegenschnäpper *(Ficedula hypoleuca)*.

Seit jeher ist der Neusiedlersee für seine Reiher- und Löfflerkolonien bekannt (BERNATZIK 1941, KOENIG 1952, SEITZ 1937, ZIMMERMANN 1943). Neben dem häufigen Purpurreiher *(Ardea pupurea)* und dem selteneren Graureiher *(Ardea cinerea)*, ist es vor allem der Silberreiher *(Casmerodius alba)*, der hier sein größtes mitteleuropäisches Brutvorkommen besitzt. Seit früheren Untersuchungen läßt sich eine deutliche Veränderung beobachten: Die Brutkolonien des Westufers, die ehemals einen Großteil aller Reiher und Löffler beherbergten, sind dezimiert, und der Bestand des Gebietes ist, von wenigen verstreuten Einzelbrutvorkommen abgesehen, auf eine große Kolonie im Südosten konzentriert. Dies erklärt sich wohl aus Biotopveränderungen durch Schilfschnitt – zur Anlage der Kolonien werden ausgedehnte und ungestörte Altschilfbestände bevorzugt – sowie zunehmende Beunruhigung durch Bade- und Bootsbetrieb im westlichen Schilfgürtel (z. B. Rust, Breitenbrunn, Neusiedl). Glücklicherweise hat der Gesamtbestand noch nicht abgenommen, er ist aber durch Konzentration auf eine Lokalität nun wesentlich anfälliger gegenüber Störungen und Biotopveränderungen geworden.

Der Graureiher, eigentlich ein Auwaldbewohner, der aber hier wie die anderen Arten Schilfhorste anlegt, ist zahlenmäßig am wenigsten bedeutend. Sein Bestand hat sich zudem in den vergangenen 20 Jahren auf etwa ein Sechstel des damaligen Brutbestandes verringert: Waren es 1951 noch 180 Brutpaare (BAUER et al. 1965), so konnten 1961 nur noch 93 gezählt werden (KOENIG 1961), 1970 aber bloß noch 30. Diese Art ist deshalb besonders gefährdet, weil auch die Brutbestände an der niederösterreichischen Donau auf die Hälfte der ursprünglichen Zahl abgesunken sind.

Von den größeren Reihern ist der Purpurreiher am besten an das Schilfleben angepaßt: hervorragende Tarnfärbung für den Rohrwald, lange Zehen, die es ihm ermöglichen, mit einem Fuß mehrere Halme zu erfassen und sich so von Schilfbüschel zu Schilfbüschel fortzubewegen, und schließlich sein Verhalten lassen diesen Spezialisten erkennen: So kann er eine Tarnstellung ähnlich der bekannten „Pfahlstellung" der Rohrdommel einnehmen (vgl. Farbbildteil S. 125), und die Jungen flüchten bei Beunruhigung unter das Nest. Damit mag es zusammenhängen, daß die Zahl seiner Brutpaare am höchsten ist und bei etwa 300 liegt; sie dürfte sich in den letzten Jahrzehnten kaum verändert haben.

Der Purpurreiher trifft unter allen Arten am spätesten im Brutgebiet ein, nämlich Anfang April, also nur wenig früher als die Zwergrohrdommel, während Silber- und Graureiher in der Regel bereits im März, in milden Wintern sogar schon im Februar im Gebiet zu beobachten sind.

Im engen räumlichen Anschluß an die Reiherkolonien brütet der Löffler (*Platalea leucorodia*), der zu den Ibissen gehört. Im Flug unterscheidet er sich von den Reihern (mit S-förmig gekrümmtem Hals) durch völlig gestreckte Haltung.

Sucht der Purpurreiher hauptsächlich im Schilfgürtel nach Nahrung, so legen die übrigen Reiher und der Löffler oft weite Strecken zwischen ihren Kolonien und den Nahrungsrevieren zurück. Besonders der Löffler sucht seine großteils aus kleinen Krebsen bestehende Nahrung in den Salzlachen des Seewinkels. Dabei fischt er mit charakteristischen, halbkreisförmigen Bewegungen seines Schnabels im dort meist trüben Wasser. Silber- und Graureiher jagen an Blänken im Schilfgürtel, an den Rändern der Lachen sowie an Wassergräben und auf Feldern.

Regelmäßige Brutvögel des Gebietes sind auch die Große Rohrdommel (*Botaurus stellaris*) und die Zwergrohrdommel (*Ixobrychus minutus*). Die Große Rohrdommel ernährt sich hauptsächlich von kleinen Wirbeltieren und die andere Art in erster Linie von Wasserinsekten und deren Larven. Beide Arten sind sowohl nach Färbung als auch Art ihrer Fortbewegung echte Schilfbewohner. Im Gegensatz zur Großen Rohrdommel bildet die Zwergrohrdommel lockere Kolonien.

Die Rallen sind eine weitere Vogelfamilie mit deutlichen Anpassungserscheinungen an das Leben in dichter Vegetation. Außer dem bereits erwähnten Bleßhuhn sind vier weitere Familienzugehörige charakteristische Bewohner des Schilfgürtels: Wasserralle (*Rallus aquaticus*), Tüpfelsumpfhuhn (*Porzana porzana*), Kleines Sumpfhuhn (*Porzana parva*) und Grünfüßiges Teichhuhn (*Gallinula chloropus*). Über die Biologie der Rallen ist zur Zeit, wohl hauptsächlich wegen ihrer versteckten Lebensweise, noch recht wenig bekannt: Alle vier Arten sind häufige und regelmäßige Brutvögel der gesamten Verlandungszone, und ihre Verteilung dürfte dort durch den Wasserstand beeinflußt sein: Während Wasserralle und Tüpfelsumpfhuhn zur Brutzeit eher Gebiete mit nur wenigen Zentimetern Wasserstand bevorzugen und dementsprechend vorwiegend im landseitigen Bereich des Schilfgürtels anzutreffen sind, zieht das Kleine Sumpfhuhn Stellen mit tieferem Wasserstand, vor allem solche mit stark verfilzten Pflanzenbeständen, also Mischvegetation und Altschilfgruppen mit starken Windbrucherscheinungen, vor. Nur das Teichhuhn ist von der Wassertiefe weitgehend unabhängig.

Die Wasserralle ist ein ausgesprochener Räuber, der außer Insekten und deren

Larven, Schnecken und Würmern auch Wirbeltiere – Fische, Amphibien, junge Kleinvögel und Kleinsäuger – frißt. Tüpfel- und Kleines Sumpfhuhn ernähren sich von Insekten, Schnecken und anderen Wirbellosen, doch spielt beim Tüpfelsumpfhuhn und noch mehr beim Grünfüßigen Teichhuhn der pflanzliche Nahrungsanteil eine wesentliche Rolle, beim Grünfüßigen Teichhuhn ist dieser möglicherweise sogar höher als der tierische.

Schließlich sind hier noch die Greifvögel zu erwähnen: Nur eine Art, nämlich die Rohrweihe *(Circus aeruginosus)*, ist ein echter Schilfbewohner, der dort nicht nur einen wesentlichen Teil seiner Jagdbeute (Amphibien, Reptilien, Jungvögel und Kleinsäuger) fängt, sondern auch im Rohrwald brütet. Die Rohrweihe jagt aber ebenso weitab vom See über Wiesen und Feldern, an geeigneten Stellen wahrscheinlich besonders auf das Ziesel *(Citellus citellus)*.

Außer dem Seeadler als Wintergast und dem nur auf Frühjahrs- und Herbstzug zu beobachtenden Fischadler *(Pandion haliaëtus)* ist noch der Rotfußfalke *(Falco vespertinus)* im Seegebiet ökologisch von größerer Bedeutung. Dieser Raubvogel brütet zwar in Baumgruppen der weiteren Umgebung des Sees, doch fängt er als hochspezialisierter Insektenjäger häufig über dem Schilfgürtel Libellen im Flug. Der Rotfußfalke ist aber hauptsächlich ein Durchzügler und während des Sommers nur selten zu beobachten.

17. Säugetiere im Seegebiet

Im Gegensatz zu der großen Zahl von Vogelarten mit den mannigfaltigen Anpassungsformen an das Leben im Rohrwald, sind nur wenige Säugetiere in diesem Raum vorgedrungen. Dabei ist vor allem erstaunlich, daß die enorme Produktion pflanzlichen Materials ursprünglich kaum von irgendwelchen Pflanzenfressern genutzt wurde: Denn Rothirsch *(Cervus elaphus)*, Reh *(Capreolus capreolus)* und Wildschwein *(Sus scrofa)* suchen den Schilfgürtel meist nur als Einstand auf, ziehen jedoch zur Nahrungsaufnahme weit in das Vorgelände hinaus.

Erst seit 1923 existiert mit der Bisamratte *(Ondathra zibethica)* – 1905 aus Nordamerika in Böhmen eingebürgert und rasch über weite Gebiete Mittel- und Osteuropas verbreitet – ein Pflanzenfresser, der eine größere ökologische Rolle spielt. Für die Bisamratte bietet der Schilfgürtel ideale Bedingungen, stellt doch Schilf, vor allem Schößlinge, Rhizome und Aerenchymgewebe, die Hauptnahrung dieses Nagers dar. Da ein Elternpaar samt ihren Jungen während eines Jahres etwa 300 kg Frischgewicht an Nahrung aufnimmt, dazu noch rund 100 kg Baumaterial zusammenträgt – das ist insgesamt soviel, wie auf 30 m² Fläche an Schilf produziert wird –, trägt die Bisamratte ähnlich wie die Graugans zur Auflockerung des Schilfbestandes bei. Da sie jedoch in wesentlich größerer Individuenzahl als die Graugans auftritt, ist ihr Einfluß auf den Rohrwald in Jahren maximaler Siedlungsdichte bedeutend.

Wie viele andere Nagetiere unterliegt die Bisamratte der sogenannten Gradation, das heißt langfristigen, regelmäßigen Populationsschwankungen, wie sie vielleicht von den Lemmingen her am bekanntesten sind. Die obere Grenze des für den Schilfgürtel möglichen Bestandes dürfte mit etwa 200.000 Tieren zu veranschlagen sein.

Nach 1973 durchgeführten Zählungen der bewohnten Bauten vom Hubschrauber aus leben derzeit etwa 10.000 Tiere (ohne Nestlinge) im gesamten österreichischen Teil des Schilfgürtels, am dichtesten bei Illmitz und zwischen Mörbisch und Rust mit durchschnittlich einem Bau auf 2 ha. Neubesiedelung nach einem Populationszusammenbruch, wie zuletzt um 1970 infolge einer Virusseuche, läßt erkennen, daß zunächst Bauten entlang von Ufern und Kanälen angelegt werden. Erst bei höherer Bevölkerungsdichte findet man die Tiere auch weitab vom Wasser; sie sind dann auch wanderungsaktiver als in Jahren geringer Siedlungsdichte. Da ein Weibchen im Laufe eines Sommers zwei bis drei Würfe mit jeweils mehreren Jungen hervorbringt, kann die Population sehr rasch zunehmen, zumal die natürlichen Feinde wie Rohrweihe, Iltis oder Ringelnatter nicht sehr zahlreich sind oder aber, wie auch manchmal Krähen, nur sehr junge oder geschwächte Tiere überwältigen können. Die wirksamste Eindämmung zu starker Vermehrung besteht derzeit in der Bejagung während des Winters (KNOFLACHER 1974).

Die Bauten der Bisamratten stellen ihrerseits beliebte Nestunterlagen für Enten und Gänse dar und werden auch von Ringelnattern und Fröschen wegen ihres inselartigen Charakters gerne zum Sonnen aufgesucht. Desgleichen sind sie wichtige Überwinterungsplätze für Frösche und Molche.

Regelmäßig werden die Bisamrattenbaue auch von der Zwergmaus (*Micromys minutus*) besiedelt, einem weiteren charakteristischen Bewohner des Schilfgürtels. Dieser kleine Nager klettert ganz hervorragend, bringt seine Kugelnester oft mehrere Dezimeter über dem Boden und auf senkrechten Pflanzenstrukturen an und kommt vor allem im Winter im seeseitigen Teil des Schilfgürtels vor. Ein hoher Insektenanteil der Nahrung ist für die Zwergmaus sehr typisch, daneben werden Schilf- und andere Pflanzensamen aufgenommen.

Noch zwei weitere Nagetierarten spielen im Ökosystem des Schilfgürtels eine größere Rolle: Wanderratte (*Rattus norvegicus*) und die, systematisch gesehen, zu den Wühlmäusen gehörige Wasserratte oder Ostschermaus (*Arvicola terrestris*). Die Wanderratte ist hier regelmäßig im Bereich von Seebädern, Badehütten und Bootshäfen anzutreffen, doch existieren auch im Schilfgürtel lebende Populationen, die zur Anlage ihrer Nester alte Vogelnester und Baue der Bisamratte benützen. Ihre Nahrung setzt sich zu einem Großteil aus tierischem Eiweiß, vor allem Vogelgelegen und auch Jungvögeln zusammen, weiß man doch, daß die Wanderratte zur Bedrohung, wo nicht gar Ausrottung vieler inselbewohnenden Arten auf der ganzen Welt beigetragen hat. Im Winter sind diese Populationen zum Abwandern gezwungen: Wohl können Wanderratten ähnlich den Bisamratten schwimmen und tauchen, doch vermögen sie sich nicht wie letztere unter Eis von Schilfrhizomen zu ernähren und leiden daher an Nahrungsmangel.

Während die Wanderratte fast überall anzutreffen ist, findet sich die Wasserratte oder Ostschermaus hauptsächlich in den überfluteten Gebieten des Rohrwaldes. Sie ist ein ausgezeichneter Schwimmer, der zu dieser Fortbewegung nur die Hinterbeine nützt, und legt ihre Nester in unterirdischen Gangsystemen (Ufergebiete) oder oberirdisch im Schilf an. Auch ist sie für die Einrichtung großer Vorratskammern bekannt und lebt vorwiegend von pflanzlichem Material.

Neben den Pflanzen- und Allesfressern sind besonders die kleinen Fleischfresser und Räuber im Schilfgürtel nahrungsmäßig begünstigt: So beträgt allein der zahlenmäßige Anteil der Spitzmäuse an der Kleinsäugerfauna etwa 62%. Dabei fällt auf, daß die Waldspitzmaus *(Sorex araneus)*, obwohl durch keinerlei spezielle Anpassungserscheinungen an ein Leben im Wasser ausgezeichnet, weitaus zahlreicher ist als die eigentlichen Wasser- und Feuchtraumbewohner Wasser- *(Neomys fodiens)* und Sumpfspitzmaus *(Neomys anomalus)*. Doch ist nur die Wasserspitzmaus imstande, auch im ständig überfluteten Gelände zu existieren. Sie nützt gelegentlich, ebenso wie die Zwergmaus, Vogelnester als Ruheplätze (BAUER 1960).

Zu den fleischfressenden Kleinsäugern gehört vor allem auch die Vielzahl der Fledermäuse, die in Dämmerungs- und Abendstunden über Schilfgürtel und Wasserfläche nach Insekten jagen. Die häufigste Art ist im Gebiet die Rauhhäutige Fledermaus *(Pipistrellus nathusii)*, deren Brutplätze unter anderem oft in den Holzschalungen von Badehütten am seeseitigen Rand des Schilfgürtels anzutreffen sind. Auch der Abendsegler *(Nyctalus noctula)* und das Kleinmausohr *(Myotis oxygnathus)* sind im Raum des Neusiedlersees häufig zu beobachten. Dagegen gibt es relativ wenige größere Raubtiere in der Verlandungszone des Sees. Wohl gehen von der Landseite her Iltis *(Mustela putorius)*, Fuchs *(Vulpes vulpes)*, auch Steinmarder *(Martes foina)* und Hermelin *(Mustela erminea)*, in den Schilfgürtel auf Jagd, soweit er nicht allzutief überflutet ist. Diese Säuger sind jedoch häufiger auf Eis unterwegs, um Bisamratten und überwinternden Vögeln nachzustellen. Der Fuchs sucht die freie Eisfläche auf, wo er an den wenigen offenen Wasserstellen nach – zum Teil angeschossenen – Enten und Gänsen jagt. Der einzige heimische Raubsäuger mit spezieller Anpassung an das Wasserleben ist der Fischotter *(Lutra lutra)*, der aber zur Anlage seines Baus hohe Erdufer benötigt und daher im Gebiet kaum ideale Lebensbedingungen vorfindet. Abgesehen davon, daß diese Art bereits in ganz Europa stark zurückgegangen ist, kommt sie nur gelegentlich als Durchwanderer hier vor.

Ein Raubtier jüngerer historischer Zeit ist der sogenannte „Rohrwolf", angeblich Bewohner der südlichen Schilfwälder und bis heute in seiner Identität umstritten, da jegliche Belegindividuen und ältere Beschreibungen fehlen. Die Vermutungen schwanken zwischen Goldschakal *(Canis aureus)* – sein Verbreitungsgebiet reicht gegenwärtig immerhin noch bis Ungarn – und einer kleinen Wolfsrasse, ähnlich den südindischen Formen. Auch verwilderte Haushunde des „Paria"-Typus, wie sie am Balkan und weiter südöstlich in der Umgebung menschlicher Siedlungen häufig anzutreffen sind, wurden in Erwägung gezogen: Mit wandernden Zigeunern hätten sie ins Gebiet gelangen können. Doch es ist nicht auszuschließen, daß dieser mysteriöse Rohrwolf gänzlich in den Bereich der Legende gehört.

18. Nahrungsketten und Energiefluß im Neusiedlersee

In den botanischen und zoologischen Abschnitten sind Einzelaspekte der Biologie, Verteilung und Produktion verschiedener Organismengruppen oder Lebensgemeinschaften dargestellt und diskutiert worden. Nun interessiert abschließend eine Gesamtschau der Zusammenhänge des Ökosystems Neusiedlersee. In den vierziger und fünfziger Jahren stellten die Amerikaner R. LINDEMAN, H. T. und E. ODUM den Energiefluß als Ansatz für die gesamtheitliche Betrachtung eines Ökosystems in den Vordergrund, ausgehend von der Tatsache, daß sämtliche in einem Lebensraum ablaufenden Prozesse mit Energieumsätzen verknüpft sind: So wird durch Photosynthese Lichtenergie in Form organischer Substanz gebunden, und die dafür verantwortlichen Primärproduzenten bilden (neben chemosynthetischen Bakterien) die Grundlage für alle weiteren Nahrungs-Stockwerke oder „trophischen Niveaus" in einem solchen Ökosystem. Es sind dies die Pflanzen- und Detritusfresser, die Räuber und die meisten (nicht photo- oder chemosynthetisch wirksamen) Bakterien.

Letztlich beziehen auch Ökosysteme, in denen die Lichtenergie nicht für die Photosynthese ausreicht, wie in Höhlen oder in der Tiefsee, ihre Energie indirekt in Form von Detritus oder sedimentierenden toten Organismen vom Licht her.

Um den Energiefluß zu erfassen, müssen vorerst die Nahrungsbeziehungen analysiert werden. Bisher wurde meistens von der vereinfachten Vorstellung einer sogenannten Nahrungskette ausgegangen, von der Annahme also, daß tatsächlich nur trophische Stockwerke existierten, daß Algen von Tieren und diese Tiere wiederum von anderen gefressen werden etc. Nun sind aber verhältnismäßig wenige Tiere Nahrungsspezialisten, sondern sie haben mehr oder weniger weite Nahrungsspektren und können dabei Stockwerke sozusagen überspringen. Dies führt zur Verzweigung und Verflechtung von Nahrungsketten zu einem komplexen Beziehungsgefüge, dem Nahrungssystem. Abb. 27 zeigt in starker Vereinfachung das Nahrungssystem im Schilfgürtel. Hier sind nur die wichtigsten Tiere dargestellt und alle mikroskopisch kleinen Arten sowie die zahlreichen Tierparasiten gänzlich weggelassen.

Ganz allgemein kann hervorgehoben werden, daß das Nahrungssystem einer vielfältigen Lebensgemeinschaft, wie sie im Schilfgürtel repräsentiert ist, lange Nahrungsketten mit hohem Verknüpfungsgrad besitzt. So sind Nahrungsketten bis zu sechs Gliedern hier durchaus möglich, gegeben etwa durch: detritusfressende Chironomidenlarven – Kleinlibelle – Wasserspinne – Frosch – Ringelnatter – Rohrweihe. Von jedem dieser Glieder gehen freilich auch etliche andere, zum Teil direktere Wege aus, so etwa von der Zuckmückenlarve direkt zur Wasserspinne und vom Frosch direkt zur Rohrweihe. Die Chironomidenlarve kann aber auch gleich einem Aal als Endglied zur Nahrung dienen. Im Durchschnitt bestehen Nahrungsketten hier aus drei bis vier Gliedern: dies ist eine hohe Zahl, verglichen mit den Nahrungssystemen vieler spärlicher besiedelter natürlicher Ökosysteme wie etwa dem des freien Sees mit durchschnittlich nur zwei bis drei Gliedern.

Die langen Nahrungsketten des Schilfgürtels mit ihrem hohen Verknüpfungsgrad verleihen diesem Ökosystem hinsichtlich seiner Artenhäufigkeit und -zusammensetzung Stabilität. Denn so wie ein engmaschiges und vielfach verknüpftes Netz auch

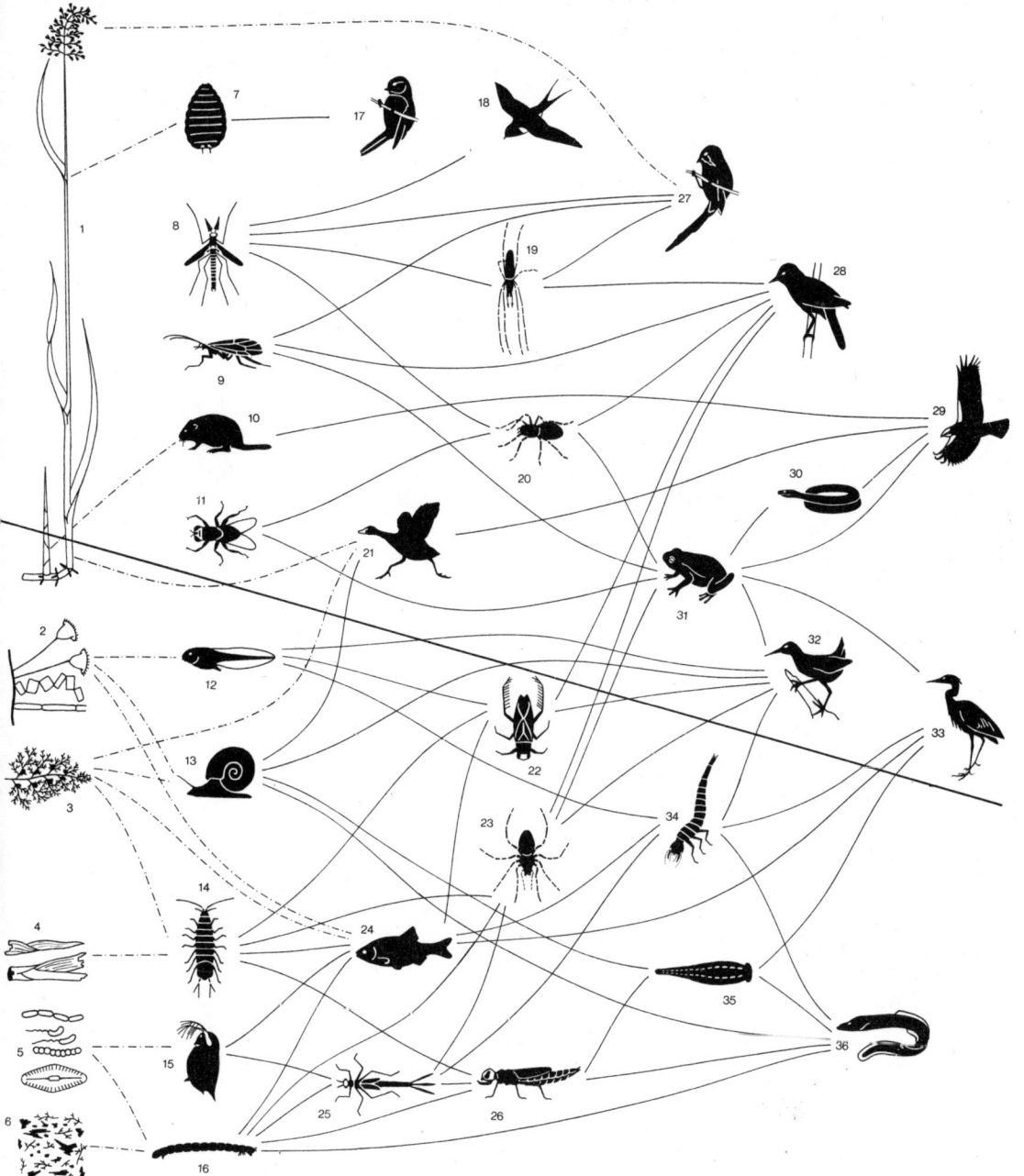

Abb. 27: NAHRUNGSBEZIEHUNGEN IN DER LEBENSGEMEINSCHAFT DES SCHILFGÜR-
TELS

Die vernetzten Nahrungsketten verlaufen von der pflanzlichen Nahrungsbasis (links) über Pflanzen- und
Detritusfresser zu Räubern und Endverbrauchern (rechts).

Strichpunktierte Linien = pflanzliche Nahrung; ausgezogene Linien = tierische Nahrung. Die
durchgehende schräge Gerade symbolisiert die Wasseroberfläche als Grenze der beiden Hauptlebens-
räume.

1 Schilfpflanze, 2 Aufwuchs, 3 Wasserschlauch, 4 Fallaub, 5 Mikroorganismen, 6 Detritus; 7 Schilfschild-
laus, 8 Zuckmücke, 9 Köcherfliege, 10 Bisamratte, 11 Uferfliege, 12 Kaulquappe, 13 Wasserschnecke, 14
Wasserassel, 15 Wasserfloh, 16 Zuckmückenlarve; 17 Blaumeise, 18 Schwalbe, 19 Netzspinne, 20
Laufspinne, 21 Bleßhuhn, 22 Wasserwanze, 23 Wasserspinne, 24 Rotfeder, 25 Kleinlibellenlarve, 26
Großlibellenlarve, 27 Bartmeise, 28 Rohrsänger, 29 Rohrweihe, 30 Ringelnatter, 31 Wasserfrosch, 32
Wasserralle, 33 Purpurreiher, 34 Schwimmkäferlarve, 35 Pferdeegel, 36 Aal.

dann seine Festigkeit beibehält, wenn man einige Fäden durchtrennt, so sind im System des Schilfgürtels genügend andere Nahrungsbeziehungen vorhanden, um einen ausgefallenen Nahrungsweg zu ersetzen. Diese Stabilität durch hohen Verknüpfungsgrad ist für Sumpf-Ökosysteme charakteristisch: dies haben auch die Forschungen in vergleichbaren Lebensräumen anderer Gegenden, etwa in den mit Marschgras bestandenen Flußdeltas Nordamerikas bestätigt.

Energetisch gesehen, wird jedesmal beim Übergang von einem trophischen Niveau zum nächsten ein Großteil der stofflich gebundenen Energie durch Atmung in Wärme umgewandelt und geht somit für die weitere Nahrungskette verloren. Daher ist die verfügbare Nahrungsenergie um so größer, je kürzer die Nahrungskette und je näher damit die Organismen dem Beginn einer Kette stehen. Diese Überlegungen haben auch für Landwirtschaft und Fischerei große Bedeutung; aus der ursprünglichen Produktion einer Nutzfläche kann ein um so größerer Anteil für die menschliche Ernährung nutzbar gemacht werden, einer je niedrigeren Stufe im Nahrungssystem die Ernteprodukte (z. B. Fische) angehören.

Während der Weg aller Stoffe im Ökosystem als Kreislauf verstanden werden kann, da sie ja durch die abbauende Tätigkeit der Organismen wieder in das für die Pflanzen verfügbare Reservoir zurückgeführt werden (vgl. Abb. 28), durchströmt die Energie, die das lebende System und damit auch den Stoffkreislauf aufrechterhält, das System wie ein sich verzweigender Fluß: sie tritt als Lichtstrahlung bei den grünen Pflanzen in das Ökosystem ein und verläßt es als Wärme bei allen seinen (Nahrungsketten-)Gliedern. In den Energieflußdiagrammen auf den Abb. 29 und 30 repräsentieren die Blöcke die durchschnittlich vorhandene Biomasse der einzelnen Komponenten, die Röhren hingegen den Energiefluß pro Zeiteinheit, in diesem Fall pro Jahr. Naturgemäß muß die Stärke der Röhren von Block zu Block in der Fließrichtung abnehmen, da ja eben jedem Glied der Nahrungskette Atmungsenergie verlorengeht. Doch kann der durchschnittliche Bestand an Organismen eines bestimmten trophischen Niveaus unter Umständen größer sein als jenes Nahrungsglied, von dem sie sich ernähren.

So ist etwa, wie aus Abb. 29 hervorgeht, der durchschnittliche Bestand, also die durchschnittliche Biomasse an Primärproduzenten der schilffreien Seefläche, kleiner als jener des Zooplanktons, das sich hauptsächlich von Algen ernährt. Dies versteht sich aus dem raschen Umsatz – Produktion und Abbau – von Algenzellen, der in einer hohen Primärproduktion bei relativ geringem Bestand resultiert.

Aus dem dargestellten Energieflußdiagramm gehen unmittelbar die unterschiedlichen Dimensionen sowohl der einzelnen Werte für Biomasse als auch für den Energiedurchfluß hervor. Die Primärproduktion des Schilfgürtels ist zwanzigmal so groß wie jene des freien Sees; hier allerdings fällt als zusätzliche Energiequelle noch organisches Material aus der Luft (Empneuston und Detritus) und durch Ausdrift vom Schilfgürtel her (Humus- und andere organische Stoffe) ins Gewicht. Dagegen spielt derartiges Fremdmaterial in der Energiebilanz des Schilfgürtels keine berücksichtigungswürdige Rolle. Allerdings sind die fraglichen Werte dort nur sehr schwer zu erfassen.

Von entscheidender Bedeutung sowohl für die Bestandsdichte als auch den Umfang des Energiedurchflusses ist die hervorgehobene Tatsache, daß die Wasser-

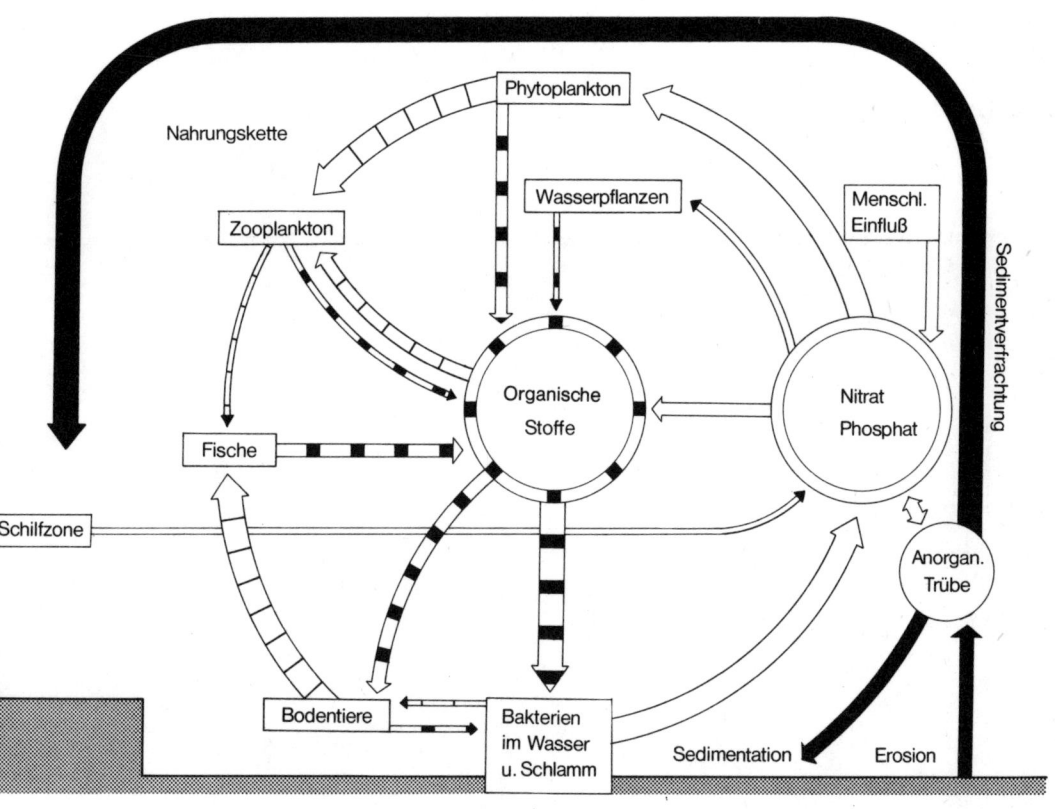

Abb. 28: DER NÄHRSTOFFKREISLAUF DES NEUSIEDLERSEES
weiße Pfeile: gelöstes anorganisches Nitrat und Phosphat
dünn durchbrochene Pfeile: organisch gebundene Stickstoff- und Phosphorverbindungen in lebenden
Organismen (Nahrungskette)
dicke durchbrochene Pfeile: Stickstoff- und Phosphorverbindungen des Mineralisationsprozesses
schwarze Pfeile: Verfrachtung von Feststoffen

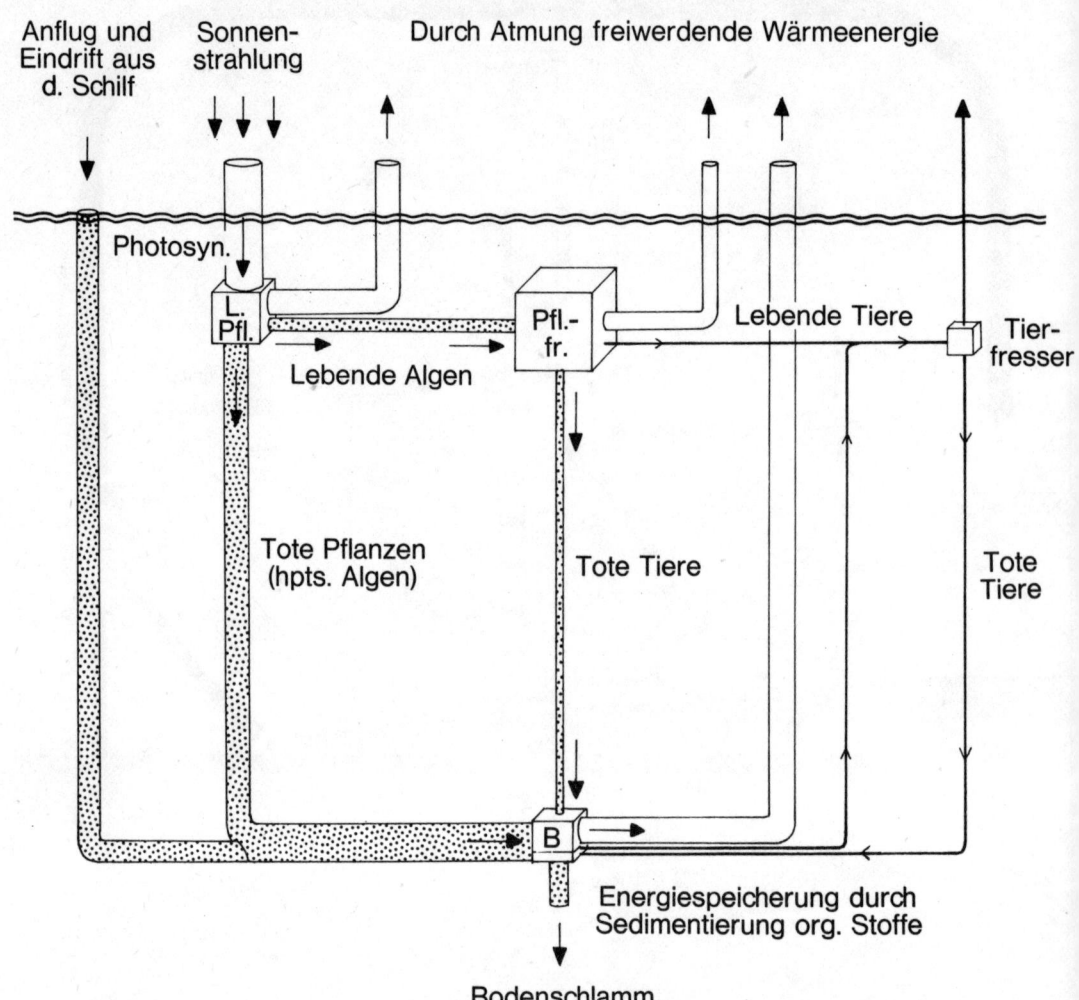

Abb. 29: ENERGIEFLUSS IM FREIEN SEE

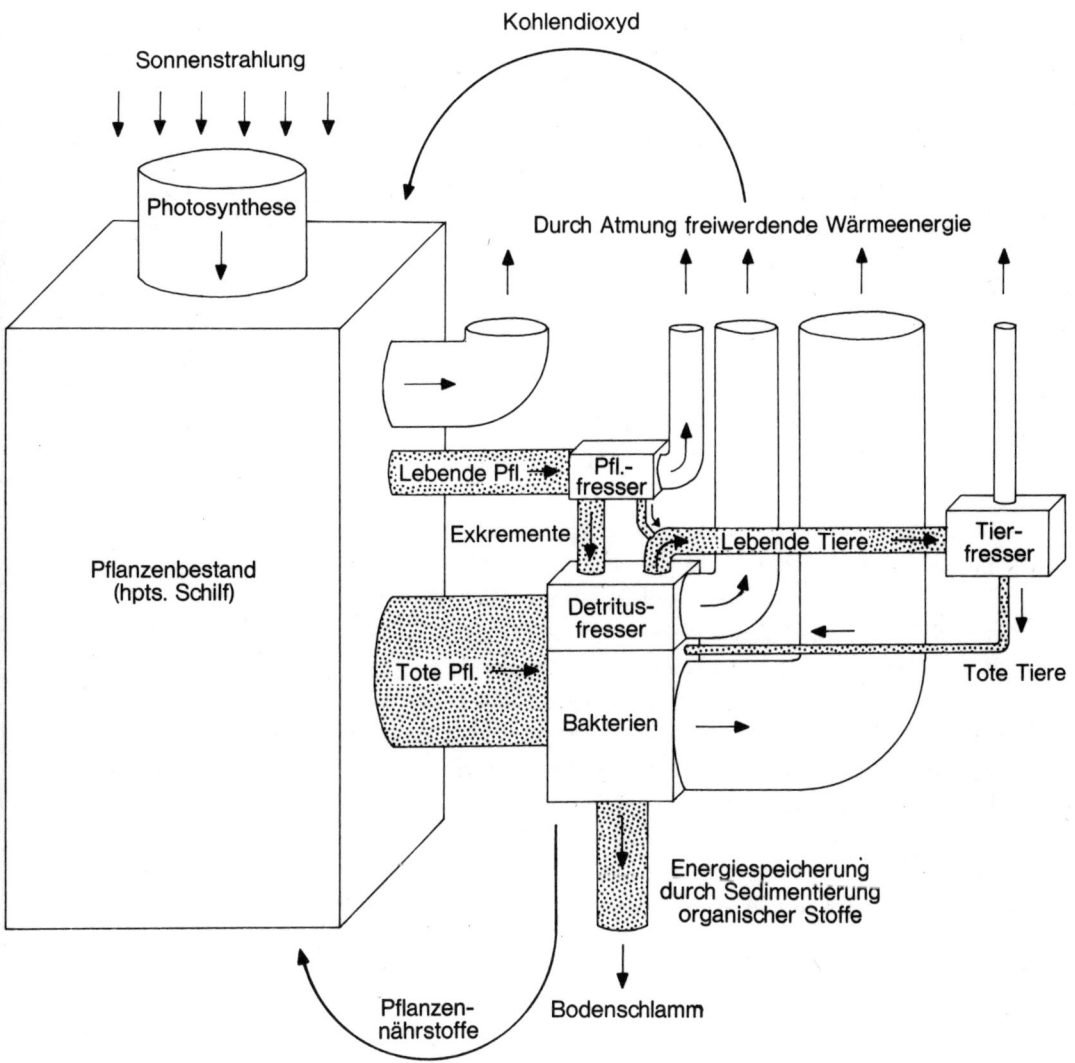

Abb. 30: ENERGIEFLUSS IM SCHILFGÜRTEL

tiere im Schilfgürtel hauptsächlich Detritus-, im freien See dagegen Algenfresser sind. Unter den lebenden Pflanzen sind nur Algen direkte Nahrungsgrundlage für die Stufe der Pflanzenfresser; dagegen führt von den Großpflanzen nur ein unbedeutender Weg dorthin.

Aus beiden Schaubildern läßt sich maximaler Energiefluß (als Röhren dargestellt) zu den Mikrokonsumenten, also abbauenden Bakterien und tierischen Verarbeitern des Detritus, ablesen. Beide sind von fundamentaler Bedeutung, doch lassen sie sich in der Praxis oft nur schwer voneinander trennen. Ebenso ist gut erkennbar, daß die trophische Stufe der Räuber im Rohrwald verhältnismäßig stärker vertreten ist als im freien See.

Schließlich wird in beiden Teilen des Ökosystems ein bestimmter Anteil der organisch gebundenen Energie nicht weiter verbraucht, sondern am Seeboden abgelagert und dort gewissermaßen gespeichert: Dabei beläuft sich dieser Posten im Schilfgürtel mit etwa 10% der Primärproduktion auf das zwanzigfache des freien Sees. Stärkere Sedimentation organischen Schlammes erfolgt nur in Schilfrandnähe und im Bereich des Makrophytengürtels.

19. Mensch und See

Obschon sich die Spuren menschlicher Tätigkeit in Österreich rund 180.000 Jahre, also bis in die letzte Zwischeneiszeit (Riß, Würm) zurückverfolgen lassen, sind aus dem Raum des Neusiedlersees doch erst Nachweise ab der Zeit des älteren Lithikums (Bärenhöhle bei Winden) und des Keramikums (auch Neolithikum) vorhanden. Es handelt sich dabei um Funde von Linearkeramik (ca. 3600 v. d. Z.), wie sie sonst noch aus dem östlichen Niederösterreich und anderen Teilen des Burgenlandes vorliegen. Zweifellos ist auch die Kultursteppe, die das gegenwärtige pseudonatürliche Landschaftsbild prägt, außerordentlich alt. Sie entstand durch Rodung der pannonischen Flaumeichenmischwälder und Eichen-Hainbuchenwälder, die im Raum des Seewinkels durch die sogenannten „Lacken", ursprünglich wohl bis zu 100 seichten, in das Schotterrelief des Raumes eingesenkten Gewässer, und durch Salzböden stark aufgelockert waren. Grabfunde der Wieselburger Kultur aus dem Gebiet von Oggau stammen bereits aus dem frühen Metallicum (ca. 1700 v. d. Z.), eine Zeit bereits dichterer Siedlung im Neusiedlerseeraum. In anderen Teilen Österreichs hatten während dieser Periode größere landwirtschaftliche Eingriffe, vor allem Waldrodungen, auf manche Seen offenbar nachhaltigen Einfluß: So dürfte die Bildung der Faulschlammschicht (Sapropel) des Längsees in Kärnten mit Waldrodung während des Metallicums einsetzen, wenngleich auch der Zusammenhang noch nicht endgültig klargestellt ist.

Der Neusiedlersee selbst dürfte freilich noch bis ins späte Mittelalter kaum von menschlichen Eingriffen betroffen gewesen sein; sie begannen eigentlich sogar erst mit der Regulierung der Rabnitz und nahmen erst in unserem Jahrhundert ein bedrohliches Ausmaß an. Wie Konrad Lorenz in seinem Buch „Die acht Todsünden der zivilisierten Menschheit" es zutreffend formuliert, „läßt die Hast der heutigen Zeit den Menschen keine Zeit, zu prüfen und zu überlegen, ehe sie handeln". Noch war es freilich lange nicht soweit: Einwanderung der Illyrer und Nachweis der Hallstattzeit (ältere Eisenzeit 800–400 v. Chr.) im Raum östlich des Sees, Keltenbesiedlung (400 v. Chr.) und Angriffe der Daker vom Osten her auf die keltischen Bojer sind die wesentlichen Ereignisse des letzten vorchristlichen Jahrhunderts. Sie trugen wohl mit zur Abwanderung der Kelten bei, so daß um Christi Geburt das Gebiet von Plinius d. Ä. wegen seiner Verlassenheit als Bojerwüste bezeichnet wird (siehe Kap. 2, S. 15) und zu dieser Zeit bereits als „Pannonia" römische Provinz ist. Auch diese römische Periode von rund 400 Jahren ist im unmittelbaren Uferbereich des Sees bei Oggau durch Gräberfunde dokumentiert (aus der Zeit um 300 n. Chr.).

Für diese Zeit der Völkerwanderung und das wechselvolle Geschick der Landschaft unter Vandalen, Hunnen (433–455), Ostgoten, Rugiern, Langobarden (500–568) und Awaren liegen keinerlei Nachrichten aus der Seeumgebung vor: sicher war das Gebiet damals wieder wie schon nach der Bojersiedlung weitgehend entvölkert. Erst mit der Eroberung des Raumes durch Karl d. Gr. setzte erneut Besiedlung durch bayrische „Kolonisten" ein, doch wurde der letzte Awarenstaat an der Donau erst 828 durch Ludwig den Deutschen aufgelöst, hauptsächlich auf Grund der aktuell gewordenen Bulgarengefahr. Zu Ende des 9. Jahrhunderts brechen die von Russen und Petschenegen (einem turkstämmigen Volk) im Schwarzmeerraum bedrängten Madjaren in den pannonischen Raum ein und stoßen 881 bei Wien *(apud Weniam)* auf fränkische Kräfte: Dies ist übrigens nach vielhundertjähriger Pause die erstmalige Erwähnung Wiens. Die Landnahme Pannoniens durch die Masse des Volkes erfolgte freilich erst 896. Sie wurde durch den Sieg bei Preßburg im Sommer 907 über einen bayrischen Heerbann befestigt. Die ungarische Herrschaft bis zur großen Wende durch die Schlacht am Lechfeld (955) bedeutete zweifellos abermals einen schweren Niedergang des Siedlungswesens im Raum des Neusiedlersees.

Zur Zeit König Stephans I. (997–1038) wird Ungarn christianisiert und eine eigene Kirchenprovinz (Erzbistum Gran), dessen Westgrenze gegen die Ostmark die Leitha darstellt. Später werden die Petschenegen (Bissener) als Grenzwächter Ungarns dort angesiedelt, doch führen Zwistigkeiten zu einem Kampf König Salomons gegen die Bissener, in denen er sie an den Ufern des Neusiedlersees besiegt und ein großer Teil seiner Feinde im Wasser des Sees zugrunde geht: „*Et multis ex eis interfectis, aliis in stagne Ferteu submersis, pauci cum Zultan fugiende evaserunt.*" (Und viele von ihnen wurden getötet, andere ertranken im Fertö, und nur wenige entkamen fliehend mit dem Sultan.) Dieses Zitat, aus *Historiae Hungariae fontes domestici I. Scriptores II.* p. 188 entnommen, ist die erste urkundlich belegte Bezeichnung des Sees als Ferteu (Fertö) und wurde vielfach mit einem höheren Wasserstand des Sees in Zusammenhang gebracht. Ebenso gab der bereits in Kapitel 2 zitierte Übergang des Kreuzheeres im Jahr 1096 Anlaß, niedrigen Pegelstand für diese Zeit zu vermuten.

1217 werden erstmals die Orte Gols und Podersdorf erwähnt und ihre Seeuferlage (!) hervorgehoben. Sie sind wohl im Zuge des Kolonisationsschubes dort unter den salischen Kaisern entstanden. Wenig später erfolgten Mongolen- und Tatareneinfälle in Ungarn, die vom Babenberger Herzog Friedrich zur Besetzung der drei zum Großteil deutsch besiedelten Grenzkomitate Wieselburg, Ödenburg und

Eisenburg genützt wurden (1241), die aber nach dem unerwarteten Abzug der Mongolen nicht lange behauptet werden konnten. Im 13. Jahrhundert wird auch Breitenbrunn (Praytembrunn) in einer Urkunde genannt, und es ist anzunehmen, daß die günstige klimatische Situation zur Zeit der Gotik (Weinbau bis Norddeutschland) nicht nur die landwirtschaftliche Tätigkeit des Menschen, sondern auch den See nachhaltig beeinflußt hat. Sowohl im 13. als auch 14. Jahrhundert dürfte der See mittlere bis höhere Pegelstände gehabt haben.

Auch im 15. Jahrhundert scheinen mittlere bis hohe Wasserspiegel vorgeherrscht zu haben: so soll die Ortschaft „Tard" 1410 einem Hochwasser zum Opfer gefallen sein. Knapp danach tauchen zum erstenmal Zigeuner im Gebiet auf (1417). Zwischen 1529 und 1532 wiederholt sich das Geschick des Siedlungsraumes um den Neusiedlersee: Unter Sultan Soleiman werden alle Dörfer niedergebrannt und das Gebiet erneut entvölkert. Im gleichen Jahrhundert (1568) werden erstmals Auswirkungen größerer technischer Eingriffe in den Wasserhaushalt des Sees bemerkbar (Ableitung der Rabnitz, siehe Kap. 2, S. 15). 1583 beschreibt der Botaniker Carolus Clusius zusammen mit Johannes Manlius und Stefan Beythe die Flora des westpannonischen Raumes und leitet damit die naturwissenschaftliche Erforschung des Gebietes auch um den Neusiedlersee ein.

Das 17. Jahrhundert ist in diesem Teil des ungarischen Grenzgebietes durch Aufstände und Unruhen (Magnatenaufstand 1604–1606) im Zusammenhang mit der Reformation gekennzeichnet, in der zweiten Hälfte des Jahrhunderts überschatten neuerliche Türkenkriege (1664 Schlacht bei Mogersdorf, 1683 völlige Verwüstung des Gebietes unter Kara Mustafa) andere Ereignisse wie die Erhebung von Rust zur königlichen Freistadt (1681) oder häufige Heuschreckeneinfälle (1663, 1682–1697).

Als Reaktion auf die Türkenverwüstungen und den katastrophalen Bevölkerungsschwund – ganze Orte wie Moschado, Zitzmannsdorf verschwanden damals für immer von der Landkarte – erfolgte im 18. Jahrhundert (wie schon im 16. Jahrhundert als Folge auf den Türkenzug 1529) erneut ein Kolonisationsschub, und zwar hauptsächlich von der Woiwodina (Kroatien) her. Dies führt, ebenso wie die Madjarisierung seit 1867 (Ausgleich Österreich-Ungarn 1867) zur Entstehung einer dreisprachigen Kulturlandschaft, die sich nicht nur in den Bezeichnungen für den Neusiedlersee widerspiegelt (ungarisch: Fertö, und kroatisch: Niuzaljsko jezero), sondern auch in der Gestaltung der Siedlungen: hier existiert der durch Arkaden ausgezeichnete burgenländische Haken- oder Zwerchhof in Straßenanger- und Platzdörfern, daneben meist größere Weinhauerhäuser, die ganz dem typischen Burgenlandhaus entsprechen. Freilich: was in diesem Raum aus falschverstandenem Modernisierungsbedürfnis innerhalb der letzten zwei Jahrzehnte zerstört worden ist, wird nie wiedergutzumachen sein.

Nur im ersten Jahrzehnt des 18. Jahrhunderts erlebt der Raum um den Neusiedlersee kriegerische Ereignisse: Unter Anton Graf Esterházy erobern die Kuruzzen am 3. August 1708 Neusiedl und töten 200 österreichische Soldaten, die dort den Tabor verteidigen. Ansonsten verläuft die Entwicklung ruhig, nachdem 1713 mit dem letzten Auftreten der Pest und 1735 auch der vorläufig letzten Cholera (1849 taucht diese Seuche dann abermals im Gebiet auf) keinerlei einschneidende Ereignisse zu wesentlichen Veränderungen führen.

Im letzten Vierteljahrtausend entwickelten sich die neuen bzw. wiederbelebten Gemeinden um den See, wie sie auf den Abbildungen 31 bis 34 dargestellt sind. Sie alle haben seit den späten fünfziger Jahren dieses Jahrhunderts ihr Aussehen schlagartig verändert und nehmen seither auch im Zusammenhang mit dem explosiv anwachsenden Fremdenverkehr Anteil an der – zum Teil unglücklichen – Gestaltung des Seeufers. Unter Berücksichtigung des möglichen Siedlungsraumes haben die Seeufergemeinden derzeit eine Dichte von teilweise unter 40 (Illmitz), 80–120 im nördlichen Seewinkel und schließlich 200–300 Einwohner/km² im Raum Mörbisch–Rust. Sie sind industriearm oder besitzen gegenwärtig keinerlei Industrie. Als vorwiegende Agrargemeinden haben sie landwirtschaftliche Betriebe mit meist weniger als 10 ha. Seit rund 15 Jahren bietet der Fremdenverkehr zusätzliche Erwerbsmöglichkeiten, eine Entwicklung, deren nachhaltiger Einfluß noch ausführlich besprochen werden wird. Tabelle 7, S. 154, zeigt, daß große Teile der Gesamtfläche der Seegemeinden auf See, Schilfgürtel und Lacken des Seewinkels entfallen.

Von der verbleibenden Nutzfläche ist der Großteil Ackerland mit hohem Weinlandanteil. Lediglich die Ostgemeinden verfügen gegenwärtig noch über Wiesen- und Hutweidenanteile, während die Westufergemeinden höhere Waldanteile besitzen. Unter den Ackerbaufrüchten überwiegen Weizen, Gerste, Roggen sowie Mais und Zuckerrübe, letztere auf Grund der erwähnten hohen Bodenqualität, daneben wird intensiver Gemüsebau (Salat, Tomaten, Gurken, Paprika) betrieben. Weidewirtschaft, wie sie vor allem in den Ostgemeinden stark vertreten war, gibt es gegenwärtig kaum mehr, mit ihrem Schwund sind auch die Reste der letzten Hutweiden gefährdet.

Raumplaner, mit Strukturanalysen der Seeufergemeinden befaßt, haben vielfach festgestellt, daß in den genannten Gemeinden die Möglichkeit zur Industriearbeit und zu stark mechanisierten Betrieben zumindest gegenwärtig noch weitgehend fehlt. Dagegen kommt dem Fremdenverkehr – jedoch nicht verstanden als Ausverkauf an in- und ausländische Appartementhaus- und Bungalowbaugesellschaften – überaus große Bedeutung zu. Leider hat nur eine unbedeutende Minderheit erkannt, daß die Zerstörung der Ortsbilder und der vorhandenen Natur- und Kulturlandschaft, teilweise durch Modernisierungsbestrebungen bedingt, sicher nur fremdenverkehrsfeindlich sein kann. Nur die Bewahrung wertvoller Natur- und Kulturdenkmäler, des Landschaftscharakters und seiner europäischen Einzigartigkeit werden die rasche Entwicklung des Fremdenverkehrs weiterhin stimulieren.

Der hohe Rekreationswert des Seegebietes geht aus der Gesamtsumme von 67.000 Touristen mit insgesamt 420.000 Nächtigungen deutlich hervor; wenn auch noch für Österreich relativ gering, so liegt dieser Wert mit zwei Gästen pro Einwohner doch über dem europäischen Durchschnitt.

Der Erholwert unserer Landschaft erscheint aber noch bedeutsamer, wenn man den Anteil an Ausländern berücksichtigt. Dieser beträgt zwischen 70 und 80%, in Podersdorf bei fast 1,120.000 und in Donnerskirchen bei nur 4140 Nächtigungen mehr als 90%. Selbst Winden mit der geringsten Besucherzahl – 70 Gäste und 757 Nächtigungen – weist einen Ausländerstand von 95% auf. Die Aufenthaltsdauer freilich variiert ganz beträchtlich: In Neusiedl/See, Mörbisch und Rust liegt sie im

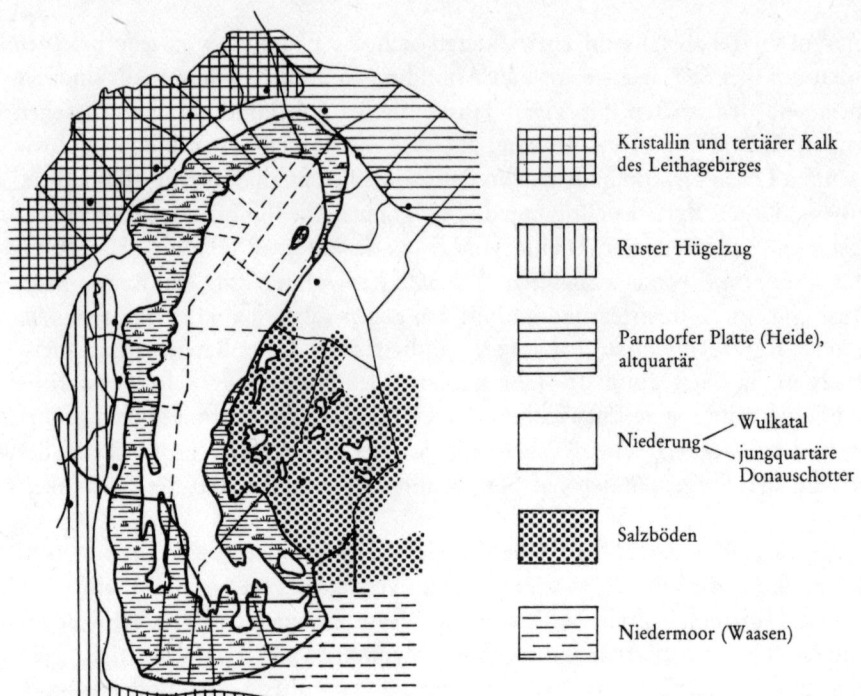

⊞	Kristallin und tertiärer Kalk des Leithagebirges
⊪	Ruster Hügelzug
☰	Parndorfer Platte (Heide), altquartär
☐	Niederung ⟨ Wulkatal / jungquartäre Donauschotter
⣿	Salzböden
⊟	Niedermoor (Waasen)

Abb. 31: NATURRÄUMLICHE GLIEDERUNG DES NEUSIEDLERSEEGEBIETES

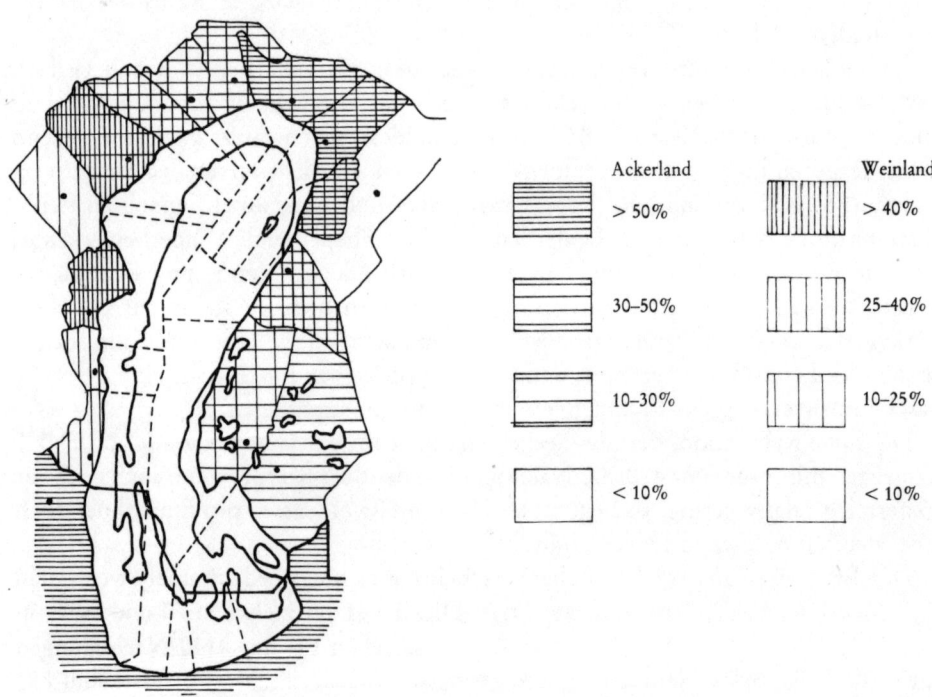

Ackerland		Weinland	
☰	> 50%	⊪	> 40%
☰	30–50%	⊪	25–40%
☰	10–30%	⊪	10–25%
☐	< 10%	☐	< 10%

Abb. 32: BODENNUTZUNG (1969)
in % der Gem.-Fläche ohne See!

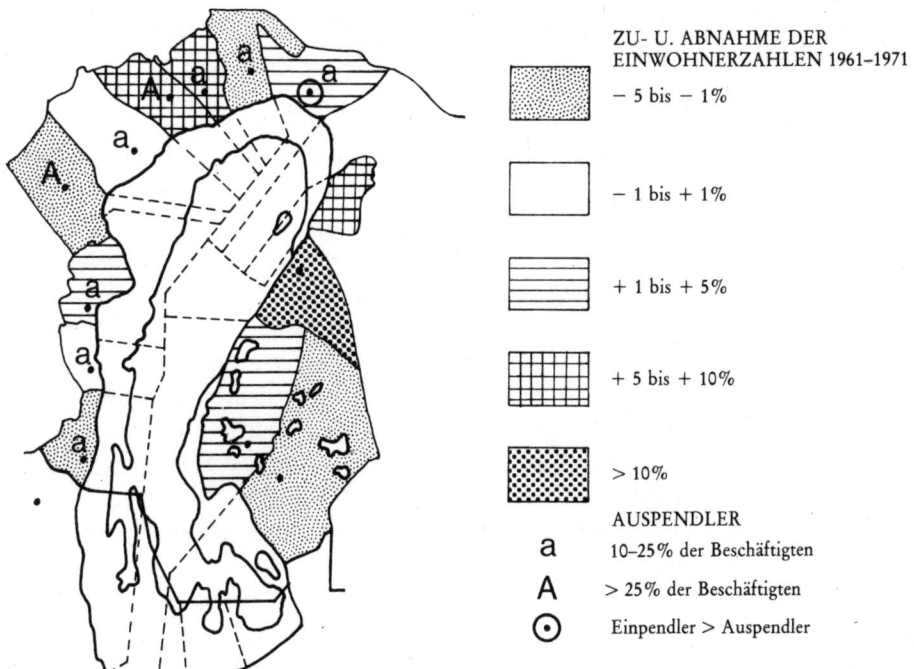

ZU- U. ABNAHME DER
EINWOHNERZAHLEN 1961–1971

− 5 bis − 1%

− 1 bis + 1%

+ 1 bis + 5%

+ 5 bis + 10%

> 10%

AUSPENDLER

a   10–25% der Beschäftigten

A   > 25% der Beschäftigten

☉   Einpendler > Auspendler

Abb. 33: BEVÖLKERUNGSBEWEGUNG U. PENDLER

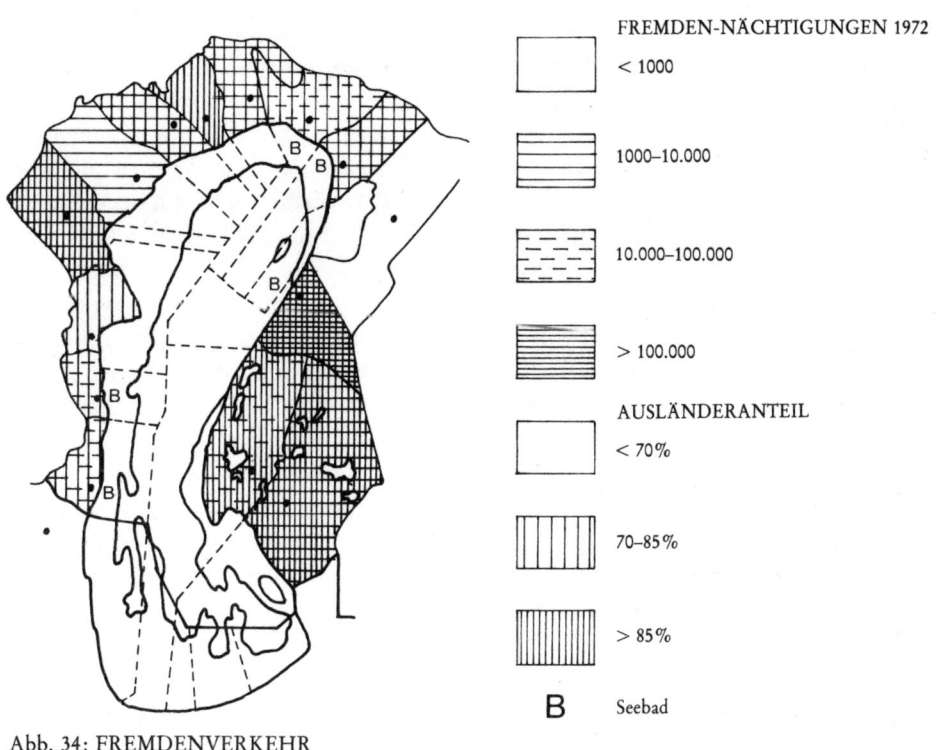

FREMDEN-NÄCHTIGUNGEN 1972

< 1000

1000–10.000

10.000–100.000

> 100.000

AUSLÄNDERANTEIL

< 70%

70–85%

> 85%

B   Seebad

Abb. 34: FREMDENVERKEHR

Durchschnitt bei vier bis fünf Tagen, während beispielsweise Podersdorf eine Aufenthaltsdauer von mehr als neun Tagen verzeichnen kann.

Viehzucht und Fischerei mochten wohl bis zur Austrocknung des Sees die einzigen Aktivitäten der um den Neusiedlersee siedelnden Menschen gewesen sein, die das Gewässer selbst betroffen haben: So war der See sicher zu Zeiten geringer Salzgehalte geeignete Tränke für die Viehherden, und seine freilich weder im 18. noch in der ersten Hälfte des 19. Jahrhunderts besonders umfangreichen Pflanzenbestände – verglichen mit der gegenwärtigen Ausdehnung des Rohrwaldes – mochten in freilich unbekanntem Ausmaß als Viehfutter verwertet worden sein (vgl. Kap. 2). In der Folgezeit gewann dann die Rohrernte zunehmend an Bedeutung; das Schilfrohr wurde zunächst vorwiegend als Dachdeckmaterial eingesetzt und diente zum Bau ganzer Scheunen, später als Stukkaturrohr, für Rohrmatten und kam schließlich für Bauplatten zur Verwendung.

Weit mehr als diese verschiedenen Nutzungsmethoden waren für den See Maßnahmen von Bedeutung, die direkt auf seine Existenz abzielten oder doch auf seinen Umfang Einfluß nehmen sollten. Da der See durch seine oft rasch ansteigenden Pegel, seine extremen Seiches oder Eisstöße wiederholt die umliegenden Siedlungen bedrohte oder auch total zerstörte, war man seit dem 16. Jahrhundert immer mehr darauf bedacht, vor allem die südlichen Zubringer Rabnitz und Ikva, aber auch den Hanság und den Neusiedlersee selbst hinsichtlich Wasserführung und Pegelstand zu regulieren. In diesem Zusammenhang darf nochmals an die offenbar ältesten Maßnahmen der Rabnitzumleitung durch die Familie Nádasdy erinnert werden; ein späterer Nachfahre dieser Familie war übrigens mit der Untersuchung der Überschwemmungen im Raabgebiet betraut.

Aus dem 18. Jahrhundert stammen mehrere Kanalprojekte, die hauptsächlich auf Regulierung der südlichen Zuflüsse und Entwässerung des Hanság abzielten. Die zunächst von den Ingenieuren Maximilian Freman (1762) und Samuel Krieger (1780) ausgearbeiteten Projekte gelangten nicht zur Ausführung. Hingegen wurde eine Planung von Hegedüs angenommen und mit ihrer Durchführung 1775 begonnen: auch hierbei handelte es sich um ein Kanalprojekt zur Entwässerung des Hanság (Hauptkanal) und der Ableitung von Ikva und Rabnitz (Nebenkanal). Die gesamten Kosten, hauptsächlich vom Fürsten Esterházy getragen, betrugen rund 20.000 Gulden. Spätestens 1820 war dieser Kanal jedoch mangels jeglicher Instandhaltungsarbeiten völlig verschlammt und damit unwirksam. Weitere Entwässerungsprojekte von Wittmann, dem Verwalter der Esterházygüter, von Beczedes (1826) und Kecskes wurden nicht berücksichtigt: Auch hätte jenes von Beczedes, ein wahres Mammutunterfangen, nicht nur 2,4 Millionen Gulden gekostet, sondern auch fünf bis sechs Jahre Bauzeit mit 4000 Arbeitern in Anspruch genommen. Das Ziel war kein geringeres als die Regulierung des gesamten See- und Hanságraumes, wobei auch die Wulka mit erfaßt werden sollte. Glücklicherweise geschah wieder einmal nichts, und man begnügte sich vorerst mit einem Kanal, der entlang der tiefsten Stellen des Hanság verlief und bis wenige Kilometer westlich des 1780 fertiggestellten Pamhagener Dammes reichte.

Sicher nicht zuletzt unter dem Eindruck der Trockenperiode des Sees und seiner darauffolgenden neuerlichen raschen Auffüllung – von 1870 bis 1876 erreicht der See wieder eine durchschnittliche Tiefe von einem Meter – wurde die „Raabregulierungsgesellschaft" gegründet, mit dem Ziel, den See endgültig trockenzulegen: Man wollte vom Unterlauf der Wulka einen Kanal zum Hanság führen. Doch auch für dieses Projekt fehlte es an Geld. Lediglich die Regulierung der Raab und ihrer Nebenflüsse konnte schließlich in Angriff genommen werden.

Abermals entstand ein Kanalprojekt, das der Trockenlegung des Sees dienen sollte: diesmal war ein Hauptkanal von Neusiedl her mitten durch den See geplant, später dann noch modifiziert durch einen zusätzlichen Kanal von der Wulka zur Ikva. 1889 gab das ungarische Handelsministerium zu diesem Fünf-Millionen-Gulden-Projekt seine Genehmigung. Doch nun sprach sich zum ersten Mal eine größere und einflußreichere Gruppe, nämlich die Vertretung der Stände Ungarns, gegen das Projekt aus und verweigerte die Bausumme.

Erst um die Jahrhundertwende begann man sich zu fragen, ob denn eine Trockenlegung des Sees überhaupt wünschenswert wäre: Und ähnlich wie bereits der schon oft genannte Geologe Moser im Jahr 1865, kam nun auch eine 1902 vom ungarischen Ackerbauministerium entsandte Kommission zu dem naheliegenden Ergebnis, daß der Seeboden für die Landwirtschaft völlig ungeeignet sei. Damit setzte zumindest zeitweilig ein Umdenkprozeß ein.

Gegenwärtig mögen uns die Versuche, den See trockenzulegen, als ein völlig abwegiges Unterfangen erscheinen: Immerhin bestand damals noch Anlaß und Hoffnung, zusätzliches bebaubares Land zu gewinnen. Überdies gab es in diesem Raum bis in die Zeit der Ersten Republik praktisch keinerlei Fremdenverkehr und Rekreation, wie dies schon Mitte des 19. Jahrhunderts beispielsweise am Wörthersee der Fall war. Mag man den Landschaftsplanern im 19. Jahrhundert noch manches nachsehen, so ist die Trockenlegung von rund 20 Lacken des Seewinkels seit 1956 – man sieht teilweise in künstlich ausgehobenen Schottergruben vollwertigen Ersatz – nur mit völligem Verkennen des landschaftlichen Wertes zu erklären: Dahin sind der herrliche Dorfsee bei Tadten, der Dadumás, dahin auch die Lacken südwestlich von Apetlon. An ihrer Stelle: meist unverwendbares Ödland. Es ist, als steckte in vielen Menschen ein Sintflutkomplex, der ihnen Begriffe wie „Bändigung" nasser und mooriger Landschaften, „Trockenlegung" von Sümpfen und Tümpeln als eine Art von Heilsvokabular vorgaukelt. Doch zurück zum See:

Die vorläufige Lösung einer Pegelregulierung des Neusiedlersees wurde schließlich am 14. Juni 1895 mit dem Bau des sogenannten Einserkanals eingeleitet, der 1908 bis 1910 mit dem See verbunden und mit einer Schleuse ausgestattet wurde, die gegenwärtig – vorausgesetzt, daß genügend Wasservorräte im Einzugsgebiet vorhanden sind – eine Kontrollfunktion gestattet. Gleichzeitig erhielt der See damit auch seinen permanenten oberirdischen Abfluß.

Bekanntlich verpflichtete sich Ungarn im Friedensvertrag von Trianon (4. Juni 1920) zur Übergabe des deutschsprachigen Gebietes Westungarns an Österreich und damit auch des größeren Anteils des Neusiedlersees. Dieses politische Ereignis, praktisch erst seit 1921 vollzogen, brachte für den See eine entscheidende Wende. Bislang in unbeachtetem Grenzland gelegen, wurde er nunmehr zur östlichen

Tab. 7: Bodennutzung (1969) und Bevölkerungsstand (1971)

Gemeinde	Gesamtfläche in ha	Seeanteil in % der Gesamtfläche, in ( ) Mooranteil	Acker in % der genutzten Fläche, in ( ) in % der Gesamtfläche	Weingärten	Wiesen	Weiden	Wald in % der Gesamtfläche	Wohnbevölkerung 1971	Beschäftigte
Mörbisch/S.	2867,96	30,9	7,3	31,6	6,2	41,3	8,8	2307	1412
Rust	1977,19	35,9	8,9	36,6	4,3	31,4	1,0	1688	827
Oggau	1234,43	o. A.	23,4	41,2	13,2	7,9	16,7	1847	886
Donnerskirchen	9103,47	3,0	8,3	4,6	26,4	54,4	4,8	1604	793
Purbach	1418,41	o. A.	27,9	40,7	0,1	6,5	14,9	2165	1232
Breitenbrunn	1125,90	0,6	30,1	28,3	1,6	2,7	29,3	1323	636
Winden/S.	1347,74	19,3	32,7	20,0	3,8	0,8	11,2	1072	468
Jois	2710,19	9,6	35,6	19,2	—	2,8	15,4	1268	688
Neusiedl/S.	4756,06	24,4	53,3 (24,3)	16,7 (7,6)	3,3	3,7	4,2	4014	1712
Weiden/S.	4320,34	26,0	55,0 (40,8)	23,0 (17,1)	7,5	5,0	1,1	1701	999
Gols	4544,53	0,3	62,9	30,3	1,3	0,3	1,3	3288	1778
Podersdorf/S.	4590,84	42,7	45,4 (26,0)	28,5 (16,3)	0,6	5,9	0,1	1813	970
Illmitz	9177,55	29,9 (32,6)	27,1 (10,3)	16,7	8,7	8,6	0,1	2399	1251
Apetlon	8266,66	24,3	42,1	9,8	20,8	22,1	0,6	1903	1042

Attraktion der Alpenrepublik, und damit trat erstmalig der Fremdenverkehr in den Vordergrund: niedrige Pegelstände in den Jahren 1929 bis 1933 störten diesen allerdings weitgehend und nachhaltig. Trotz der nunmehr erkannten Rekreationsaufgabe des Sees – Bade-, Segel- und Eissegelsport sind nur einige der einschlägigen Aspekte – kamen neuerlich Pläne zur Diskussion, die zumindest teilweise die Existenz des Sees in Frage stellten: diesmal freilich sollte nur noch ein Teil, nach KÁROLY (aus 1905, doch erst 1933 veröffentlicht) und KADNAR der Westteil, nach SÁRKÁNY und VOGEL (1931) der Südteil und ein Abschnitt des westlichen Seegebietes, nach SCHLARBAUM der Süd- und Nordteil und nach GRÜNHUT-BARTOLETTI (1935) ein östlicher und westlicher Abschnitt, trockengelegt werden. HAINISCH (1925) wiederum wollte den See auf 127 km² einschränken und als großen Fischteich einrichten. Andere Projekte, wie jene von MERLICK (1922), NERESHEIMER (1925) und REINHARDT (1939) sind dagegen um die Sicherung des Sees, teilweise mittels Zufuhr von Leithawasser, bemüht. Wasserversorgung aus der Donau sieht ein Plan nach HOFFMANN und DESPERIS (1929) vor, wobei diese Autoren aber gleichzeitig eine Einengung des Sees auf die Hälfte vorschlagen.

Hatte man sich also rund 150 Jahre bemüht, den See wenn schon nicht trockenzulegen, dann doch wesentlich zu reduzieren, so nehmen sich die Pläne seit dem Zweiten Weltkrieg, der letztlich allem Planen der dreißiger Jahre ein Ende setzte, fast bescheiden aus. Hier trügt jedoch der Schein: Hatte man im 18., 19. und selbst in den ersten Jahrzehnten des 20. Jahrhunderts noch recht naive Vorstellungen vom Wasserhaushalt des Sees und noch gar keine Ahnung vom ganz außerordentlichen Erholwert, den „Österreichs seltsamer Gast" zu bieten hat, so liegen spätestens seit den vierziger Jahren vielfach schon recht solide Unterlagen vor. Vor diesem Hintergrund heben sich auch einige von vielen Prominenten vorgeschlagene Projekte als bedenkliche, wenn nicht gar abwegige Vorstellungen ab:

So wurde 1953 neuerlich ein Dammprojekt zwischen Illmitz und Mörbisch empfohlen, das ohne jegliche Kenntnis der Strömungsverhältnisse im See von vornherein als unverantwortlich abzulehnen war und ist. Freilich – und dies ist befremdlich – waren mehrere der Fürsprecher dieses Projektes später glühende Gegner der Seebrücke, einem 100-Millionen-Projekt, das vorläufig stillgelegt ist.

Neben diesen dramatischen, nicht nur von der österreichischen Presse (z. B. Spiegel, Januar 1972, Seebrücke unter dem Titel „Seltsamer Gast") glücklicherweise zumeist heftig, wenngleich nicht immer sachlich kritisierten Eingriffen, werden laufend kleinere, aber zahlreiche Änderungen und Zerstörungen des Uferbereiches durchgeführt. Viel weniger beachtet und seit rund zwanzig Jahren mit zunehmender Aktivität betrieben, stellen sie eine der größten Gefahren für den See dar – sowohl was dessen Verschmutzung als auch Bewahrung der Tier- und Pflanzenwelt anbelangt. Es sind dies die „stille Baukorruption" der Pfahlhütten am äußeren Schilfrand, die Aufschüttung von Sektoren des Schilfgürtels für den Badebetrieb durch die Ufergemeinden (ihre gegenwärtige Anzahl dürfte nicht mehr überschritten werden), der Appartementhausbau in unmittelbarer Ufernähe; aber es existieren auch bereits zahlreiche neue Bauprojekte, so daß man sich – wollte man den Untergang des Sees – eigentlich keinerlei Sorgen machen müßte: Hier und drüben im Seewinkel – nicht zu reden vom übrigen Bundesgebiet – kann man sich des

Eindrucks nicht erwehren, daß Land und Bund ohnmächtig zusehen, wie Stück um Stück wertvollster Natur- und Erhollandschaft von Profitmachern gestört und zerstört wird.

Wie die Naturlandschaft, so fallen auch viele der Ufergemeinden und ihre Umgebung dem Neuerungswahn zum Opfer. Eines der eindrucksvollen Beispiele dafür stellt wohl der Verbau des seiner Aussicht wegen einmalig schönen Hanges der Parndorfer Platte entlang der Straße nach Neusiedl dar: Hätte man diese häßlichen Bauten nicht wenige hundert Meter weiter landeinwärts errichten können? Wäre es nicht möglich gewesen, die meisten der alten Hausfassaden zu bewahren, statt ihnen „moderne Glätte" zu geben? Besonders Banken und staatliche Bauten wie Postämter sind mit ihrem ortsfremden Baubild meist mit schlechtem Beispiel vorausgegangen: Sie prunken, wo Behutsamkeit und ortsgemäße Anpassung besser am Platz gewesen wäre. Denn nicht zuletzt ist auch Österreichs devisenträchtiger Fremdenverkehr von der sinnvollen Bewahrung von Ortsbild und Naturlandschaft abhängig. Trockengelegte Seewinkel-Gewässer, verwüsteter Schilfgürtel, uniformierte Seegemeinden und ein eutrophierter See werden diese Einnahmen sicher nicht mehren. Es ist schon so, wie Konrad Lorenz („Die acht Todsünden der zivilisierten Menschheit") sagt: „Die totale Seelenblindheit für alles Schöne, die heute allenthalben so rapide um sich greift, ist eine Geisteskrankheit, die schon deshalb ernst genommen werden muß, weil sie mit einer Unempfindlichkeit gegen das ethisch Verwerfliche einhergeht." Und weiter und konkret: „Vom Gemeinderatsvorsteher einer kleinen Ortschaft bis zum Wirtschaftsminister eines großen Staates besteht völlige Einheit der Meinung darüber, daß der Naturschönheit keine wirtschaftlichen – oder gar politischen – Opfer gebracht werden dürfen."

Nun freilich, einiges ist schon geschehen: Der Neusiedlersee ist Landschaftsschutzgebiet, und man darf den See, mit Ausnahme von Wirtschaftsfahrzeugen, nicht mit Motorbooten befahren. Überdies ging und geht man an die Einrichtung von Kläranlagen für die Gemeinden, wenn auch ohne dritte Reinigungsstufe, also ohne Nährstoffausfällung; desgleichen sind Abwasserleitungen geplant. Zusätzlich hat, freilich vielfach auf Privatinitiative hin, die Erforschung des Neusiedlersees ihre Stützpunkte erhalten: zuerst die Biologische Station bei Neusiedl, die zwar 1960 abbrannte und in geringem Umfang später als Stützpunkt für Internationale Programme (1967–1974) diente und in naher Zukunft einem kleinen Neubau weichen soll; dann Stützpunkte des Institutes für Verhaltensforschung der Österreichischen Akademie der Wissenschaften in Donnerskirchen und in Rust sowie die Biologische Station des Burgenlandes bei Illmitz, Forschungsstätte im Raum des Neusiedlersees. Zusätzlich haben die schon oft genannten Internationalen Programme zur Lösung mancher Probleme beigetragen und letztlich zu einer neuerlichen Gesamtdarstellung des Sees im Rahmen dieses Buches Anlaß gegeben.

Die Internationale Hydrologische Dekade (IHD, Zentralanstalt für Meteorologie und Geodynamik, Wien), von 1963 bis 1973 angesetzt und mit Stützpunkten am Seeufer und in der Seemitte – letzterer mußte wegen des Eises jedes Jahr neu aufgebaut werden –, trug wesentlich zur Kenntnis von Wasserhaushalt und Klimatologie des Neusiedlerseeraumes bei. Mit drei Teilprogrammen wurde im Rahmen des Internationalen Biologischen Programms (IBP) im Sinne dieses Forschungsprojektes die Produktion des Schilfgürtels und des freien Sees untersucht (Pflanzenphysiologisches und II. Zoologisches Institut der Universität Wien sowie dessen Lehrkanzel für Limnologie und das Institut für Limnologie und Gewässerschutz der Österreichischen Akademie der Wissenschaften). Nunmehr soll im Rahmen des ebenfalls von der UNESCO eingerichteten Programms Mensch und Biosphäre (MAB) dem Nährstoffkreislauf des Sees und seiner Beeinflussung durch die angestiegene Siedlungsdichte und Rekreation am See besondere Aufmerksamkeit geschenkt werden. Darüber hinaus ist zu hoffen, daß schließlich doch noch eine vernünftige Raumplanung für Seegebiet und Seewinkel verwirklicht werden kann – zum Wohl einer Naturlandschaft mit Erholwert und für ihre Bewohner.

Extreme Naturschützer haben mehrfach den Vorschlag gemacht, den See weiterhin seiner natürlichen Entwicklung, mit Perioden der Austrocknung und hoher Pegelstände, zu überlassen: eine Forderung, die den Nutzvorstellungen der gegenwärtigen Gesellschaft genauso widerspricht wie die Verkleinerung oder gar völlige Beseitigung des Sees. Kein Zweifel: Durch das vielschichtige Interesse am See – Rekreation, Fischereiwirtschaft und Schilfnutzung – sind zahlreiche Zielkonflikte gegeben, die jedoch keineswegs durch eine solche „naturnahe" Lösung aus der Welt geschafft würden. Vielmehr müssen Nahziele der Forschung erst die endgültigen Grundlagen für eine optimale Planung des Seeraumes schaffen. Dazu gehören eine genaue Bilanzierung des Wasserhaushaltes – der jüngst durch die Internationale Gewässerschutzkommission festgelegte Pegelstand des Sees beruht auf teilweise nur sehr groben Schätzungen mancher Größen des Wasserhaushaltes – und weiters die Bilanzierung der Nährstoffe (vor allem Phosphor und Stickstoff) sowie der Schadstoffe. Nach Abschluß des MAB wird voraussichtlich hinreichendes Datenmaterial zu beiden letztgenannten Fragestellungen vorliegen.

ANHANG

Erklärung der wichtigsten Fachausdrücke

Absorption: Aufnahme (z. B. von Licht und Wärme) durch feste, flüssige oder gasförmige Stoffe

Adsorption: Anlagerung von Gasen, gelösten Stoffen oder Ionen an der Oberfläche fester Körper

Aerenchym: Durchlüftungsgewebe, durch große, mit Luft erfüllte Zwischenzellwände gekennzeichnetes Gewebe höherer Pflanzen

Aerobiose: Leben in Gegenwart von Sauerstoff – im Gegensatz zu *Anaerobiose:* Leben in Abwesenheit von Sauerstoff

Agglutination: Verklumpung, Zusammenballung

Alkalinität: „Laugigkeit" eines Gewässers, wird gemessen durch den Säureverbrauch bei Titration bis zum Neutralisationspunkt

Alluvionen: junge Fluß- und Bachablagerungen (Aulehm, Sand usw.)

amphibisch: sowohl Wasser als auch Land bewohnend

Amplitude: Schwingungsweite, Höhenunterschied zwischen höchstem und tiefstem Punkt einer Welle

arid: trockener Klimatyp, bei dem die jährliche Verdunstung die Jahresniederschläge übertrifft

Assimilation: Aufbau von körpereigenen, organischen Substanzen aus körperfremden Bausteinen (Nährstoffe), vgl. auch Photosynthese und Chemosynthese

Benthal: Bodenregion vom Ufer bis zum Grund der Gewässer

Benthos: Lebensgemeinschaft, die alle tierischen (= *Zoobenthos*) sowie pflanzlichen (= *Phytobenthos*) Bewohner des Benthals umfaßt

biogen: durch Lebensprozesse entstanden

Biomasse: Menge der zu einem bestimmten Zeitpunkt in einem bestimmten Raum vorhandenen lebenden organischen Substanz

Biotop: natürlicher, abgrenzbarer Lebensraum

Brackwasser: Mischwasser von Meer- und Süßwasser (z. B. in Flußmündungen und Lagunen)

Carotinoide: gelbe bis rötliche, fettlösliche Farbstoffe pflanzlichen Ursprungs

Chemosynthese: im Gegensatz zur Photosynthese (vgl. dort) von der Sonnenenergie unabhängige Assimilation (vgl. dort) mit Hilfe chemischer Energie

Czikböden: vgl. Salzböden

Detritus: „Zerreibsel", Sinkstoffe. *Organischer D.:* durch Verwesung zerfallener Organismen oder deren Reste. *Anorganischer D.:* mineralische Stoffe

Echograph: Gerät zur Tiefenmessung mit Hilfe ausgesendeter und reflektierter Schallwellen

Elektrofischerei: Fischfang mit Hilfe eines durch das Wasser geleiteten elektrischen Stromes

epipelische Algen: auf Schlamm wachsende Algen

epiphytische Algen: Algen, die andere Pflanzen als Unterlage benützen

Erosion: Abtragung von Boden und Gestein durch Wasser oder Wind

eutroph: nährstoffreich

Eutrophierung: Anreicherung mit Nährstoffen

Flachmoor: (Niedermoor) entsteht bei Verlandung von Gewässern durch torfbildende Vegetation, typisch dafür sind Schilf- und Seggenbestände, Oberfläche in der Regel völlig eben

Galle: Wachstumsveränderung (z. B. Anschwellungen, Knoten) an Pflanzen, die durch Einwirkung tierischer oder pflanzlicher Parasiten hervorgerufen werden

Guanin: chemischer Baustein des Organismus, in der Haut vieler Tiere abgelagert; *Guaninkristalle* verursachen Glanz von Fischschuppen

Halmminierer: Tiere, die im Inneren von Halmen leben und im pflanzlichen Gewebe Bohrgänge anlegen

Hämoglobin: eisenhaltiger Blutfarbstoff, der Sauerstoff transportiert

Hanság: Flachmoor im Südosten des Neusiedlersees (deutsche Bezeichnung „Waasen")

Humus: aus Zersetzung tierischer und pflanzlicher Reste im und auf dem Boden entstehende organische Substanzen. *Humuskolloide:* im Wasser feinst verteilte, mit normalen Filtern nicht auszuscheidende Humusbestandteile

Hutweide: landwirtschaftliche Nutzfläche geringer Qualität (Weide ohne Mahd)

IBP: Internationales Biologisches Programm

IHD: Internationale Hydrologische Dekade

Imagines: vollentwickelte, fortpflanzungsfähige Insekten

Interglazial: Warmzeit zwischen zwei Eiszeiten, meist wärmer als Erdgegenwart, die im allgemeinen einer Interglazialzeit entspricht

Kalorie: abgekürzt cal., die Wärmemenge, die nötig ist, um ein Gramm Wasser von 14,5° C auf 15,5° C zu erwärmen

kcal.: Kilokalorie = 1000 cal.

Komitat: ungarischer Verwaltungsbezirk

Löß: eiszeitliche Windablagerungen von Staub (Schluff), infolge ihres Wasserhaltevermögens und ihrer Luftdurchlässigkeit bestes Ausgangsmaterial für die Bodenbildung (Tschernosem)

Makrofauna: mit freiem Auge sichtbare Tierwelt

Mikrofauna: nicht mehr, oder nur schwer mit freiem Auge erkennbare Tiere

Mikroklima: Kleinklima, ökologisch bedeutsame Klimaverhältnisse in unmittelbarer Nachbarschaft und Beziehung zum Organismus

Monokultur: Reinkultur einer Art

Mortalität: Sterblichkeit

Nannoplanton: siehe Plankton

Nehrung: im Strömungsschatten, z. B. von Küstenvorsprüngen, entstandene lange, schmale Sedimentbank, trennt Meer von Haff (Kurische N. – Kurisches Haff, Lido von Venedig – Lagune von Venedig)

Nettoproduktion: siehe Produktion

Niedermoor: siehe Flachmoor

Niederterrassenschotter: Schotterablagerung von Flüssen während der letzten Kaltzeit (Würmeiszeit)

Ökologie: Wissenschaft von den Wechselbeziehungen zwischen Organismen und ihrer belebten und unbelebten Umwelt

ökologische Faktoren: Wirkungsmöglichkeiten der Umwelt, die auf das Dasein und die Lebensäußerung von Individuen, Populationen und ganzen Lebensgemeinschaften Einfluß nehmen können

Ökosystem: natürliche funktionelle Einheit einer Lebensgemeinschaft und den anorganischen
  Gegebenheiten eines Lebensraumes (Biotop), z. B. eines Sees
oligotroph: sind Gewässer mit geringem Nährstoffgehalt und schwacher organischer Produktion
Organochlorpestizide: vgl. Pestizide

pannonischer Klimaraum: von kontinental geprägtem Klimatyp (des europäischen Übergangs-
  klimas) beherrschtes Gebiet (Ungarn–Ostösterreich–Südslowakei) mit trockenen, sehr
  warmen Sommern
Pelagial: Region des freien Wassers
Pestizide: chemische Bekämpfungsmittel tierischer Schädlinge (z. B. polychlorierte Biphenyle)
Photosynthese: Aufbau energiereicher organischer Substanz aus den energiearmen anorgani-
  schen Stoffen Kohlendioxyd und Wasser, durch stoffliche Bindung von Lichtenergie mit
  Hilfe des Chlorophylls (Blattgrün) – eine Form der Assimilation
physiologisch: auf Funktionen und Leistungen eines Organismus bezogen
Phytoplankton: siehe Plankton
Plankton: Lebensgemeinschaft von Kleinorganismen des freien Wassers (zum Teil passiv
  schwebend)
  Phytoplankton = pflanzliches P.
  Zooplankton = tierisches P.
  Nannoplankton = der Anteil des Planktons, der wegen der Kleinheit der Organismen
  mit Planktonnetzen nicht mehr gefangen werden kann; nur mehr durch Absetzenlassen
  oder Zentrifugieren zu gewinnen
polychlorierte Biphenyle: vgl. Pestizide
Population: Gesamtheit von Organismen einer Art in einem abgegrenzten Raum (meistens
  zugleich Fortpflanzungsgemeinschaft)
Primärproduktion: siehe Produktion
Produktion: Gesamtheit energiereicher, organischer Substanz, die von einem Individuum,
  einer Population, oder einer ganzen Lebensgemeinschaft während einer bestimmten
  Zeiteinheit gebildet wird: ursprünglich durch Pflanzen aus anorganischer Substanz =
  Primärproduktion – in Ausnutzung dessen – Produktion durch Tiere und Mikroorganis-
  men = *Sekundärproduktion.* Ein Teil der Produktion wird dabei laufend für die
  Lebenserhaltung verbraucht (Atmund); nur der Überschuß, die *Nettoproduktion,* ist im
  Ökosystem als Nahrung verfügbar

Quartär: Jüngerer Zeitabschnitt des Känozoikums (Erdneuzeit): Umfaßt das Pleistozän
  (Eiszeitalter) von ca. 2 Mill.–10.000 Jahren vor heute und das Holozän (Erdgegenwart) von ca. 10.000 vor heute bis jetzt. Das Pleistozän zeigt einen Wechsel von
  mehreren Kalt- bzw. Eiszeiten und Warmzeiten, welcher für die Landschaftsentwicklung
  und die Nutzungsgrundlagen von hervorragender Bedeutung ist.

Radiocarbonanalyse: Methode zur Altersbestimmung von Fossilien mit Hilfe des radioaktiven
  Isotops des Kohlenstoffes ^{14}C bis maximal 70.000 Jahre zurück
Rendsina: Humusboden über Kalkgestein oder -schotter (A-C-Profil)
Rhizom: unterirdischer Sproß, aus dem neue Triebe und Wurzeln entstehen können

Salzböden: Salzanreicherung in den höheren Bodenhorizonten (Natrium, Calcium, Magne-
  sium)
Sediment: aus Wasser und Luft abgesetzte Stoffe organischer und anorganischer Art
Seiches: Schaukelbewegungen horizontaler Wasserschichten in Form stehender Wellen
Sekundärproduktion: siehe Produktion
Solontschak-Solonez: häufigster Typ der Salzböden im Seewinkel
Stoffwechsel: Gesamtheit der im lebenden Organismus ablaufenden chemischen Reaktionen
Strandterrassen: Von der Meeresbrandung geschaffene Flachabschnitte bei Steilküsten

submers: untergetaucht
suspendiert: feinst verteilte, feste, unlösliche Stoffe in einer Flüssigkeit aufgeschwemmt

Tegel: graublauer, plastischer Ton, besonders im Wiener Becken, entstanden im Meer der Tertiärzeit
tektonisch: durch Bau und Bewegung der Erdrinde verursacht
Thermik: durch Sonneneinstrahlung und Bodenerwärmung erzeugte ungeordnete Aufwärtsbewegung der Luft
Tracheen: Atmungsorgane der Gliederfüsser; luftgefüllte röhren- oder sackförmige Einstülpung der Körperhaut
Transpiration: bei Pflanzen – Abgabe von gasförmigem Wasser durch die oberirdischen Organe (Stamm, Blätter) an die Atmosphäre
Turbulenz: ungeordnete, unter Wirbelbildung erfolgende Bewegung in Flüssigkeiten und Gasen

Zoobenthos: siehe Benthos
Zooplankton: siehe Plankton
zweigeschlechtlich: männliche und weibliche Geschlechtsorgane getrennt an verschiedenen Individuen
zwittrig: männliche und weibliche Geschlechtsorgane an einem Individuum

Empfohlene allgemeine Literatur:

Aumüller, S., Allgemeine Bibliographie des Burgenlandes. II. Teil: Naturwissenschaften. Eisenstadt 1965, 93 pp.

Bauer, K., 1960, Die Säugetiere des Neusiedlerseegebietes. Zoologische Beiträge 11, 2/4, 144–344, Bonn.

Bauer, Freundl, Lugitsch, 1955, Weitere Beiträge zur Kenntnis der Vogelwelt des Neusiedler-see-Gebietes. Wiss. Arb. Bgld. (Eisenstadt) 7, 2–4.

Bauer, Glutz v. Blotzheim, Handbuch der Vögel Mitteleuropas, dzt. 5 Bde. Frankfurt 1966 ff.

Bernatzik, Vogelparadies. Leipzig 1941, 117 pp.

Bernhauser, A., 1967, Erläuterungen zur Bodenkundlichen Karte der Gemeinde Neusiedl/See (Bgld.). Wiss. Arb. Bgld. (Eisenstadt) 38, 157–160 + Karte.

Bernhauser, A., 1968, Erläuterungen zur Bodentypenkarte der Gemeinden Mörbisch, Rust, Oggau, sowie Schützen/Geb. – Oslip – St. Margarethen – Siegendorf. Wiss. Arb. Bgld. (Eisenstadt) 40, 22–27 + Karte.

Bundeskanzleramt, Büro f. Raumplanung, Bericht an die OECD. Arbeitsgruppe Nr. 6 des Industriekomitees: Regionalpolitik in Österreich. Wien 1973, 96 pp.

Ellenberg, H., Vegetation Mitteleuropas mit den Alpen. Einführung in die Phytologie Bd. IV, Teil 2. Ulmer, Stuttgart 1963, 943 pp.

Ellenberg, H. (Hrsg.), Ökosystemforschung. Berlin, Heidelberg, New York 1973, 280 pp.

Engelhardt, W., Was lebt in Tümpel, Bach und Weiher? Kosmos Naturführer. Stuttgart 1971, 5. Aufl., 258 pp.

Fink, J., 1958, Die Böden Österreichs. Mitt. Österr. Geogr. Ges., 316–358.

Franz, H., Husz., G., 1961, Die Salzböden und das Alter der Salzsteppe im Seewinkel. Mitt. Österr. Bodenkundl. Ges. 6.

Fuchs, W., 1965, Geologie des Ruster Berglandes (Bgld.). Jahrbuch Geol. B. A. 108, 155–194, Wien.

Geologische Bundesanstalt, Geologische Spezialkarte von Österreich 1 : 75.000. Wien.

Geyer, F., Mann, H., 1939, Limnologische und fischereibiologische Untersuchungen am ungarischen Teil des Fertö (Neusiedlersee). Arb. ungar. biol. Forschungsinst. Bd. 11, 61–182.

Hassinger, H., Beiträge zur Physiogeographie des inneralpinen Wiener Beckens und seiner Umrahmung. Stuttgart 1918.

Hassinger, H., Bode, F., Burgenlandatlas. Wien 1941, 108 Bl., 54 pp.

Hejny, S., Ökologische Charakteristik der Wasser- und Sumpfpflanzen in den Slowakischen Tiefebenen (Donau- und Theißgebiet). Bratislava 1960, 487 pp.

Hutchinson, G. E., Treatise on Limnology I., II. New York 1957.

Koenig, O., 1952, Ökologie und Verhalten der Vögel des Neusiedlersee Schilfgürtels. J. Orn. 93, 3/4.

Koenig, O., Das Buch vom Neusiedlersee. Wien 1961, 288 pp.

Kohl, 1969, Die bakterielle Belastung der Badeseen. Wasser und Abwasser 19, 117–135.

Kopf, F., 1964, Die wahren Ausmaße des Neusiedlersees. Österr. Wasserwirtschaft 12, 255–262.

Kopf, F., 1967, Die Rettung des Neusiedlersees. Österr. Wasserwirtschaft 19, 139–151.

Kühnelt, W., Grundriß der Ökologie. Mit besonderer Berücksichtigung der Tierwelt. Jena 1965, 402 pp.

Landschaft Neusiedlersee. Wissenschaftliche Arbeiten aus dem Burgenland, Heft 23. Eisenstadt 1959, 208 pp.

Lászlóffy, W., 1972, Bibliographie des Neusiedlersee-Gebietes, Györ, 294 pp.

Mahringer, W., Motschka, O., 1968, Meteorologische Untersuchungen am Neusiedlersee im Jahre 1967 im Rahmen der Internationalen Hydrologischen Dekade. Wetter und Leben 20, 159–163.

Mazek, Fialla, K., Die österreichische Seesteppe und der Neusiedler See. Wien 1947, 63 pp.

Muus, J., Dahlström, P., Süßwasserfische. BLV – Bayerischer Landwirtschaftsverlag 1968 (Bestimmungsbuch), 224 pp.

Nikolsky, G. V., The Ecology of Fishes. London, New York 1963, 352 pp.

Österreichisches Institut f. Raumplanung im Auftrag der Neusiedler – Planungsgesellschaft m. b. H., Fremdenverkehrsplanung Neusiedlersee. Regionalplanung Neusiedlersee Bericht 65. Wien 1970, 174 pp.

Pesta, O., 1952, Studien über die Entomostrakenfauna des Neusiedlersees. Wiss. Arb. Bgld. (Eisenstadt) 2, 1–82.

Peterson, R., Mountfort, G., Hollom, P. A. D., Die Vögel Europas. Paul Parey 1973, 10. Aufl. (Bestimmungsbuch), 443 pp.

Riedl, H., 1966, Beiträge zur Morphogenese des Seewinkels. Wiss. Arb. Bgld. (Eisenstadt) 37, 5–28.

Ruttner, F., Grundriß der Limnologie. Walter de Gruyter Co. 1962, 3. Aufl., 332 pp.

Sauerzopf, F., 1957, Der Wasserhaushalt des Neusiedlersees. Wiss. Arb. Bgld. (Eisenstadt) 23, 101–104.

Sauerzopf, F., 1965, Grundlinien zu einem Naturschutzprogramm für das Landschaftsschutzgebiet Neusiedlersee. Wiss. Arb. Bgld. (Eisenstadt) 34, 39–58.

Schmid, Th., 1932, Der Neusiedlersee im Altertum und Mittelalter und das Rätsel des Lacus Peiso. Bgld. Heimatbl. (Eisenstadt) 1, 4, 85–91.

Stehlik, A., 1972, Chemische Topographie des Neusiedler Sees. Sitz. ber. Österr. Akad. Wiss., math. – nat. Kl. Abt. I, 180, 8–10, 217–178.

Thenius, E., Niederösterreich im Wandel der Zeiten. Grundzüge der Erd- und Lebensgeschichte von Niederösterreich. NÖ Landesmuseum. Wien 1955, 124 pp.

Veröffentlichungen des Österr. Statist. Zentralamtes, Ergebnisse der Volkszählung 1971. Der Fremdenverkehr in Österreich 1972. Agrarstatistik 1969. Wohnort – Arbeitsort 1966.

Weisser, P., 1970, Die Vegetationsverhältnisse des Neusiedler Sees. Pflanzen – soziologische und ökologische Studien. Wiss. Arb. Bgld. (Eisenstadt) 45, 1–83.

Wiche, K., Die Oberflächenformen des Burgenlandes. Burgenland – Landkunde. Wien 1951.

Wimmer, H., 1971, Die Sediment- und Bodenverhältnisse im Ausrufungsgebiet des Neusiedlersees im südlichsten Seewinkel. Wiss. Arb. Bgld. (Eisenstadt) 48, 69–83.

Winberg, G. G., Methods of estimating the production of aquatic animals. London, New York 1971, 175 pp.

Zöllner, E., Geschichte Österreichs. Wien 1971, 4. Aufl., 680 pp.

Im Text zitierte Spezialliteratur:

Bauer, K., 1965, Zur Nahrungsökologie einer binnenländischen Population der Flußseeschwalbe *(Sterna hirundo)*. Egretta 8, 2, 35.

Bauer, K., Schubert, P., 1957, *Proterorhinus marmoratus*, PALLAS (Gobiidae) – ein für die österreichische Fauna neuer Fisch. Bgld. Heimatbl. (Eisenstadt) 19, 6–9.

Burian, K., 1969, Die photosynthetische Aktivität eines *Phragmites-communis*-Bestandes am Neusiedler See. Sitz. ber. Österr. Akad. Wiss., math.-nat. Kl. Abt. I, 178, 43–62.

Burian, K., 1972, Der CO_2-Gaswechsel von *Phragmites communis*. Oecol. Plant.

Burian, K., 1973, *Phragmites communis* im Röhricht des Neusiedler Sees. Wachstum, Produktion und Wasserverbrauch. Pp 61–78 in „Ökosystemforschung", hrsg. von H. Ellenberg. Berlin, Heidelberg, New York.

Daday, J., 1890, Übersicht über die Diaptomusarten Ungarns. Termrajzi Füzetek 8, 112–180.

Dokulil, M., 1973 a, Zur Steuerung der planktischen Primärproduktion durch die Schwebstoffe. Pp 109–110 in „Ökosystemforschung", hrsg. von H. Ellenberg. Berlin, Heidelberg, New York.

Dokulil, M., 1973 b, Planktonic primary production within the phragmites community of Lake Neusiedlersee (Austria). Polskie. Arch. Hydrobiol. 20, 175–180.

Donner, J., 1968, Zwei neue Schlamm-Rotatorien aus dem Neusiedler See, *Paradicranophorus sudzukii* und *Paradicranpohorus sordidus*. Sitz. ber. Österr. Akad. Wiss., math.-nat. Kl., 10, 1–8.

Draxler, G., 1973, Gaswechselmessungen an *Utricularia vulgaris*. 103–107 in „Ökosystemforschung", hrsg. von H. Ellenberg. Berlin, Heidelberg, New York.

Elzen, R. van den, 1971, Nahrung und Nahrungswechsel der Bartmeise (P.b.). Diss. Univ. Wien.

Franke, 1937, Aus dem Leben der Beutelmeise. Beitr. Fortpfl. Biol. Vögel 13, 3–4, 1–18.

Geisslhofer, M., Burian, K., 1970, Biometrische Untersuchungen im geschlossenen Schilfbestand des Neusiedler Sees. OIKOS (Kopenhagen) 21, 248–254.

Graefe, G., 1971, Experimenteller Nachweis einer von Cercarien verursachten Dermatitis am Neusiedler See. Sitz. ber. Österr. Akad. Wiss., math.-nat. Kl. Abt. I, 179, 73–79.

Hacker, R., 1974, Produktionsbiologische und nahrungsökologische Untersuchungen am Güster *[Blicca björkna* (L.)] des Neusiedlersees. Diss. Univ. Wien.

Hacker, R., Herzig, A., 1970, Erstes Auftreten der Wandermuschel *Dreissena polymorphy* PALLAS im Neusiedlersee. Anz. d. math.-nat. Kl. d. Österr. Akad. Wiss. 15, 265–267.

Heckel, J., Kner, R., Die Süßwasserfische der Österr. Monarchie. Leipzig 1858, 388 pp.

Herzig, A., 1973, Phänologie, Populationsdynamik und Produktion des Crustaceenplanktons im Neusiedler See. Diss. Univ. Wien.

Herzig, A., 1974, Some population characteristics of planktonic crustaceans in Neusiedler See. Oecologia (Berl.) 15, 127–141.

Imhof, G., 1966, Ökologische Gliederung des Schilfgürtels am Neusiedler See und Übersicht über die Bodenfauna unter produktionsbiologischem Aspekt. Sitz. ber. Österr. Akad. Wiss., math.-nat. Kl. Abt. I, 175, 219–235.

Imhof, G., 1971, Untersuchungen über Lebenszyklus und Wachstum einiger Süßwasserpulmonaten mit besonderer Berücksichtigung der Bedeutung von Temperatur und Photoperiode. Diss. Univ. Wien.

Knoflacher, H., 1974, Zur Ethologie und Produktionsbiologie der Bisamratte *(Ondatra zibethica)*. Diss. Univ. Wien.

Koenig, O., 1951, Das Aktionssystem der Bartmeise *(Panurus biarmicus)*. Teil 1 und 2. Österr. Zool. Zschr. III, 1–82, 247–325.

Krejci, G., 1974, Jahresperiodische Stoffwechselschwankungen bei *Phragmites communis* Trin. Diss. Univ. Wien.

Küpper, H., Geologische Karte von Mattersburg-Deutschkreutz, 1 : 75.000. Geol. B. A. Wien 1957.

Küpper, H., Erläuterungen zur geol. Karte Mattersburg-Deutschkreutz. Geol. B. A. Wien 1957.

Lea, E., 1910, On the methods used in herring investigations Publ. Circonst. Cons. perm. int. Explor. Mer. No. 53, 7–25.

Leisler, 1969, Beiträge zur Kenntnis der Ökologie der Anatiden des Seewinkels (Burgenland). Teil I, Gänse, Egretta 12, 1/2 p.

Leisler, 1971, Vergleichende Untersuchungen zur ökologischen und systematischen Stellung des Mariskensängers *(Acrocephalus (Lusciniola) melanopogon)*, ausgeführt am Neusiedler See. Diss. Univ. Wien.

Lindeman, R. L., 1942, The trophic-dynamic aspect of ecology. Ecology 23, 399–418.

Löffler, H., 1956, Ergebnisse der österreichischen Iranexpedition 1949–1950. Limnologische Untersuchungen an iranischen Binnengewässern. Hydrobiologia 8 3/4, 201–278.

Löffler, H., 1959, Zur Limnologie, Entomostraken- und Rotatorienfauna des Seewinkelgebietes (Burgenland, Österreich). Sitz. ber. österr. Akad. Wiss., math.-nat. Kl. Abt. I, 168, 315–362.

Löffler, H., 1961, Beiträge zur Kenntnis der iranischen Binnengewässer II. Int. Rev. Hydrobiol. 46, 309–406.

Löffler, H., 1971, Beitrag zur Kenntnis der Neusiedler See-Sedimente. Sitz. ber. Österr. Akad. Wiss., math.-nat. Kl. Abt. I, 179, 8–10, 313–318.

Maier, R., 1973, Wirkung von Trockenheit auf den Austrieb der Turionen von *Utricularia vulgaris* L. Österr. Bot. Z. 122, 15–20.

Meisriemler, P., 1974, Produktionsbiologische und nahrungsökologische Untersuchungen am Kaulbarsch *(Acerina cernua* (L.)) im Neusiedlersee. Diss. Univ. Wien.

Mika, F., Breuner, G., 1928, Die Fische und Fischerei des ungarischen Fertö (Neusiedlersee). Arch. Balatonic. 31, 527–546.

Moser, I., 1866, Der abgetrocknete Boden des Neusiedler See's. Sitzung der k. k. geologischen Reichsanstalt Wien, 338–344.

Nawratil, O., 1953, Zur Biologie des Hechtes im Neusiedlersee und Attersee. Österr. Zool. Z. 4, 4–5.

Nemenz, H., 1967, Einige interessante Spinnenfunde aus dem Neusiedlerseegebiet. Anz. math.-nat. Kl. Österr. Akad. Wiss. 6, 132–139.

Neuhuber, F., 1971, Ein Beitrag zum Chemismus des Neusiedlersees. Sitz. ber. Österr. Akad. Wiss., math.-nat. Kl., Abt. I, 179, 8–10, 225–231.

Odum, H. T., 1957, Trophic structure and productivity of Silver Springs. Ecol. Monogr. 27, 55–112, Florida.

Paget, O., 1966, Über einige Muscheln unserer Alpen. Sonderdruck aus d. Jahrb. 1966. 31. Bd. d. Vereins zum Schutze d. Alpenpflanzen und Tiere, München, 100–106.

Pernt, J., 1894, Der Neusiedlersee und seine Fischerei. Mitt. Österr. Fischereiverband, 46–52, 74–82.

Pichler, J., 1969, Entwicklung und wissenschaftliche Forschung des Neusiedlersees (Fertö-to) und seiner Umgebung. Hidrólogiai Közlöny 7, 289–300.

Pruscha, H., 1973, Biologie und Produktionsbiologie des Rohrbohrers *Phragmataecia castaneae* Hb. (Lepidoptera, Cossidae.) Sitz. ber. Österr. Akad. Wiss., math.-nat. Kl. Abt. I, 181, 1–49.

Pühringer, G., 1972, Zur Faunistik, Populationsdynamik und Produktionsbiologie der Spinnen im Schilfgürtel des Neusiedlersees. Diss. Univ. Wien.

Roditzky, J., Mosonvármegye Leirasa. Az Ostrak. Magyar Iaásban és képben (Beschreibung der Mosonvármegye. aus „Die Österr.-Ungar. Monarchie in Wort und Bild").

Ruttner-Kolisko, A., Ruttner, F., 1959, Der Neusiedler See. In Landschaft Neusiedler See (Grundriß der Naturgeschichte des Großraumes Neusiedlersee) Wiss. Arb. Bgld. 23, 195–201.

Salamon Petényi, Manuskript über die Fische Ungarns.

Sauerzopf, F., Hofbauer, E., 1959, Fische und Fischerei im Neusiedlersee. Wiss. Arb. Bgld. 23, 160–163.

Schiemer, F., Duncan, A., 1974, The Oxygen Consumption of a Freshwater Benthic Nematode *Tobrilus gracilis* (BASTIAN) Oecologia (Berl.) 15, 121–126.

Schiemer, F., Löffler, H., Dollfuss, H., 1969, The benthic communities of Neusiedlersee (Austria). Verh. int. Ver. Limnol. 17, 201–208.

Schiemer, F., Weisser, P., 1972, Die Verteilung der submersn Makrophyten in der schilffreien Zone des Neusiedlersees. Sitz. ber. Österr. Akad. Wiss., math.-nat. Kl., Abt. I, 180, 87–97.

Seitz, 1937, Beobachtungen in den Reiherkolonien des Neusiedler Sees. Beiträge Fortpflbiol. Vögel 13, 13–22.

Seitz, 1937, Von den Reiherkolonien am Neusiedler See. Beitr. Fortpflbiol. d. Vögel, 10, 228–229.

Sieghardt, H., 1973, Strahlungsnutzung von *Phragmites communis*. p. 79–86 in „Ökosystemforschung", hrsg. von H. Ellenberg. Berlin, Heidelberg, New York.

Spitzer, 1972, Jahreszeitliche Aspekte der Biologie der Bartmeise *(Panurus biarmicus)*, J. Orn. 113, 3, 241.

Steinhauser, F., 1970 a, Kleinklimatische Untersuchungen der Windverhältnisse am Neusiedlersee. 1. Teil: Die Windrichtungen. Időjárás 74, 1/2, 76–88.

Steinhauser, F., 1970 b, Kleinklimatische Untersuchungen der Windverhältnisse am Neusiedlersee. 2. Teil: Die Windstärken. Időjárás 74, 5/6, 324–345.

Stundl, K., 1947, Die Fischerei des Neusiedlersees und die Möglichkeit ihrer Ertragssteigerung. Bgld. Heimatbl. (Eisenstadt) 1, 8–27.

Tauber, A. F., 1959, Zur Oberflächengeologie des Seewinkels. Wiss. Arb. Bgld. (Eisenstadt) 23, 24–25.

Thienemann, A., 1922, Die beiden Chironomus Arten der Tiefenfauna der Norddeutschen Seen. Ein hydrobiologisches Problem. Arch. Hydrobiol. 13, 609–646.

Unterüberbacher, H., 1958, Über Wachstum und Lebensweise des Karpfen im Neusiedlersee. Diss. Univ. Wien.

Varga, L., 1926, Die Rotatorien des Fertö (Neusiedlersee). Arch. Balat. I, 181–225.

Varga, L., 1929, *Rhinops fertoeensis*, ein neues Rädertier aus dem Fertö. Zool. Anz. 80, 236–253.

Varga, L., 1932, Katastrophen der Biozönosen des Fertö. Int. Rev. Hydrobiol. 27, 130–150.

Varga, L., 1928, Allgemeine limnologische Charakteristik des Fertö (Neusiedlersee). Int. Rev. Hydrobiol. 19, 289–294.

Varga, L., Mika, F., 1937, Die jüngsten Katastrophen des Neusiedlersees und ihre Einwirkungen auf den Fischbestand des Sees. Arch. Hydrobiol. 31, 527–546.

Waitzbauer, W., 1969, Lebensweise und Produktionsbiologie der Schilfgallenfliege *Lipara lucens* Mg. (Diptera, Chloropidae). Sitz. ber. Österr. Akad. Wiss., math.-nat. Kl. Abt. I, 178, 175–242.

Waitzbauer, W., Pruscha, H., Picher, O., 1973, Faunistisch-ökologische Untersuchungen an schilfbewohnenden Dipteren im Schilfgürtel des Neusiedler Sees. Sitz. ber. Österr. Akad. Wiss., math.-nat. Kl. Abt. I, 181, 111–136.

Weisser, P., 1973, Die Verschilfung des Neusiedler Sees. UMSCHAU 73, 14, 440–441.

Zakovsek, G., 1961, Jahreszyklische Untersuchungen am Zooplankton des Neusiedlersees. Wiss. Arb. Bgld. (Eisenstadt) 27, 1–85.

Zimmermann, 1943, Beiträge zur Kenntnis der Vogelwelt des Neusiedlersee-Gebietes. Ann. Nat. hist. Mus. Wien 54, 1.

Bildnachweis

Die Farbbilder stammen von:
F. Antonicek, Wien (S. 126 u.); R. Berger, Wien (S. 117, 124); L. Daschitz, Wien (S. 64 r. o., 125); E. Kusel, Mödling (S. 65 o., 66, 67); H. Löffler, Wien (S. 35, 36, 37, 38, 64 l. o., Schutzumschlag-Rückseite); J. P. Neugebauer, Illmitz (S. 34, 122, 123 u.); A. Samuel, Wien (S. 33, 39, 40, 41, 42, 43, 44, 61, 62, 63, 64 u., 65 u., 66, 123 o.); F. Sauerzopf, Illmitz (Schutzumschlag-Vorderseite); A. Schmid, Salzburg (S. 67); W. Url, Wien (S. 67, r. o., r. u., 68); R. Woodford-Ganf, Adelaide, Australien (S. 120, 121); W. Zimmermann, München (S. 118, 119, 126 o., 127, 128).

Die Grafiken stammen von Wolfgang Klejch, Wien.

Sachregister

Aal *(Anguilla anguilla)* 104, 109
Abendsegler *(Nytalus noctula)* 139
Abflüsse 27
Abwasserbelastung 58, 104 f., 111
Agrypnea pagetana 86
Aitel (Döbel, *Squalius cephalus*) 107
Algen:
  Aufwuchs- 60, 86
  Grün- 56
  Kiesel- (Diatomeen) 16, 56
Alkalinität 98
Anaerobiose 91, 103
Antilope *(Eotragus)* 12
Araneus cornutus 93
Arctodiaptomus spinosus 97
Armleuchteralge *(Chara ceratophylla)* 58
Arundognatha striata 93
Assimilation 47, 49, 57
Atmung:
  Wasser- 90 f.
  Luft- 91
  -schwärme 87, 142
Austrocknung 9, 15 ff., 75, 106, 116

Bakterien 54, 86, 88, 96, 140, 146
  -gehalt 57
  Koli- 58
Barbe *(Barbus barbus)* 107
Bartmeise *(Panurus biarmicus)* 130 f.
Bernsteinschnecke *(Succinea pfeifferi)* 84
Beutelmeise *(Remiz pendulinus)* 134
Binnenmeer 14
Biomasse von:
  Algen 56 f.
  Schilf 71 f.
  Zoobenthos 97
  Zooplankton 105, 142
Bisamratte *(Ondathra zibethica)* 137
Bitterling *(Rhodeus sericeus amarus)* 109
Blaukehlchen *(Luscinis svecica)* 131
Blaumeise *(Parus caerulus)* 134
Bleßgans *(Anser albifrons)* 129
Bleßhuhn *(Fulica atra)* 130

Blutweidrich *(Lythrum salicaria)* 71
Brachse *(Abramis brama)* 104, 109
Breite des Neusiedlersees 19
Büschelmücke *(Chaoborus)* 89

Cercariendermatitis 88
Chironomiden – vgl. Zuckmücken
Chironomus plumosus 104
Cladoceren – vgl. Wasserflöhe
Copepoden – vgl. Ruderfußkrebse

Delichon urbica 116
Detritus 60, 86, 96, 98, 102, 104, 142, 146
  -fresser 86, 88 f., 94, 146
Diaphanosoma brachyurum 98
Diatomeen – vgl. Kieselalgen
Dinotherien *(Dinotherium bavaricum)* 11
Dinotherium giganteum 12
Dichte:
  Algen- 56
  (Befalls-) der Schilfinsekten 81
  (Besatz-) der Wasserschnecken 87
  (Bevölkerungs-) der
    Seeufergemeinden 149
    der Bisamratte 138
    der Rädertiere 97
  (Individuen-) der Massenfische 113
    des Zooplankton 96
  (Volks-) von *Arctodiaptomus*
    spinosus 97
  (Siedlungs-) der Zuckmückenlarven 92
Dolomedes fimbriatus 93
Dreifurchige Wasserlinse *(Lemna*
  trisulca) 71
Dreikantmuschel *(Dreissena*
  polymorpha) 11, 103
Dreizack *(Triglochin maritimus)* 71
Drosselrohrsänger *(Acrocephalus*
  arundinaceus) 131, 134

Egel:
  Blut- 86, 89 f.
  Platt- 89